宗枕

2022.7, 白北

TAIWAN
HISTORY
in
COLOR

彩色台灣歷史大觀

徐宗懋圖文館・製作

目　　錄

中華民族豐富完整的台灣歷史見證

在累積 20 餘年珍貴歷史照片原作收藏，以及整理、修片、上色、編撰、出版等高度專業的經驗累積，徐宗懋圖文館至此具備了充分的條件，製作推出全景式的彩色台灣歷史的集精選大成之作《彩色台灣歷史大觀》。

一般而言，重要歷史巨作均為集體工作的成果，畢竟原始史料的收集、民間軼事的採集，以時間跨度之大，非一人力量所及。不過，主筆者的文采仍然是史書最大魅力的來源，代代相傳，後人讀來仍興味無窮。司馬遷著書《史紀》幾為一人之作，然而穿透時代，褒貶人物之間，留下一部有血有淚的中國人生存紀錄，既浩瀚無垠，又細緻婉約。太史公的個人才情傳世千古，無人可及。

至於當今的顯學台灣史，儘管近年相關著述幾已經汗牛充棟，但予人盪氣迴腸的仍然是連雅堂的《台灣通史》，字裡行間的家國情懷，表現的正氣凜然的民族氣節，豈是趨炎附勢之作所堪比擬。

因此，今天我們編撰此台灣史的世紀之作也是秉持同一精神，絕不隨波逐流，而始終以民族傳承為基本信念。此外，我們或許無法自比司馬遷和連雅堂之迷人文采，不過我們會盡全力發揮這個時代的特色，即充份運用影像呈現歷史的過程和時代的轉折。尤其我們在圖像、照片和文獻的收藏，以及數位修圖上色的現代工藝技術，在兩岸已經被視為幾近登鋒造極的水準。我們會充份發揮優勢，同時運用照片、版畫、原始文獻等，來表現大時代的波瀾，以及幾代台灣人民曲折之路與起伏的情感。至於材料，我們這本畫冊的 90% 都是首次推出的精彩的影像和圖像。如此，這本畫冊在保持不斷自我超越的一貫原則下，達到最完美的境界。

至於在內容方面，我們也做了一項大突破，由於台灣的環境變動，使得台灣光復後，二二八事件以及國共內戰對台灣的影響，許多人事物並沒有如實記載；相反地它們遭到刻意淡化、忽略、甚至扭曲。連帶的也影響到日本時代台灣歷史的書寫。

1917 年蘇聯革命的成功後，是掀起了社會主義革命的思潮，亞洲亦然。中國共產黨的誕生，國共合作，黃埔軍校的成立，都是其中影響的一部分，從而推動了北伐、統一等重大歷史事件。在台灣，這股社會主義思潮結合了以中華民族主義為核心的反抗日本殖民統治運動，催生了台灣本土的社會主義運動。從台灣文化協會成立後的一連串歷史事件，包括文協的分裂、民眾黨、台灣農民組合、台灣共產黨的成立，都是延伸性的影響。

　　台灣光復後，在日據時期受到嚴重打壓的左翼力量，紛紛加入三民主義青年團，並對建設三民主義新中國抱持極大的熱情。二二八事件後，他們又加入了中國共產黨，或者中共外圍的組織。他們代表當時台灣的主流人心，而且與中國大陸的局勢發展密切相連。1949 年後，大批台灣左翼青年或前往大陸，或留在台灣繼續從事地下黨的活動，並逐一遭到破壞消滅。隨後 30 年間，中國大陸進入一連串慘烈的政治運動，陷入政治鬥爭與持續貧窮的深淵，台灣則進入中華民國發展的興盛年代，無論在經濟建設和憲政民主上都取得了傲人的成就。本書很忠實的反應不同歷史階段台灣的主流狀態，以展現經得起長時間考驗的歷史敘事，保證長期存在的價值。因此，本書收錄了過去我 20 多年長期做的最重要歷史人物訪談紀錄，尤其一些重要的歷史圖文秘辛，更是獨家首次披露，予以應有的歷史份量，大幅填補了過去的空白，這些珍貴的歷史材料，如今得以透過本書永遠傳存後世。總之，這一本內容空前豐富完整的台灣歷史畫冊，是中華民族重要的歷史見證。

　　最後，要特別感謝台中聯翔餅店董事長張桂碧先生，提供的許多珍貴的家族照片，張先生乃台中后里張家後人，張家對於文化協會和櫟社文化活動之推動，作出了巨大的貢獻。張桂碧先生所提供日本時代先人參與文協等活動的照片，珍貴無比，具有無可取代的價值。

徐宗懋

東寧王朝與明清兩代

國姓爺接受荷蘭人投降之經典銅版畫　（12頁）

1662年2月，國姓爺鄭成功接受荷蘭人投降之經典銅版畫，或簡稱為「鄭成功受降圖」，此畫出自1675年原荷蘭駐台總督揆一所著《被遺誤的福爾摩沙》。國姓爺鄭成功坐在中間營帳中，後方為鄭軍兵營，荷軍官兵投降後和眷屬們魚貫離去，結束在台灣南北兩地38年的統治。

1661年4月底，鄭成功軍艦穿越鹿耳門，在台江內海北方兩側登陸後，旋即不斷擊敗荷軍，攻占赤嵌街、普羅民遮城、大員街，並兵圍熱蘭遮城。9月，鄭軍又在海戰中大獲全勝。11月，荷艦外出求援未果，艦隊司令反而藉機逃脫。此時，困守熱蘭遮城的荷軍官兵彈盡援絕，作戰意志低落。同時，鄭成功則以逸待勞，興建新砲台，準備再次發動大規模的砲擊。

1662年1月，鄭軍由北、東、南三個方向砲擊熱蘭遮城，彈如雨下、震天動地，熱蘭遮城三面牆大片損毀，前沿據點特勒支碉堡被鄭軍攻占。由於熱蘭遮城已無法守住，巴達維亞的援軍也遲遲不來，固守待援的希望完全落空，總督揆一為了保護荷蘭軍民眷屬的生命安全，只能與鄭成功議降。

2月1日，鄭荷雙方代表在大員街簽署荷蘭投降議和書。9日，各地荷蘭人已經全部集中到大員，約兩千名荷蘭軍民和眷屬搭乘八艘船艦駛離。熱蘭遮城正式由國姓爺接收。此刻代表在台灣的荷蘭人歷史的結束，以及中國人歷史的開始。普羅民遮城和熱蘭遮城被改造為鄭氏東寧王國的政軍中心。

鄭荷之戰對東亞和台灣歷史產生深遠的影響，這是歷史上東亞的海上力量第一次擊敗西洋海權國家。此外，鄭氏王朝從閩粵引進大量移民，使得漢人成為台灣絕對主流的人口，漢人的宗教、生活習俗成了台灣的主流文化。由於鄭成功，才有今天「台灣人」、「台灣話」以及由「大員」轉化的「台灣」島嶼地名，取代了「福爾摩沙」。

1683年，清將施琅渡海滅鄭氏王朝，曾為鄭成功部屬而後因故幾乎遭滅族憤而降清的施琅，在祭拜國姓爺之墓時為文泣嘆：

自同安侯入台，台地始有居民，逮賜姓啟土，世為嚴疆，莫可誰何。今琅賴天子威靈，將士之力，克有茲土，不辭滅國之誅，所以忠朝廷而報父兄之職份也。獨琅起卒伍，于賜姓有魚水之歡，中間微嫌，釀成大戾，琅于賜姓，翦為仇讎，情猶臣主，蘆中窮士，義所不為，公義私恩，如是而已。』祭畢淚下。台人聞之，為嗟嘆曰：「父仇一也，郎公辛賢於伍員矣！」

清廷一開始視鄭成功為叛逆，但民間私祭國姓爺者極眾。後來時過境遷，清廷又肯定他為大明忠臣，興建延平郡王祠，供民眾祭祀。今天，全台灣約有三百多間鄭成功寺廟，為台灣政軍人物昇華成為神祇者中，擁有最龐大信眾的。一般台灣人均視國姓爺為開山祖。

筆者後記：

2010年，筆者開始大量由日本和歐洲買進珍貴的台灣史料原件，偶然間在日本著名古籍商雄松堂的目錄上看見一本1675年原荷蘭駐台總督出版的荷文《被遺誤的福爾摩沙》，這是一份極珍貴的歷史文獻。我查了央圖、台大圖書館都沒有這本書，甚至台南奇美文教基金會也只是翻拍的資料。我又查了大陸的主要圖書館，確認也無此書。既然台灣和大陸的文史單位都沒有此書，儘管書價昂貴，我還是湊了錢買下。

書到手後，我曾經仔細端詳好一陣子。這本三百多年的台灣史經典著作大約16開，上百頁，含七幅銅版畫，包括一幅跨頁最知名的「鄭成功受降圖」。由於目前台灣出版這本書的中譯本都是從後期的著作翻譯而來的，我確信自己是台灣唯一曾經把這本珍貴古籍的原作放在手中仔細欣賞的人。此書印量很少，是台灣文史國寶級的藏品，當時我真是愛不釋手。

那段期間，我跟泉州的「閩台緣博物館」有著密切的合作，他們進取心很強，知道我手中有《被遺誤的福爾摩沙》兩岸唯一孤本時，就力勸我割讓給他們。後來，考量到諸多因素，我同意了。現在這本曾經經由我手的珍貴台灣史古籍原作，被大陸文物局評為「國家一級文物」，成為閩台緣博物館的鎮館收藏品之一，被安置在一個獨立專門的展室。

荷蘭人海外殖民的黑暗面：

荷蘭是17世紀的海洋強權，擁有大片殖民地，創立了第一個東印度公司，建立了第一個股份公司。1602年，荷蘭將印尼納入殖民版圖，印尼成為荷蘭的海外殖民帝國的要地。儘管建立了龐大的商業帝國，荷蘭的海外殖民史並不光彩，因為它涉及利益龐大的奴隸貿易。荷蘭在加勒比海、巴西、蘇里南、南非、印尼等地均曾強擄當地原住民以進行奴隸買賣；在南非，荷裔後人所成立的兩個波耳人共和國更是日後南非惡名昭彰種族隔離制度的起源。二戰結束，西方在亞洲的原殖民地紛紛獨立，剛脫離納粹魔掌獲得自由的荷蘭，卻派兵到印尼強行恢復殖民統治，與印尼獨立軍爆發武裝衝突，同時在印尼多處村落犯下屠殺的罪行，遭到國際社會的譴責。近年，荷蘭政府曾數度為過去的奴隸貿易，以及在印尼犯下的殺戮暴行正式道歉。

至於荷蘭人在台灣的歷史非常短，只有1624至1662共38年。為何荷蘭沒有在台灣留下如其他殖民地那般惡劣的印象？估計主要原因有二：一是當時亞洲殖民地最大利潤主要來自熱帶的香料，台灣並不生產，因此台灣並非西方殖民經營的重點，他們傾向於把台灣作為對華貿易的基地。二最重要的原因，台灣離中華帝國太近，荷蘭人很快就被鄭成功的軍隊趕走了，根本來不及做任何重要的事情。

2013年，我們參觀荷京阿姆斯特丹港邊的國家海洋博物館。規模很大，展品極為豐富，陳設極具創意，充分展現了十世紀海洋強權的氣派。內容對於大航海時代荷蘭海外殖民地有詳盡的介紹。令人意外的是，對荷蘭人在台灣的短暫歷史隻字未提，彷彿沒那回事。大概範圍太小、事情太少、時間太短，最後又是被中國人打敗趕走的，並不光彩，沒什麼好說的，乾脆就完全不提了。這似乎就是當前的情況，一般台灣人都知道荷蘭人曾經在台灣，荷蘭的史學家當然也知道，然而，一般荷蘭人都清楚本國殖民印尼和蘇利南的歷史，不過對於曾經在台灣待過，幾乎完全沒概念了。

't Verwaarloofde
FORMOSA

't EYLANDT   FORMOSA

de Stadt Zeelandia   Casteel Zeeland

鄭軍與荷軍於激戰於大員

1661 年 5 月，荷軍與鄭軍與大員市街上激戰之銅版畫。此畫出自 1675 年原荷蘭駐台總督揆一所著《被遺誤的福爾摩沙》，左側上方遠處為荷人的政軍中心熱蘭遮城，右側是處於攻勢的鄭軍，左側則是處於守勢的荷軍。一位鄭軍戰士用刀砍倒左側一位荷軍軍人，鄭軍先鋒並且衝向熱蘭遮城，零落的荷軍士兵不敵，摔倒在地，狼狽不堪。

1661 年 5 月初，鄭軍攻下普羅民遮城後，立即南下，再北上，與北線尾登陸的鄭軍會合，加上海上鄭氏船艦，從三面圍攻鯤身半島頂端的大員市街和熱蘭遮城。鄭軍擊潰荷軍，快速佔領大員市街，對熱蘭遮城形成兵臨城下的態勢。

揆一總督困守熱蘭遮城的經典畫 （15 頁）

1675 年，戰敗投降的原荷蘭駐台總督揆一出版的回憶錄《被遺誤的福爾摩沙》，其內頁銅版畫，描繪鄭成功軍隊圍攻熱蘭遮城的歷史場景。圖上方為福爾摩沙地圖，下方為熱蘭遮城，左邊為發動攻擊的鄭成功軍隊，右側畫作的主體則是揆一率荷軍困守。騎馬求和的荷人應是揆一，左邊手提砍下荷人首級的中國軍人應代表鄭成功或鄭軍，戴斗笠是西方人對中國人的普遍印象，經常作為中國人的象徵造型。揆一陣營則有荷蘭人，也有中國人，還有高大的駱駝，作為荷蘭人跨五大洲殖民勢力的象徵。此畫充份反映此著作的主題，即揆一率荷軍坐困愁城，呼救不靈的最後時刻。

荷軍慘敗於鄭軍 （18 頁）

1661 年 5 月，荷軍在普羅民遮城外與鄭軍交戰慘敗之銅版畫。此畫出自 1675 年原荷蘭駐台總督揆一所著《被遺誤的福爾摩沙》，左側為舉刀向荷軍揮砍的鄭軍官兵，右側和前方為陳屍遍野、高舉雙手投降求饒的荷軍，其情甚為悽慘悲涼。

1661 年，4 月底，鄭軍船艦穿越鹿耳門，在台江內海東北側洲子尾登陸後，大軍即南下攻打普羅民遮城。5 月 1 日，荷軍不到三百人從海陸兩線積極迎戰，死傷枕藉。5 月 4 日，普羅民遮城荷軍投降，帶眷屬、奴隸等約 270 人獲准獻城離開。至此，熱蘭遮城成為孤城。

西方想像中的大明王朝宮殿

大明王朝宮殿想像圖，此畫出自 1675 年原荷蘭駐台總督揆一所著《被遺誤的福爾摩沙》。由於內容提及鄭成功軍隊的背景，所以描繪了大明王朝的宮殿，由於畫家並未實地來到中國，因此畫中呈現希臘宮殿的廊柱，並與石造為主，上方有著西方式的裸體塑像和拱形屋頂的壁畫。

鄭荷台江海戰

1661 年 9 月，鄭成功與荷蘭船艦在台江內海爆發激烈的海戰。此為 1675 年原荷蘭駐台總督揆一出版的《被遺誤的福爾摩沙》一書中描寫台江海戰的著名銅版畫。

1661 年 4 月底，鄭成功龐大艦隊來襲時，荷軍先以主力艦兩艘迎戰，幾次交戰後遭到鄭軍火攻，只得退至南錨地，荷軍海陸兩軍皆敗。隨後數月，鄭成功大軍已經包圍熱蘭遮城。

9 月中旬，五艘荷艦穿越南水道，駛向大員，與鄭艦短兵相接，砲火沖天，荷艦分別被燒毀、擄獲或擱淺。荷軍死傷慘重，難以再戰。這場海戰具有戰略決戰的性質，基本上決定了戰爭的最後結局。

11 月，荷蘭總督揆一再派五艘軍艦前往福州，欲聯合清軍以解救被圍困之局，不料五艦主帥卡烏卻自行駕艦逃往巴達維亞。至此，荷軍士氣低落，大局初定。

清、荷聯軍攻佔金門城

1670 年，此銅版畫出自荷蘭古籍《第二、三次荷蘭東印度公司使節出訪大清帝國記聞》描述清軍聯合荷軍擊敗鄭經的軍隊，占領金門城。由於國姓爺鄭成功將荷蘭人驅出台灣島，因此荷蘭人聯同大清軍隊攻打鄭軍據守的金門島，迫使鄭軍退守台灣，抗清事業遭到重挫。原作為黑白印製銅版畫，此為手工著色之彩圖。

福建省含台灣府地圖 （23 頁）

1735 年，福建省含台灣府地圖，此圖原收錄在法國耶穌會士 Jean Baptiste du Halde（1674-1743）於 1735 年所出版 Description Geographique, Historique, Chronologique, Politique, et Physique de L' Empire de la Chine et de la Tartarie Chinoise《中華帝國與其所屬韃靼地區之地理、歷史、編年、政治與生態之描述》一書。Du Halde 本身也是地理學者，自 1708 年起並擔任出版耶穌會士於各國傳教之通信集的工作。他因此而能夠將以往耶穌會所收集的中國資料，經過統整，而綜合成客觀可信的百科全書式的中國研究著作。本圖經度線，不同於當時其他地圖，以北京所在為本初子午線。又本圖比例尺除法里外，亦有華里，同時採納了康熙皇帝所裁定 200 華里為一度的換算標準。而本圖繪製的方式上，不再誇張任何口岸，相反的對內陸山巒與水系有鉅細靡遺的描繪，則顯示出實測的成果。由於，此時台灣隸屬福建省，為福建省台灣府，因此福建省地圖亦包含台灣島。圖中台灣西部標示地名與 Bellin〈福爾摩沙島與中華沿海部分圖〉同樣是參照馮秉正等人的測繪，故所記地名大致相同。東部因馮秉正等人未曾踏及，亦非台灣府有效治理區，故呈現一片空白。

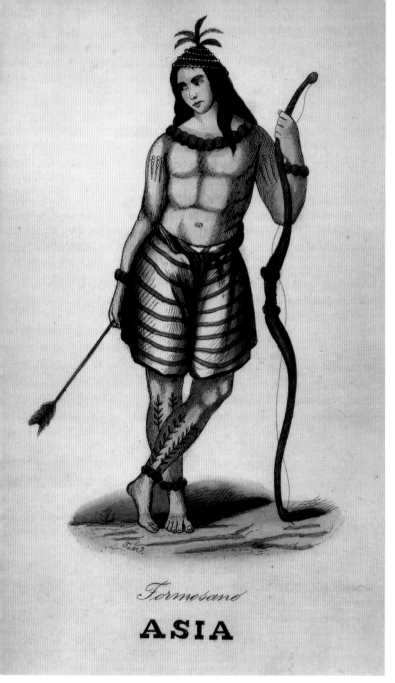

Formosano

ASIA

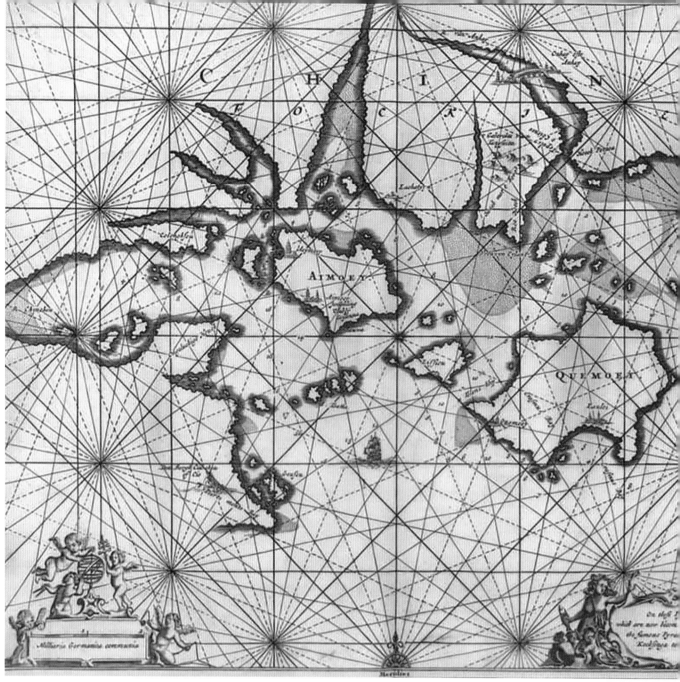

義大利藝術家描繪台灣原住民

17世紀，義大利印製的以台灣原住民為主題的銅版畫。圖中原民男子的裝扮是泰雅族，不過義大利畫師用了豐富的色彩，把他畫得像古代埃及的戰士一般。圖下方標注：FORMOSANO，ASIA（福爾摩沙人，亞洲）。此畫作反映了歐洲藝術家在描繪非西方人的其他民族時，仍然表現了本身的美學傳統以及文化想像。

金門、廈門、鼓浪嶼古地圖

1670年，此地圖包括金門、廈門和鼓浪嶼，出自於荷蘭古籍《第二、三次荷蘭東印度公司使節出訪大清帝國記聞》，上面的荷蘭文說明廈門和金門此刻屬於國姓爺和鄭經所領有。1569年荷蘭人墨卡托提出了「正軸等角圓柱投影」繪製地圖的方法，以此方法繪製的海圖更為精確，在大航海時代將地理發現和貿易擴張推到更新的高度。在這張以墨卡托法繪製的廈門、金門沿海地圖中，大體準確的表現了廈門、金門及周邊的地理位置和關係，在重要的水道標注了水深和礁嶼。在金門島上標注的「Lauloi」指料羅，是金門重要的天然良港，清荷聯軍曾在這裡與鄭軍激戰。除了沿海形勢，地圖中甚至標注了今屬晉江市轄安海縣，橫跨晉江的明代的安平古石橋。

此圖也充分展現了西方海外強權在遠洋航海技能以及地圖繪製的精緻度上，遠超過同一時期世界其他地區的國家，包括過去長期領先世界的文明古國。

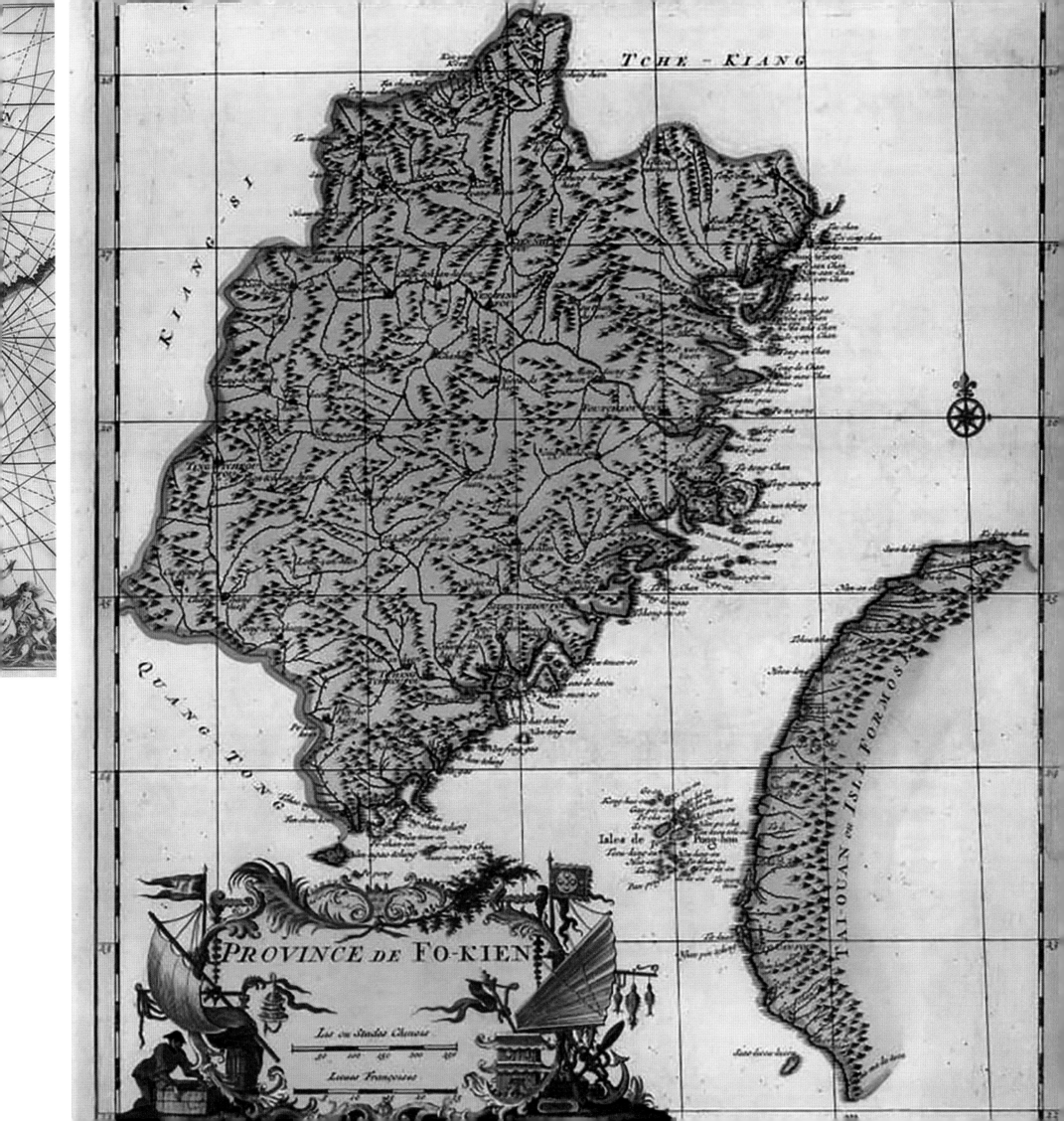

TCHE - KIANG

KIANG - SI

QUANG - TONG

TAI-OUAN ou ISLE FORMOSA

Isles de

PROVINCE DE FO-KIEN

Lis ou Stades Chinois

Lieues Françoises

英國畫刊描繪台灣原住民與西方人親善

1890 年 3 月，英國《倫敦畫報》插畫，描繪台灣原住民與西方人接觸的情景，顯示原住民對西方的基本態度是十分友善的，他們對西方人的衣物充滿了好奇。

英國旅行者受到台灣漢民的款待

1890 年，英國《倫敦畫報》三月號石印彩圖，描繪了英國旅行者在台灣所見所聞，圖中台灣漢民對外國旅行者十分友善，端盤奉茶。此外，背景是竹林和香蕉樹。這張畫也顯示茶葉、竹子、香蕉是外國旅行家對台灣物產的主要印象。

英國畫刊描繪台灣漢人與原住民同歡

1890 年 2 月，英國《倫敦畫報》插圖，描繪台灣島上漢人與原住民同歡的情景。英國人占領香港後，將勢力伸進廣東，不過對台灣也保持著高度的興趣，英國報刊經常報導英國人在台灣旅遊的見聞。

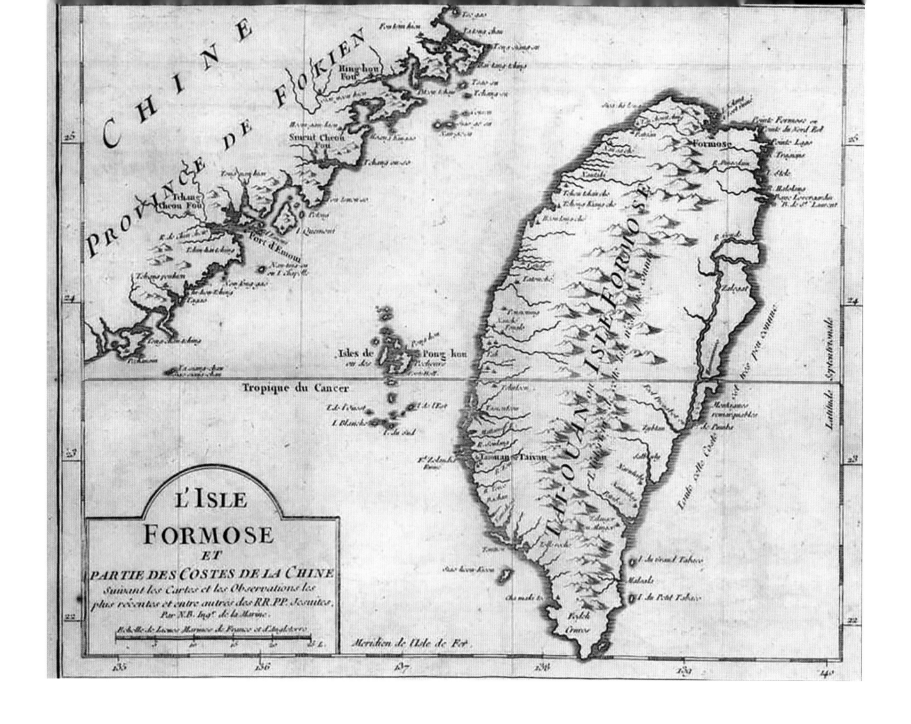

台灣島和福建東岸圖

1750 年，大清乾隆年間，此圖為法國製圖師 Jacques Nicolas Bellin（1703-1772）所繪，Jacob van der Schley 製版。原收錄在法國聖本篤會修士 Abbe Antoine Francois Prevost d' Exiles 翻譯英國學者 Jonh Green 的著作 Histoire Genrale des Voyages ou Nuvelle Cllection de Tures les Rlations de Voyages par Mer et par Terre《航海通史或所有海陸相關遠遊記新集》書中。《航海通史》為 18 世紀歐洲最廣為人知的航海史著作之一。

本圖標題處清楚的註明，是根據最新耶穌會士的測繪綜合起來所繪製的地圖。故本圖應是將耶穌會士馮秉正（J.de Mailla）等人 1714 年所測繪的台灣西岸狀況與過去荷蘭人測繪的台灣東岸海圖狀況集合起來，所繪成的完整台灣地圖。同時，福建省東海岸的島嶼和城市也繪入圖中，包括廈門島和金門島。

英國旅行家深入南台灣的竹林

1890 年英國《倫敦畫報》三月號的彩色石印畫，描述英國旅行家在南台灣探險之旅，由本地的移工協助搬運工作，探入茂密的竹林。台灣遍布竹林，綠意濃厚，在西方旅行家眼中，帶著東方野林的浪漫與神秘。畫家本人並沒有來過台灣，主要是參考約翰湯姆生等人的著作，再加上一些自我想像繪製而成。

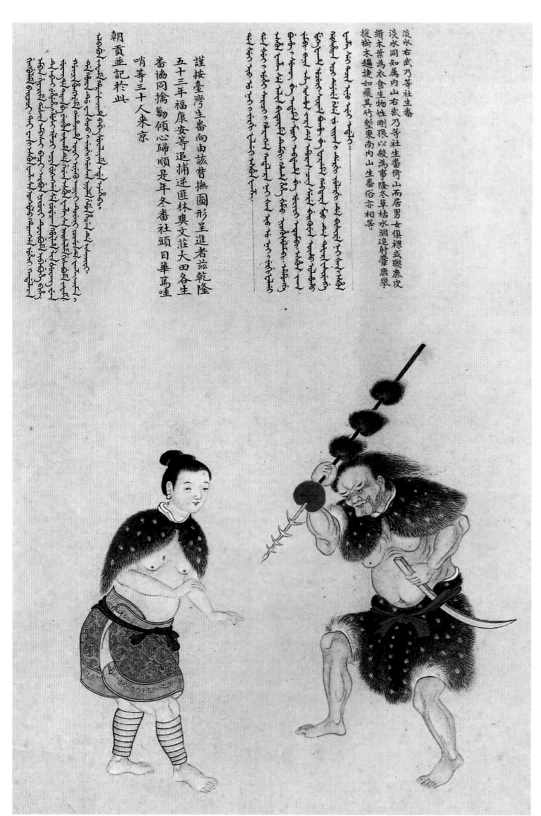

清人所繪的原住民

清代對於台灣原住民的繪圖，根據人類學的考證。台灣原住民屬於南島語民族，移入台灣已有七千多年的歷史。

清人所繪的台灣居民

清代所繪台灣漢人與原住民的圖像。清代自康熙起即將原住民泛稱「蕃」，漢化程度較高的稱為「熟蕃」，漢化程度較低則為「生蕃」，此名稱一直沿用至日本時期。1945 年台灣光復後，又改稱「山地同胞」，分「平地山胞」和「山地山胞」，近年則又統稱原住民。

中法戰爭與劉銘傳治台

淡水鎮的想像圖

19 世紀英國畫刊刊載台北淡水的圖畫。淡水又
稱滬尾，是淡水河的入海口，位於台北的西北
方，溯淡水河而上可以直抵台北城。中法戰爭期
間，孤拔原擬占領滬尾，然後沿淡水河直取台北
城，不過卻遭劉銘傳置重兵阻擋，造成法軍在淡
水之役中潰退。此圖是英國畫家想像法軍登上淡
水的情景，實際上純為想像，並未發生，淡水街
道被描繪成江南城鎮，也與閩南式的建築相去甚
遠。儘管如此，一百多年前英國畫家對北台灣的
想像圖，也反映了一般西人對台灣的刻板認識。

馬江海戰標準圖 （34 頁）

1884 年 8 月，法國畫刊刊載馬江海戰的彩色繪
畫，顯示法艦彈雨如下，閩海艦隊或沈或傷。這
張繪畫的複件被中國人反覆翻印使用，幾乎出現
在所有中法戰爭的相關書籍上，被視為馬江海戰
的標準圖，不過或因翻印次數過多，一般所見均
十分模糊，本書編者收藏法國畫刊原件，直接印
製，以示最佳畫質。

L'ILLUSTRATION
JOURNAL UNIVERSEL

PRIX DU NUMÉRO : 75 CENTIMES
Collection mensuelle : 3 fr. — Volume semestriel : 18 fr.
Les demandes d'abonnement doivent être affranchies et accompagnées d'un mandat-poste ou d'une valeur à vue sur Paris au nom du Directeur-Gérant.

43ᵉ ANNÉE. — VOL. LXXXVI. — Nᵒ 2215.
SAMEDI 8 AOUT 1885
BUREAUX : 13, RUE ST-GEORGES, PARIS

PRIX D'ABONNEMENT
PARIS & DÉPARTEMENTS : 3 mois, 9 fr.; 6 mois, 18 fr.; un-an, 36 fr.
ÉTRANGER : Pour tous les pays faisant partie de l'Union postale :
3 mois, 11 francs ; 6 mois, 22 francs ; un an, 44 francs

SHU-KING-CHEN
AMBASSADEUR DE CHINE A PARIS
D'après la photographie de M. Walery.

中國新任駐法公使許景澄

1884 年，法國畫刊《L'illustration》以封面方式刊載新任中國駐法大使許景澄的畫像，中法戰爭歷時九個月，中方固有傷亡，法國作為列強挫敗更重，國民普遍滋生厭戰心理，因此許景澄使法重建中法邦誼，受到法國媒體的高度歡迎，原本法國人繪製中國人形象頗多扭曲，此處許景澄的形象十分正面。

L'ILLUSTRATION
JOURNAL UNIVERSEL

PRIX DU NUMÉRO : 75 CENTIMES
Collection mensuelle : 3 fr. — Volume semestriel : 18 fr.
Les demandes d'abonnement doivent être affranchies et accompagnées d'un mandat-poste ou d'une valeur à vue sur Paris au nom du Directeur-Gérant

42ᵉ ANNÉE. — VOL. LXXXIV. — Nᵒ 2182
SAMEDI 20 DÉCEMBRE 1884
BUREAUX : 13, RUE ST-GEORGES, PARIS

PRIX D'ABONNEMENT
PARIS & DÉPARTEMENTS : 3 mois, 9 fr.; 6 mois, 18 fr.; un an, 36 fr.
ÉTRANGER : Pour tous les pays faisant partie de l'Union postale :
3 mois, 11 francs ; 6 mois, 22 francs ; un an, 44 francs

CE NUMÉRO EST ACCOMPAGNÉ D'UN SUPPLÉMENT

LE PONT DU « VOLTA », PENDANT LE COMBAT DU 23 AOUT 1884
LES AFFAIRES DE CHINE : BOMBARDEMENT DE L'ARSENAL DE FOU-TCHEOU

法艦火力全開

1884 年，法國畫刊《L'illustration》以增刊方式顯著報導馬江海戰的全部過程，其封面即為法艦砲擊馬尾造船廠的圖畫，畫中顯示法軍以火砲、機關砲和火槍三者火力全開。

廈門港

19 世紀法國畫刊刊載的廈門港圖畫。

第一大港

1884年，法國畫刊《L'univers illustre》刊載高雄港的圖畫。高雄原名打狗，在台南安平港沒落之後，高雄躍升為南部第一大港，由於水深，到了日據時代高雄又超越北部的基隆，成為全台最大的港口，也是繼台北之後台灣第二大城市。

剛毅的泰雅族人

19世紀英國畫刊刊載台灣原住民的圖畫，台灣原住民屬南島語族，天生為勇敢的戰士，此圖畫工精細，人物紋面，為標準的泰雅族戰士，民族性剛烈，日據時代，泰雅族人反抗殖民統治的事蹟極其壯烈，此圖十分生動，反映了該族沈穩剛毅的性格特色。

淡水素描圖

1857年，英國畫刊《The illustrated London news》刊載淡水素描圖，淡水鎮洋行雲集，西洋建築林立，與廈門澎浪嶼的地貌頗為相似。

溯高雄河而上

1884 年，法國畫刊《L'univers illustre》刊載歐洲旅行家溯高雄河而上的圖畫，河流兩岸荊棘滿佈，一副半蠻荒的景象。事實上，中央山脈及南北餘脈占了台灣三分之二的土地，漢人開發主要集中在西部的平原以及北部的盆地地區，原住民聚居的山區均人煙稀少，加上濕熱多雨，原始林密佈，與南洋群島的雨林地區，景觀十分相似。

劉銘傳像

劉銘傳於中法戰爭期間，率領台灣軍民英勇抗法，成功地保衛住台灣。建省後，他被任命為第一任台灣巡撫，並積極地推行台灣近代化的自強新政，加強海防，建設近代化的交通事業，如輪船、鐵路，發展經濟，改善財政。劉銘傳知人善任，延用一批才幹協助其開發台灣，尤其重用楊氏先人楊宗瀚先生，著力於建設台北府城，短短幾年便將台北打造成一個繁榮的現代化城市。在劉銘傳、楊宗瀚等人的努力下，台灣成為當時全中國最近代化的省份，劉銘傳實為台灣近代化的集大成者。

大稻埕火車站房舍

1891 年，剛啟用不久的大稻埕火車站房舍一隅。大稻埕火車站設有候車室、售票處，另有倉儲、公務房舍 50 間，足以應付當時的行旅運輸。

大稻埕火車站

1891 年，位在大稻埕市街南側的大稻埕火車站啟用，此為劉銘傳任內興建的台北車站，為一座歐洲式棚式車站。劉銘傳任台灣巡撫期間積極從事鐵道建設，於基隆至新竹興建鐵道，並在商業最繁華的大稻埕一帶興建台灣第一個火車站。

晚清北門原貌

1895 年，晚清北門樣貌，清楚顯示晚清台北城的建築景觀。清末，隨著北台灣茶葉生產和貿易興起，清政府在大稻埕和艋舺之間興建台北城。

原布政使司衙門

1895 年 9 月 17 日，日據初期先以原清廷之欽差行台為台灣總督府辦公廳舍，門口可見戍守的日軍站衛兵，總督府外即為西轅門。

淡水河大稻埕碼頭

1985 年 9 月 16 日，右方為台北大稻埕地區的民居，左方為跨越淡水河的木製鐵道橋。近處是大稻埕的渡船口，並有婦女正在洗衣服。

台灣府城的中華面貌　（46 頁）

20 世紀初，日軍占領台灣初期的台灣府城，城牆仍十分完整，反映早年台南的風貌。

富裕家庭的合影

日據初期，一戶富裕家庭的合照，婦女與小孩穿著中國傳統服飾。晚清時期的台灣，由於開港通商，經營商品進出口貿易的商人日益增加，這些商人的家境與生活品質通常也較一般人好。

販賣果物的兒童

日據初期，一條鋪滿石子的街上，四名台灣兒童提著籃子或托著竹篩，上面放著水果與雜貨，沿街叫賣，所賺取的金額可以貼補家用。

乙未戰爭與日本殖民之始

日軍、義軍在竹林中衝鋒陷陣

日本以精銳的近衛師團接收台灣，這是該師團的山根支隊在北部竹林，遭逢義軍的作戰情形，由日本軍中畫家所繪。

1895 年乙未戰爭爆發，清廷在馬關條約中割讓台灣、澎湖和遼東半島予日本。這年三月日軍佔領澎湖，擺出兵臨城下的姿態。五月中日雙方簽約後，日軍即大舉前來接收台灣，台民不服，組織義軍，宣布成立台灣民主國，這場戰事進行了大約五個月，日本畫家以版畫形式描繪了戰爭的過程，由於是第一時間的美術紀錄，具有很高的紀實性。

戰爭爆發之前，台灣防務大至如下：

北部以原駐守台灣的清兵為主，主幹是廣勇和淮勇，也包括部份台勇。中南部則包括地方鄉勇組成的義軍、新楚軍以及劉永福指揮的黑旗軍等，由於缺乏近代軍隊的訓練與指揮協調，防務顯得分散，指揮未能集中。

5 月 29 日，近衛師團自澳底登陸，原來被台民強推為「台灣民主國大統領」的前台灣巡撫唐景崧急忙內渡大陸，日軍於 6 月 7 日進入台北城，17 日即在台北城舉行「始政式」。表面上，「台灣民主國」在 10 天內即亡覆，似乎印證了「清國奴」不堪一擊的想法。然而 6 月 19 日，近衛師團開始南下攻打新竹城時，卻不斷遭到義軍襲擊，尤其客家莊驍勇善戰，使得孤軍深入的日軍中隊幾乎陷入被殲滅的窘境。另一方面，由於台北城陷落，中樞無人；台南紳民數千人公推幫辦軍務南澳鎮總兵劉永福繼任台灣民主國大總統，為劉氏所拒，不過卻誓與台灣共存亡。此時，戰爭進入新的階段。

自 6 月中旬到 8 月底整整兩個半月，近衛師團大抵上在桃竹苗地區與義軍周旋，始控制住局面，8 月 28 日，近衛師團穿過大肚溪，攻打八卦山和彰化城，此役為乙未戰爭中最慘烈的戰役，抗日軍雖然戰敗，且死傷慘重，但也令日軍醒悟，決定暫時停止南進，全盤檢討作戰計畫。

9 月初，日軍決定由本土大舉增兵，由陸、海兩路包圍台南城，其中包括近衛師團長驅南下，混成第四旅團由布袋嘴登陸，第二師團由屏東、枋寮登陸，由北、西、南三個方向夾攻台南城，此外，日軍常備艦隊則砲轟安平和打狗做為支援；相對地，劉永福的軍事部署則陷入困境，軍費無法籌措，兵員不足，原本由大陸增援的計劃亦未能實現。自 10 月初，日軍重啟攻勢後，炮火連天，黑旗軍漸感不支，三路日軍節節推進，由嘉義至台南縣的交戰鄉鎮盡成焦土，台南成為大軍包圍下的孤城。10 月 19 日，劉永福偕家人親信潛渡大陸，留下名言「內地諸公誤我，我誤台民」，日軍進入台南城。這場戰爭中，日軍動用兩個半師團約五萬兵力，超過其全國兵力的三分之一，近衛師團團長北白川宮能久病故（另有一說，遭受抗日軍之伏擊而死。日方因北白川宮為皇族之故，不便公布實相）。表面上，日軍大功底定，然而長期的抗爭才剛開始，而且結合中國與世界局勢的根本變化，終於在 1945 年 8 月 15 日造成日本殖民統治土崩瓦解。

向西歩兵大尉柵門を破て突進するの圖

日軍砍殺以柵欄防禦的嘉義義民

日軍攻打大莆林（今嘉義縣大林鎮），嘉義鄉民使用竹製柵欄抵抗具有近代武器訓練的日軍，遭日軍拉出砍殺。

日軍火攻六堆客家庄義軍

日軍面對六堆客家庄義軍，使用放火燒庄的焦土攻勢，並稱客家反抗軍為「客家賊」、「剽悍的種族」、「頑固不屈」，令日軍陷入苦戰。

日軍砲兵攻打彰化義軍

日軍進攻彰化時，先由砲兵猛烈攻擊，火力強大，摧毀了義軍竹籬防禦工事，造成義軍大量死傷。

雲林父子義軍死命反抗 （54頁左上）

日軍佔領雲林後，一名義軍帶著一個十五歲左右的少年撤退到此地，日軍火速衝出欲逮捕兩人，卻遭到他們死命的反抗。

日軍經過台南白河 （54頁右上）

日軍近衛師團攻陷嘉義，沿中央山脈進入台南縣，準備與沿海線的第七旅團合攻台南府城。此圖描繪師團行經店仔口（白河）和安溪寮（後壁鄉）時，沿途青山綠水、風光明媚，農民耕田放牛，見日軍大隊亦若無其事。此圖同時也宣揚日軍盛大的軍容和嚴整的軍紀。

樺山總督在台北舉行「始政式」 （54頁左下）

此圖由日本軍中畫家所繪。日軍於6月攻入台北後，海軍大將樺山資紀主持「始政式」典禮，他也是日本在台的首任總督。

歸順的台南縣民郭阿鳳 （54頁右下）

此圖描繪台南縣民郭阿鳳的母親及家人向日軍軍官跪拜謝恩，日方指日軍南征支隊經台南縣中心崙時，要求全村歸順時，村民面有難色，唯獨郭阿鳳站出來表明對帝國的忠心。

屏東萬巒庄客家村升起白旗 （55頁）

屏東萬巒庄客家村義民交出武器後，升起白旗迎接日軍到來。儘管如此，日軍完全不敢大意。

林本源大厝的光景

台灣首富板橋林家所屬的林本源大厝（今林家花園），被日軍闖入遊園，一片奇山異石、小橋流水之間，日軍腳下，寶島蒙塵。

台北大稻埕淡水河畔的怡和洋行

1900 年代初，台北大稻埕淡水河畔的怡和洋行，宏偉華美，爲大稻埕知名的建築。

1860 年，英法聯軍之役後，大清對外開放通商口岸，在台灣開放了基隆、滬尾、安平和打狗等四個港口。大稻埕進駐了許多知名的外商洋行，從事茶葉、樟腦等大宗物資的進出口，頓時大稻埕百業興旺，一片榮景，一些本地的富商巨賈也順勢而起，同時也興建了許多華美的豪宅建築，清朝的台北出現了相當規模的外僑社區。

日本時代，由於殖民政府進行統制型的殖民經濟，壟斷商業權利，外商不僅不能經營進出口買賣，也不能投資和經營商業。台灣大宗物資的進出口買賣只能透過殖民政府所指定的少數日本商社，如此洋行便逐漸沒落。外商也離開台灣，外僑社區不復，只剩下傳教士留在台灣，原來台灣濃厚的國際貿易色彩逐漸淡化，不似清朝時期台灣直接與西方通商，直接吸收西方文化，日本時代台灣只能從透過日本，間接吸收西方文化。
照片中的怡和洋行建築後來改建，大致位於今天的貴德街 34 號的怡和大廈，原來的建築外觀已不復見。

台北北門內獨輪車石塊搬運工

1900 年，台北城北門內的獨輪車搬運工。日本殖民台灣後，仍然以台北為首府，並進行初步的城市環境整理工程，首先是將已經破舊的城門道路和橋樑進行重建，以方便出入交通。照片中的工人們以傳統的獨輪車搬運石塊，位置在北門內，以修建城門道路。後方的人力拉車在清代時期即存在，1870 年代初，上海自法國引進人力拉車，劉銘傳時代則由大陸引進台灣，日本時代則十分盛行，不過通常有一定經濟條件的人才能搭乘。

一對台灣母子的合影

1900 年代，一對台灣母子照相館拍攝的
合影紀念照。1860 年英法戰爭後，中國
開放沿海港口，許多洋商湧入，帶進各
種西方新事務，包括攝影技術。此時，
主要城市如上海、福州、廈門、廣州等，
均有西方人開設的商業照相館，並訓練
本地的攝影人才，富裕人家開始拍攝肖
像紀念照，成為新型的文化消費，至
1880 年代，市面上已經出現不少上海、
北京、廣州、福州和廈門等城市的旅遊
紀念照片，同時，也產生了一些中國的
優秀攝影師。台灣建省較晚，早期拍攝
台灣照片的愛德華茲和約翰湯姆生，在
福建主要的拍攝的是福州和廈門。當時
台灣屬於福建省台灣府，約翰湯姆生來
台灣拍攝的平埔族列入福建風情，收錄
在他的攝影名作《中國與中國人影像》。

清朝時期，台灣只有西方人 Santos 開設
的唯一一家商業照相館，作品不多，而
且以西方客戶佔大多數，至今能留下的
都已經在我的玻璃版收藏裡了。直到日
本殖民統治時期，日本人才在台灣開設
照相館，培養本地的攝影人才，富裕人
家逐漸有了拍攝肖像照和全家福合影的
文化消費習慣。

左營舊城南門（啟文門）原貌

1910 年代，左營舊城南門（啟文門）原貌。城門上方的城樓已毀，城垛間長滿雜草。城門四周整平出空地，但未做修飾美化，左側的部分城牆仍在，整體上處於半廢置狀態。

清代，鳳山縣縣治以莿竹簡單分隔內外。朱一貴事件後，知縣劉光泗建築了台灣首座土城，以加強防衛功能。約半世紀後，又爆發林爽文事件，之後造磚石城議起，一直到道光初期，才在興隆莊建了一座磚石城，是繼彰化城之後台灣第二座磚石城。咸豐年間，鳳山縣縣治再次遷回埤頭街，同時蓋了新城池，原城則稱為舊城，位於左營，故又稱左營舊城。城門共四座，分別為北門「拱辰門」，南門「啟文門」，東門「鳳儀門」，西門「奠海門」。南門為正門，正面門額題為「啟文門」，內門額為「南門」。其城門額書「啟文門」，上款題「道光五年桂月穀旦」，下款「知鳳山縣事杜紹祁建」，內門額書「南門」，上款「道光乙酉年桂月興工，丙戌年募月竣事」，下款「督造總理鄭蘭、藍文藻，勸捐總理劉伊仲」。勒石文字，仍完好如初。

1919 年，日本殖民政府為了興建南北縱貫鐵路，拆除南門城牆，城門闢為圓環。此外，左營建成軍港，左營舊城內古建築均遭拆除改建軍區房舍。
台灣光復後，民國 50 年，高雄市長陳啓川重建南門城樓。民國 98 年，南門再次大幅整修。今位於高雄市左營區左營大路、中華一路、鼓山一路的交叉口。
左營舊城擁有恆春古城外，台灣保存較完整的古城牆。由於歷史悠久，被定為一級古蹟。

台灣人家庭親子合影　（62 頁）

1910 年代，一個台灣人家庭女眷和孩童們合影。照相活動逐漸普及，不少城市生活寬裕的家庭過年過節，均時興到相館拍照留念。形式包括家族大合照、親子合照、兄弟合照、姊妹合照、兒童合照、同學合照等等，越到後期照相的形式和佈景裝扮等越講究。

富裕家庭女子的肖像照

1900 年代，一位富裕家庭女子的肖像照。日本統治初期，日本攝影師開始進入台灣，開設照相館，培養本地的學徒，攝影術開始普及，富裕人家開始有拍肖像照的文化消費習慣。

屏東商界名人林榮生的先人肖像照

1900 年代，屏東商界名人林榮生的先人的肖像照，此照片取自於林榮生家族相冊，是台灣最早的個人肖像照之一，照片品質優良。林榮生在屏東經營自動車租賃事業，熱心公益，經常捐款給文化和教育活動。光復後，林家家業式微，家族成員分散各地，榮景不再，後續情況鮮有所聞。

台灣女子的合影

1900 年代，兩位台灣年輕女子穿著寬袖唐服，在照相館拍攝合影紀念照。這種服飾延續自清朝時期，在日本統治初期的台灣人婦女間十分盛行，與同一時期大陸婦女的服飾並無二致。

台南歸仁大人廟（保西代天府）金獅陣

1920 年代，台南歸仁大人廟（保西代天府）金獅陣，獅頭下方的布條寫著「台南州新豐郡歸仁庄」。舞獅既是酬神活動，也是民俗藝術表演。作為重要中國民俗表演形式，舞獅隊的演出和鑼鼓助陣十分搶眼，成為外國人眼裡的中國象徵。

日本時代，傳統寺廟成為中國文化最大的保留著和傳播者，無論上層精英如何受日化教育改變，底層社會寺廟的宗教活動所含蘊的語文使用、精神信仰、文藝表演、生活習俗，以及中華歷史典故等，均紋風不動、傳承不絕。

原住民部落反抗事件

太魯閣戰役前日軍的巨砲準備

1911 年，太魯閣戰役前日軍的重砲準備。這場戰役極其慘烈，日軍的攻擊利器即為各型大小的火砲，造成太魯閣族人的大量死傷，並喪失抵抗的能力。此為日軍在戰役前出版的「理蕃」寫真中即展示日軍強大的火砲。日文解說指右上圖的大型火砲為「十二拇（duim）臼砲，彈丸甚大，爆炸力強，不過卻比較輕，方便運輸，因此和迫擊砲一起，經常使用」、「命中的準確，是能打到 5000 公尺的長距離巨炮，足以令敵人膽寒」、「明治 32 年用於討伐南澳蕃」。

臼砲是一個管形火器，包括砲身、砲車或砲架、砲彈及零件等。日本殖民政府在「理蕃政策」中下重手，使用巨石砲成為具有最大殺傷力的武器，再配合其他山砲、速射砲等，快速擊垮了太魯閣族人的防禦陣地。此圖片臼砲、山砲的裝備被安置在宜蘭，房子是臨時搭建的竹屋，並非石磚建造的軍事營區，反映此重武裝佈置是針對短期的唯一軍事行動。

特別說明：
1906 年，第五任台灣總督佐久間左馬太上任後，製訂「五年理蕃政策」，開始策劃和實現武力攻占尚未順服的原住民地區，其中首要目標就是強悍的太魯閣族。1911 年，在完成所有的調查和準備工作後，殖民當局開始展開具體的軍事行動，至 1914 年的太魯閣戰役，大體上實現了武力控制原住民山區的目標。其間，殖民政府出版了一些「紀念寫真帖」，其中有三本最具代表性，也最具文獻價值：

1，《台灣生蕃種族寫真 - 附理蕃實況》，內容反映當局開始縮小隘勇線的範圍，架設電線和電話線，同時在花蓮駐地準備大型火砲。

2，《大正二年討伐軍隊記念》，紀錄日軍針對宜蘭、新竹、桃園及南投一帶的泰雅族部落展開的軍事行動，以清理太魯閣族以南方區域，為隔年對太魯閣族發動總攻擊作準備。

3，《大正三年討伐軍隊記念》，此即為太魯閣戰役的現場紀錄，此役為日本時代最大規模的山地軍事行動，由佐馬間左久太親征，司令部設在花蓮，幾乎動用了駐台的所有日軍兵力，包括徵調的漢人勞後上萬人，大體上主力由東南兩線圍攻，經過兩個月多始實現軍事目標。

在以上日軍主持出版的「紀念寫真」中，日方對於戰爭殘忍的一面幾無任何遮掩，反而將對反抗原住民部落族人之斬首、凌虐和威嚇等手段，作為勝利的象徵而大加宣揚，實質上也留下戰爭殘酷真相的珍貴文獻紀錄。
此一系列的圖像均出自於以上三本「紀念寫真帖」。

日軍在花蓮隘勇線架設電話線

1911年，日軍在花蓮山區隘勇線架設電話線，為大規模的太魯閣戰役做軍事準備。1906年，第五任總督佐久間左馬太上任後，製作「五年理蕃政策」，準備以軍事力量攻占原住民部落山區，尤其是針對極其強悍、武裝力量相當的太魯閣族。前期準備工作包括山區地質調查、地形測量、部落人文和語言研究等，原來已經有相當積累，現在更細部化。至於具體行動，第一步即縮小隘勇線（蕃界）的範圍，將包圍圈往前推進。接下來，就是在隘勇線架設電話線，目的是軍隊動員挺進時各分隊的通訊之用。

此照片即顯示，日軍在隘勇線清理林木，開闢工程平地，架設電話線，現場還有武裝衛兵警戒，反映這項工作之重要。電話線架設後，即代表軍事進攻準備趨於完成，此照片實際上也代表著軍事風暴的前夕。

太魯閣事件日軍以新式重型機槍強力掃射

1914年，太魯閣事件，日軍鎮壓部隊動用自製的三八式重機槍，殺傷力極大。由於反抗的太魯閣部落除了持有少數土製步槍外，基本上仍處於長矛、弓箭和蕃刀等冷兵器時代，面對火力強大的重型機關槍強力掃射，往往在很短期時間內全村族人無分差別地被打成血肉模糊，死傷極為慘重。

霧社事件日軍鎮壓部隊總指揮鎌田彌彥與參謀長服部等合影

1930 年 11 月，霧社事件日軍鎮壓部隊高級指揮官們合影：總指揮鎌田彌彥少將（右二）、參謀總長服部（右一）拓務省代表生駒（右三），台北憲兵隊長藤田（右四）、副官宮田（右五）。10 月 27 日，霧社事件爆發，日本警察和僑民一百多人遭到起事賽德克族人殺害，消息傳出，震動海內外。台灣總督石塚英藏立刻調集各方部隊組成鎮壓軍，包括下令陸軍第八飛行隊派出飛機，由屏東飛往事發地，進行偵查和轟炸，以迅速遏止起事規模擴大。同時，指示台北州、台中州、台南州、花蓮港廳的駐軍和警察，向埔里和霧社集中。總計動用台灣軍、台灣守備隊等 1194 人，各地警察 1306 人，共約 2500 人的兵力。至於擔任鎮壓軍總指揮的鎌田彌彥少將為台灣守備隊司令，後因鎮壓霧社事件有功被晉升為中將。1932 年再被提拔為近衛師團長，隔年被編入預備役，從第一線退下，從而躲過了殘酷的二戰以及戰後的戰犯審判。

特別說明：
此照片取自日本官方的《霧社事件寫真帖》。1930 年爆發的霧社事件，日本總督府委託製作的「紀念寫真」有數種，其中以 1931 年 2 月由海老原耕平與林寫真館（非林氏後人林草）共著的《霧社討伐寫真帖》。此畫冊照片約百幅，發行所是位於台北的共進商會，可是印刷卻是在日本的下關。此畫冊印製精良，而且距離事件結束只有短短三個月多，而且還標明為「非賣品」，顯示為日本軍方主持製作的出版物，精選出隨軍記者拍攝的現場照片印行，並且作為贈送日本軍隊和政府內部的宣傳品和「紀念品」。

比較約 20 年前佐久間左馬太總督「理蕃政策」軍事鎮壓行動的「紀念寫真」，霧社事件畫冊中已無原住民被燒莊、俘虜、斬首的殘忍畫面，日本軍方已充分理解這一類照片反映出不僅是日本軍方，而是整個日本國的野蠻形象，因此此次在霧社事件的照片發布上，軍部嚴格檢查，完全禁止使用任何被鎮壓部落情況的情況，而是強調遭受殺害日警和僑民的遺留現場。儘管如此，此畫冊詳實反映了日軍的動員、佈置、攻勢，以及使用的重型武器。同時，對於事發地的霧社公學校、起事族人的聚會所、起事部落的地形地貌等，均做了巨細無遺的圖像紀錄，對於日後的歷史考證與歷史現場重建，仍然具有極高的文獻價值。

日軍軍官召集被迫歸順的「蕃人」族長們訓話　（70頁）

1913年，日軍軍官召集歸順的「蕃人」族長們訓話。為了對太魯閣族發動大規模的總攻擊，這一年殖民政府調動部隊對分布在桃園、新竹、南投等地區的泰雅族部落發動攻擊，以武力全面控制，並且清除太魯閣南側和西側的障礙。日軍採取了殺戮和燒莊的殘酷手段。照片為日軍越過中央山脈和大甲溪時，佔領原住民部落塔克金社，召集被迫歸順的族長們訓話。令人驚訝的是，日軍在「紀念寫真帖」中炫耀他們施用的手段是「把老幼婦孺當作人質，強迫交出槍支和彈藥」。

以下是日文原文解說中譯：
在沙卡魯高地召見塔克金社蕃人
7月14日，包圍塔克金社的塔克金支隊，直接拘留該社頭目以及多數蕃丁，把老幼婦孺當作人質，強迫交出槍支和彈藥，要求投降歸順。
他們對我軍天兵降臨般的行動覺得驚愕，也對我軍威感到恐懼，最後繳交了視為生命般重要的所有槍支和彈藥，表達投降我方的意願。7月26日，支隊長鈴木大佐召集了該社頭目在內的有地位的蕃人數十名，到沙卡魯高地，以整列軍隊展現盛大軍容，訓誡並加以指示，要求宣誓效忠，至此原本不順從的蕃人也只能屈服。

被俘的莫那魯道的女兒馬紅莫那等女子　（76頁）

1930年11月，賽德克族抗日領袖莫那魯道所屬的馬赫坡社被日軍攻陷後，一些老人婦孺來不及撤出，遭到日軍俘虜。由於幾位女子容貌清秀美麗，日軍隨軍記者以半獵奇的心理拍下此照片，編入霧社事件寫真帖中。其日文解說指中間的女子為部落的第一美女，右邊則是莫那魯道的女兒。

根據文獻，莫那魯道的親生女兒馬紅莫那是唯一倖存的後人。日本統治時代，莫那魯道的女兒是一個難見天日的身份，但是她辛苦熬過來了。台灣光復後，馬紅莫那全力追尋父親莫那魯道的遺骸，並為父親平反名譽。她的後人形容她經常「以淚洗面」，在悲苦的人生中勇敢無懼地走下去。

從此照片中馬紅莫那的面容大致也可以推斷出莫那魯道本人的面貌。

霧社事件日軍以三年式重機槍對起事族人強力掃射

1930 年 11 月，霧社事件日軍鎮壓部隊之花蓮港廳警察使用三年式重型機關槍，對起事賽德克族人進行強力掃射。三年式重型機關槍是 1914 年（大正三年）由日軍仿法式霍奇克斯 M1914 重機槍而生產的重型武器，設計師是南部麒次郎，多年間作為日軍主力武器。花蓮港廳由於靠近山區原住民部落，在 1914 年太魯閣事件中成為日軍對起事太魯閣部落發動攻擊的重地。因此，後來花蓮港廳日本警察仍然配備了重型機關槍，主要就是監控原住民的動向，重裝備的警察隨時可以轉換為作戰部隊。事實上，日警大部分由帝國軍人轉任，缺乏民政訓練，對一般民眾採軍事管束的方式，態度粗暴，動輒打罵，使得社會彌漫高壓的氣氛，極易生事。

日軍鎮壓部隊包括各部約 2500 人，配備全副武裝的步槍、機關槍和山砲，以及飛機的空中火力支援；起事賽德克部落六社約 1200 多人，包括老人和婦孺，實際能投入戰鬥的只有約 300 名人。起事族人從日警駐所奪取了 180 支槍以及 2 萬發子彈，但仍然不足以一人一槍。其餘人只能依靠蕃刀等傳統冷兵器。更別說，起事部落並未接受過現代軍事任務編組和後勤支援等訓練，完全不敵配備訓練精良的日本正規軍。雙方火力差距如此懸殊，以致於在日軍山砲和重機槍的連番攻擊掃射之下，起事族人非死即傷，甚至沒有任何機會與日軍近身交戰。

霧社事件後的現場霧社公學校

1930年11月，霧社事件後的霧社公學校，仍然留下驚駭感傷的記憶。10月27日，起事的賽德克族人持武器衝進正在舉行聯合運動會的霧社公學校操場，對現場的日本人實行無差別的殺害，以報復日本殖民當局對族人長年的壓迫、剝削和歧視，事件後日本殖民政府調動現代軍警，亦對起事部落進行無差別的殺戮，形成原住民和日本人兩個民族相互仇殺的悲劇。照片中即是歷史事件爆發地的原貌，拍攝於事件後的一周內。此處是一百多名日本人遭殺害的現場，晚秋時分，葉枯草黃，清冷蕭瑟。劫後的學校操場雜物堆放，一片凌亂，對照幾天前熱鬧的運動會場面，有一股莫名的悲涼。右邊堆放的木柴則是遭殺害的日本人火化之處。事件爆發後，起事族人立刻退回本身的部落據守。兩天後日本軍警旋即回到事件現場霧社公學校。考慮到衛生問題，日方立刻將死者的遺體集中在操場上火化，並擇期另行舉行公祭。

當年的霧社公學校後來拆除，現為台灣電力公司萬大發電廠第二辦公室所在地。

霧社事件反抗族人秘密集結起事的房屋

1930 年，霧社事件馬赫坡社的莫那魯道等賽德克族起事領袖，秘密集結發起大出草行動的房屋。根據原日文解說，此房屋是起事部落之一的秘密集結起事之處。一般而言，秘密集結地點通常是在帶頭起事者的地方，也就是作為反抗主力的馬赫坡社。同時，為了防止事機洩露，秘密集結處也不會有太多地方，以免移動頻繁起人疑竇。10 月 25 日、26 日，莫那魯道等人在此召集各社密謀起事，十一社中有六社決定加入。儘管起事倉促，但冰凍三尺非一日之寒，此事件反映了兩項基本的事實：一是賽德克人被欺壓積恨已久，日本當局竟然絲毫沒有察覺，足見其施政的傲慢態度。即使受當局一手培養的賽德克族警察花崗一郎和花崗二郎，事先也不知情，或者知情卻刻意隱瞞，可見殖民當局跟賽德克人民情相距甚遠，代表施政之失敗。二，沒有參加起事的五個社，即使沒有參與，也沒有去向當局告密，出賣自己的同胞，反映了內部強大的凝聚力。即使沒有參與起事，他們與莫那魯道的感受是一樣的，只是不認為起事是明智之舉。總的來說，霧社事件前後都反映了殖民當局與賽德克人之間難以跨越的心理鴻溝。

霧社事件馬赫坡陣地的日軍部隊與台灣人軍伕

1930 年 11 月,霧社事件,日軍鎮壓部隊攻占反抗部落的中心馬赫坡社,在高地上設置軍需品站,作為繼續向前推進的軍事據點。照片前方地上放置成批的軍需品。後右側是日軍官兵,後左側是戴斗笠的台灣人軍伕,主要擔負搬運彈藥、糧食、帳篷、傷患等工作。

1895 年,日本佔領台灣後,在島上的軍事鎮壓行動,都會徵調大量台灣人擔任軍伕,一直到太平洋戰爭爆發,日軍仍然徵召台灣人當軍伕。基於根本的信賴問題,日本對於把槍交給本島人成為正式的武裝日軍,始終持十分保留態度。

霧社事件味方蕃戰士向反抗族人陣地射擊

1930 年 11 月，霧社事件，日軍川西部隊編制下的味方蕃戰士以步槍朝反抗部落陣地射擊。味方蕃以賽德克族道澤群為主體，與反抗部落所屬的特克達雅群存有仇怨，因此被日軍派遣為先頭部隊。照片顯示，味方蕃的戰鬥人員均為年輕精壯，經過日軍特別挑選出來，配備充足的武器彈藥和糧食，完全置於日軍的調度指揮之下。加上熟悉山林環境，自然能表現戰鬥力。他們也是隔年春被日警煽動對霧社事件倖存的老弱婦孺進行殺戮的主要人員。

事件後，日本殖民當局將最後存活下來的二百多名反抗族人，集體遷至川中島安置，以永離本鄉，並將反抗部落的土地資財分配給味方蕃，作為協助日方的犒賞。

霧社事件本島人挑夫搬運日本人傷者

1930 年 11 月，霧社事件，幾位本島人挑夫將受傷的日本人抬去救護站救治。日本文獻對於日本人傷亡後的處置，包括送醫、火化、公祭、建碑等均有詳盡的圖文記錄。不過，對於情況更慘重、傷亡人數更龐大的反抗部落族人的情況，包括遺體的處理，傷者的醫治等，則隻字不提。由於有些反抗部落全族死亡，連倖存的口述證詞也不存在，以致於這部份成為歷史之謎。

霧社事件後後霧社公學校運動會場入口

1930 年 11 月，霧社事件後霧社公學校運動會場入口。此處也是台中州理蕃課顧問菅野政衛遭到起事族人出草獵首之處。10 月 27 日在霧社公學校舉行的聯合運動會原本是展現日本殖民政府「理蕃」有成的盛大活動，地方首長均出席，然而在起事族人的突襲行動中，台中州理蕃課顧問菅野政衛以及能高郡郡守小笠原敬太郎均因躲避不及，當場遭到殺害獵首，此照片為事件後的現場。

霧社事件被搶奪後的霧社警察分室武器庫　（84 頁左上）

1930 年 11 月，遭起事族人攻擊並奪得槍支彈藥的霧社警察分室的倉庫，一片凌亂。10 月 27 日凌晨，起事族人由馬赫坡社展開行動，首先攻擊當地警察駐在所，並且殺死三名日警。接著往霧社方向一路與起事各社族人會合，沿途攻擊了波阿隆、櫻、荷戈三座駐所，殺死日警和家屬，奪取所內槍支彈藥，同時繼續朝霧社前進，攻擊霧社警察分室、郵局、學校、官舍等，總計奪取約 180 支槍，2 萬發子彈。此照片顯示被搶奪的霧社警察分室的武器庫，地上留下一座小砲，未被帶走，可能是起事族人未曾被訓練操作重武器。

日本巡查石川穿著味方蕃的服飾留影　（84 頁右上）

1930 年 11 月，霧社事件，日本巡查石川穿著味方蕃的傳統服飾，與味方蕃族人合影。石川並無偽裝偵察的軍事任務，如此打扮，手持長矛，又頭戴漢人斗笠，純粹只是軍事絕對優勢一方獵奇的擺拍了。

霧社事件爆發後，殖民當局立刻組織與抗日各社存在矛盾和衝突的他社，如道澤、太魯閣、萬大、馬力巴、白狗等，組成「味方蕃」，提供優勢武器，協助日軍作戰。他們頭上綁白布條，作為敵我的識別。儘管日本殖民當局治理山區，嚴格禁止原住民出草行動，甚至安排敵對部落之間進行和解，以符合現代文明秩序。不過，在霧社事件中，殖民當局卻反其道而行，刻意煽動敵對部落對起事部落大出草，造成「第二次霧社事件」的殘酷殺戮慘劇。

霧社事件日軍以四一式山砲對反抗族人岩窟陣地強力砲轟 （左下）

1930 年 11 月，日軍以四門四一式山砲向反抗族人的岩窟陣地強力砲轟。此四門山砲是由駐守台北的台灣步兵第一聯隊的山砲中隊所調派來的。此型山砲生產於 1908 年（明治 41 年），由日軍各師團的山砲中隊所使用，屬於師級部隊使用的支援火力，為早期的現代火力。由於族人不敵日軍山砲、重機槍等重型武器的猛烈射擊，很快就自部落撤至絕壁高地，利用岩窟為天然的防禦工事，據險死守。日軍則以飛機轟炸，投入燃燒彈，並使用山砲發射毒氣彈，以對付藏身於岩窟和叢林的族人，兩者均違反國際公約。反抗族人在日軍化學武器的攻擊下，死傷慘重，而且喪失主要戰鬥力。

日軍石川隊率領的味方蕃戰鬥人員在馬赫坡集合 （右下）

1930 年 11 月，由石川隊率領的味方蕃隊伍，以綁白頭巾作為識別方式，在攻佔的馬赫坡社陣地集合。此時，被召集的味刀蕃僅配戴蕃刀，尚未發放槍支彈藥。日軍部隊以長官的姓氏作為分隊的稱號，這張照片顯示，儘管霧社事件中味方蕃被組織起來對付起事部落，但因涉及到槍彈發放使用問題，他們仍然被置於日軍的編制下，其行動受日軍的指揮和節制，並非獨立行動的狀態。

味方蕃與第二次霧社事件慘案：
賽德克族的道澤群包括基茲卡、布凱本、魯茲紹、屯巴拉等四社，原本與起事的德克達雅群友好，後來因故漸交惡。霧社事件爆發後，道澤群被收編至味方蕃與起事族人作戰。雙方在樹林中交戰多日，道澤群死傷甚重，包括頭目鐵木瓦力斯及手下十餘人戰死，成為道澤群的奇恥大辱。

事件結束後，大約 500 名反抗部落的倖存者，被安置在五個「保護蕃收容所」，大部分為老幼婦孺，等待殖民當局的強制遷村的安排。然而，一些日本警官餘恨未消，利用道澤群與反抗族人之間的仇恨，故意借刀殺人。

1931 年春，台中州警務部長三輪幸助和警察課長寶藏寺虎一密謀對反抗部落倖存者施行殺戮報復，命令山區警察小島源治煽動道澤群採取報仇行動，並藉故延後收回原先發放給道澤群的槍支，讓後者保持武裝狀態。4 月 25 日深夜，200 餘持槍的道澤群壯丁突襲了四處倖存者收容所。這是一個恐怖之夜，大約 210 多名手無寸鐵的老弱婦孺遭到屠殺和獵首，現場的日警視若無睹，有一位象徵性地放了一槍示警。隔天，日警前往道澤群繳回槍支，並且和道澤群以及被砍下的頭顱炫耀式地合影，留下了台灣史上最驚駭殘忍的歷史照片之一。不同於第一次霧社事件，第二次霧社事件並非交戰狀態，而是事先預謀計劃，針對無辜老弱婦孺的滅族屠殺，從任何角度看，都是泯滅人性、罪大惡極的犯罪行為。事後，道澤群行兇者被象徵性受到勞役處分，主管警官以「部落惡鬥」向上級報告，搪塞了事，小島被調職，如此便算結案。

直到 1970 年代，已經回到日本的小島源治才在與歷史學者的通信中承認參與幕後煽動道澤群，才確認了日方主使的真相；儘管如此，以日軍組織紀律之嚴密，很難想像台中州警務部敢擅自主導如此規模的屠殺行動，軍方高層必然難脫涉案之嫌。

第二次霧社事件充份反映了一項更本質的問題。儘管日本殖民政府治理山區時，嚴禁部落出草習俗，斥之為野蠻行為。不過，一旦大批日本人遭到殺害時，日軍又刻意煽動部落對於無辜的倖存者出草，以遂行借刀殺人之計。可見嚴禁出草主要是為了建立統治秩序，並非出自文明社會自覺的道德準則。只要為了勝利或報復，日軍隨時可以做出比出草更血腥殘忍的事情。在後來日軍發動侵略戰爭，對中國百姓以及西方戰俘的殘酷對待，以致哀嚎遍野的慘狀，印證了這一點。

然而，世間冥冥中自有輪迴之道。二戰末期，日本本土遭受美軍戰略性的大轟炸，一次燒夷彈轟炸東京，就造成 8 萬人死亡，後來兩次原子彈轟炸，瞬間約 20 多萬人死亡。日本成為一片廢墟，生靈塗炭。帝國崩潰時，海外六百萬日軍民瞬間淪為無國家的難民，後來仰賴中美兩國人民的善意，才得以平安返家。也只有此時日本人才清醒過來，戰後也才深刻反省帝國主義和殖民主義帶給其他民族和自己無窮的禍害。

莫那魯道霧社事件發動地之馬赫坡社原貌

1930 年 11 月，霧社事件賽德克族抗日領袖莫那魯道所屬馬赫坡社原貌，此為日軍攻陷馬赫波社後由高處所拍攝的珍貴照片，此時的馬赫坡社剛經歷短暫戰事，顯得幾分凌亂。

台灣中部山區霧社台地世居賽德克人十多個部落，生性強悍。日本殖民當局最早派員進入時，雙方即發生衝突。儘管後來當局軟硬兼施，安排日警娶賽德克公主，以通婚方式深化民族感情，但雙方差距相距過大，日警不時顯露的民族優越感，對「蕃人」的嫌惡態度，以及施加繁重的勞役，終於引發賽德克人流血暴動。反抗領袖莫那魯道是馬赫坡的頭目，也是極具地位的勇士。他遊說各社加入，最後有馬赫坡社（Mhebu）、塔羅灣社（Truwan）、波阿崙社（Boarung）、斯庫社（Suku）、荷戈社（Gungu）及羅多夫社（Drodux）等六個部落的支持。10 月 27 日，由莫那魯道領導的賽德克族人對正在霧社公學校開運動會的日本人進行大出草，同時放過現場的漢人和原住民。接著，族人隨後並沒有持續擴大攻勢，而是退至各自的部落據守，彼此之間缺乏作戰聯繫與協調。

10 月 31 日，日軍先頭部隊對起事的部落群分別發起強大的攻勢，各社陸續被攻陷，於是反抗族人主力集中至馬赫坡社。然而，11 月 2 日，馬赫坡社亦遭日軍攻陷。由於死傷慘重，反抗餘部繼續退至馬赫坡絕壁，據險死守，並且以小股兵力在林間打游擊戰，陸續苦撐近一個月，最後彈盡援絕，餘眾均自縊身亡，近三百人，狀甚悽慘。

霧社事件假扮原住民的日軍偵察兵

1930 年 11 月，霧社事件日軍偵察隊中一名隊員假扮原住民。偵察員的工作是巡視前線，搜集情報以掌握敵情。有些偵查隊員會刻意穿著敵方的服飾，作為掩護，以便深入敵方地區。照片中偽裝原住民的日軍偵察兵並無緊張的神情，反而抽著一根原住民的煙斗，露出一絲拍紀念照的輕鬆狀。這也是軍事上占絕對優勢一方的反應。

霧社公醫志柿源次郎宿舍凌亂不堪的景象

1930 年 11 月，霧社公醫志柿源次郎遭起事族人槍殺後，其宿舍內被族人闖入搗毀，留下一片凌亂不堪的景象。

霧社事件日軍以曲射砲攻擊反抗族人之岩窟陣地

1930 年 11 月，霧社事件，日軍台北機關槍隊在防禦工事中 ，以大正十一年曲射步兵砲，向藏身於絕壁岩窟陣地中的反抗族人發砲攻擊。這種砲生產於 1922 年，屬於輕型砲，使用榴彈、縱火彈和煙霧彈，主要用來攻擊戰壕和各種掩體工事。比較起 16 年前的太魯閣事件，此時的日軍已備配鋼盔，裝備先進許多。霧社事件日軍雖然只動用了約一個聯隊的兵力，但卻擁有飛機、山砲、重機槍、曲射砲等重裝備，主攻部隊且是步兵第一聯隊的重裝備精銳。

日軍在霧社街道舉行凱旋式

1930 年 12 月 26 日，霧社事件，日軍鎮壓部隊完成軍事任務後，最後一支部隊台灣步兵第一聯隊佐佐木分隊離開前，在霧社市街道上舉行凱旋儀式。

10 月 27 日，霧社事件爆發後，總督府立刻由台中、花蓮、屏東、台北等地，調派警察和軍隊約 2500 人，動用重機槍、山砲、飛機、毒氣等，至於反抗族人一開始衝進霧社市街，但並未佔領，而是撤回各社的村落。儘管反抗部落約 1300 人，但真正能夠作戰的壯丁僅約 300 人，缺乏彈藥和糧食等後勤支援。村落主要是茅草和木屋，沒有堅固的防禦工事，無法抵擋日軍現代化軍警部隊的強大攻勢。兩天後，日軍即攻陷反抗七社的村落所處，反抗族人主力轉移至高山絕壁，以岩窟和林木等天險據守。日軍則以熟悉地形的味方蕃為先頭部隊，進行激烈的山林戰事，反抗族人在月餘間彈盡援絕，不是戰死，就是集體自盡。12 月初，戰事大致底定，日軍各部陸續返回歸建。

照片中是最後一支撤離的台灣步兵第一聯隊佐佐木分隊，時間剛好是霧社事件整整兩個月。作為最後留守部隊，他們在霧社街道上舉行正式凱旋式，以展現軍威以及勝軍之姿，之後隨即踏上歸途。

霧社事件殉難殉職者之墓原貌

1937年，三位本島人友人造訪霧社，在「霧社事件殉難殉職者之墓」前留影，此照片近距離清楚展現此墓之原貌，十分珍貴。

1930年底，霧社事件爆發，日本僑民和軍警死亡約160人，起事部落族人死亡則超過700人。殖民政府將日方死者很快集中火化，隨後並舉行盛大的公祭典禮，並興建了「霧社事件殉難殉職者之墓」。對照不同年代的老照片，此張照片的墓碑新修不久，基座石塊和周邊環境均為重修剛完工的狀態，更早的墓碑顯得更簡易。

至於死亡的起事原住民遺骨如何處理？埋在何處？至今仍然沒有確定的答案，仍然是歷史之謎，殖民政府的文獻沒有記載，而知情的日本當事人在戰敗返回日本後，對於過去在台灣的事情三緘其口，一輩子沉默。

台灣光復後，起事原住民族人獲得平反，殖民政府豎立以紀念死亡日人的「霧社事件殉難殉職者之墓」遭到拆除。相對地，則興建「霧社山胞抗日起義紀念碑」，以紀念遭日本軍警殺害的原住民死難者。民國62年，起事族人領袖莫那魯道的遺骸被發現，歸葬於墓碑之後，並增建為霧社事件紀念公園。

原住民青年赴南洋作戰前的訓練

1943 年，「新竹州高砂族青年修練所」的原住民青年由日軍進行軍事操練。由於原住民血統語言上與東南亞馬來民族近似，又慣於在叢山峻嶺中活動，體質強健，因此日軍特別借重其民族特性，希望能訓練他們為能征善戰之部隊，以協助日軍在南洋的戰事。不同於漢人主要是擔任日軍搬運雜役的軍伕，原住民直接被訓練成野戰部隊，在第一線拼殺，因此傷亡率極高。尤其戰爭末期面對美軍的火海攻擊，幾乎每支隊伍均全軍覆沒，無人生還。總計，原住民青年被送往南洋作戰約有 4 千人，被迫成為日本侵略的砲灰，其中陣亡者約 3 千人，超過 70%，留下家族與民族悲傷的一頁。

排灣族公主精美照片

1920年，日本隨軍專業攝影師所拍攝的
排灣族公主精美照片，取自於日本軍警
管理原住民山區的影像紀錄實體相冊。
排灣族在建築營造、製作工藝、美術圖
案等方面，具有很高的文明水準。日本
人攝影師拍攝了許多排灣族的相關照片，
這一張排灣族公主的精美照片，主要是
表現其頭冠、服飾裝飾的文化特色。

兩位排灣族人的精美照片

1920 年代，日本攝影師所拍攝的兩位排灣族人的精美照片。一人蹲坐，穿著傳統的服飾和頭冠。整個畫面的重點，展現排灣族英勇戰士形象，配劍精雕細琢，服飾華麗，有如羅馬戰士，造型感十分強烈。

余清芳與漢民反抗事件

抗日領袖余清芳被日警羞辱性地安排合影 　（98頁）

1915 年，台灣抗日領袖余清芳被捕後，被安排與鎮壓的日本警察合影，日警命令余清芳坐在地上，留此紀念照，帶著獵奇和羞辱的意味。

日本統治台灣中期，武裝抗爭事件仍然十分頻繁，其中規模最大、死傷最慘重的是 1915 年的「余清芳事件」，又稱「西來庵事件」。「余清芳事件」一方面延續日本統治初期的義軍抗日活動，一方面受到大陸辛亥革命成功的鼓舞，配合民間宗教組織發展，形成極為重大的抗日事件。

1915 年，余清芳、羅俊和江定等三人率眾起義，余清芳以「大明慈悲大元帥」的名義下諭曰：「古今中華主國，四夷臣卿，邊界來朝，年年進貢。豈意日本小邦倭賊，背主欺君，拒獻貢禮，不尊王法，藐視中原川受犯疆土。實由滿清氣運衰頹，刀兵四起，干戈振動，可惜中原大國，變為夷狄之邦。嗟乎！狂瀾既倒，孰能挽回？彼時也天運未至，雖有英雄，無用武之地……聖神仙佛，下凡傳道，門徒萬千，變化無窮。今年乙卯五月，倭賊到台二十有年已滿，氣數為終，天地不容，神人共怒。我朝大明，國運初興，本帥奉天，舉義討賊，大會四海英雄，攻滅倭賊，安良鋤暴，解萬民之倒懸，救群生之生命，天兵到處，望風歸順，倒戈投降……。」此時，清朝已被推翻，民國初立，台灣人民受到中國局勢的衝擊，「復明」意識重燃，余清芳等人即以強烈的民族思想加上傳統民間宗教之神祕主義，在地方宗法社會中廣招門徒，追隨者頗眾，勢力擴展迅速。

余清芳出生於阿緱廳（今屏東市），後遷居於台南廳長治里二圖里後鄉庄（今高雄縣路竹鄉）。日軍侵台時，余清芳十七歲，即投入武裝抗日活動。1909 年，余參加祕密結社，模仿漢朝勇士，因言行反日被日本警方逮捕管訓近三年。1914 年，余清芳在台南市府東港街開設碾米廠，經常出入西來庵王爺廟，結識蘇有志和鄭利記等人，商討招募志士，發動抗日起義。除余清芳之外，羅俊生於嘉義縣，因參與抗日軍遭日軍追擊，逃往大陸，目睹國民革命，更堅定其光復台灣之決心。至於江定家族則世居台南廳竹頭崎庄（今台南縣南化鄉），1900 年，江定率四、五十名義民進行抗日游擊，後潛退入後掘仔山後，並重新集合甲仙埔及六甲一帶的抗日志士，築寨伺機，一待就是十多年，人數愈來愈多。1915 年 2 月，余清芳與羅俊會面，商定余清芳在南部招募黨人，羅俊則負責北部。3 月，余清芳再與江定會晤，決定余擔任起義主帥，江擔任副帥。

計畫既定，余清芳等人即在群眾中進行宣傳，批判日本政府欺壓台民，在各種政策上均歧視台民，動輒罵「清國奴」。並且說真命天子已經降臨，受神仙擁戴，新君將發動革命，並獲中國革命軍渡海支持，驅逐日人。此外，余清芳並提供黨人神符，佩之可免彈傷。4 月，日警獲報，加緊查緝黨人行動，並得知余清芳等人將發動起義，於是便大舉逮捕黨人。羅俊逃至嘉義尖山坑時被逮，余清芳則奔向江定的根據地會合。7 月 6 日，日軍首次與抗日軍在噍吧哖支廳北寮庄（今台南縣南化鄉北寮村）牛港嶺山中交鋒。抗日軍不敵，退入甲仙埔支廳方面，余清芳率黨人攻打甲仙埔（今高雄縣甲仙鄉），奪得一批槍枝彈藥。同時，江定亦率眾攻打鄰近各派出所，斬殺十餘名日警。

8 月 2 日，余清芳又出奇兵，率三百餘眾襲擊南庄派出所，並放火燒屋，日警及眷屬多被燒死。5 日，抗日軍又傾全力襲擊噍吧哖（今台南縣玉井鄉玉井村）支廳，並爆發起義中最大規模的戰役。由於抗日軍人有上千人，日警及武裝僑民才兩百多人，因此戰況不利於日方，不過 6 日下午日軍正規軍增援部隊到達，槍炮齊發，革命軍死傷慘重，無法再戰，潰退至山中。日軍乘勝追擊，入山大肆搜索，革命黨人或遭槍殺、或自殺、或被捕。日軍大燒民房，百姓紛紛走避。

戰敗後，余清芳餘黨人，逃往中央山脈，最後剩八人。8 月 22 日，余清芳等人終於被捕，並於九月間被處死。另一方面，躲入深山的江定和部下巧妙地避開了日警的搜索，因此日警利用黨人的眷屬勸誘他們下山，但效果不彰，於是動員台南廳地方仕紳對黨人勸降，允諾給予投降者優渥條件。1916 年 4 月 16 日，江定率黨人下山，共計兩百七十餘人，然而日本政府很快就露出真面目。5 月 18 日，日本政府下令逮捕江定和所有歸順者，並在台南開設臨時法庭公開審理，最後有八六六人被判死刑，四五三人被判有期徒刑，八十六人無罪。由於死刑人數創下世界審判史的紀錄，引起日本國內輿論的責難，國會亦議論紛紛，不久碰上大正天皇登基大赦，除已被執行死刑的九十五名之外，其餘死刑犯均被減為無期徒刑。至於江定等三十七名主要抗日領導人則未獲減刑，全部被執行死刑。

余清芳事件雖以失敗告終，但對日本當局而言仍是一大震撼。蓋日本統治台灣二十年，雖極盡威脅利誘之能事，並不斷羞辱台灣人民的民族自尊心，但終不能屈服台民之反抗意志，余清芳事件所展現的強烈民族意識以及台民對本身血緣和傳統的自豪和驕傲，令日人極度的不安，也重新思考如何更有效地統治台灣。

除了余清芳事件之外，由於受到辛亥革命的影響，1913 年同盟會同志羅福星與革命黨人計畫在苗栗起義，但因事跡洩露，革命黨人近三百人被捕，其中五名幹部被判死刑。12 月，羅福星在淡水準備偷渡回中國時被捕，並被搜出黨員名冊。1914 年 2 月，第二批二四七名義士被判刑。3 月 2 日，二十九歲的羅福星被處死刑，羅死前，留下豪語「殺頭相似風吹帽，敢在世中逞英雄」，深留人心，聞者莫不動容，為此時的台灣抗日運動留下感人的見證。

被禁錮的台南貧農

1915 年，「余清芳事件」中起事的台南貧農，
被日軍逮捕後關在竹籠裡，計三百多人。這次起
義行動中，總督府派兵鎮壓，導致數千人傷亡，
婦孺不能倖免。

余清芳事件使用的兵器

「余清芳事件」中，圖片為被日軍擄獲的兵器，可見余清芳等人使用的武器大都是鋤頭、斧頭、鐮刀等農具與宋江陣中的兵器。

虎頭山的抗日堡壘　（103 頁左上）

余清芳在噍吧哖附近的虎頭山建設堡壘，集結部隊與日軍對峙。

被燒毀的南庄警察官吏派出所　（103 頁右上）

1915 年 8 月，「余清芳事件」起義群眾襲擊多處日本警察廳，焚燒南庄警察官吏派出所，襲殺眾多日警甚至是其眷屬。

起義現場一片瘡痍 （左下）

「余清芳事件」中起義軍攻打南庄日警派出所，現場一片瘡痍。

台灣抗日的光輝歷史 （右下）

1915年，「余清芳事件」中起義軍與日警交戰區，街道全毀，形同廢墟。這個事件在台南地區形成數代人內心的陰影，余清芳等人的事蹟亦被編成章回小說，成為地方廣播劇的講古題材。

農民組合與左翼運動

簡吉與李應章兩位革命戰友　（107頁）

1927年，簡吉（左）與李應章（右）在二林農村演講被檢束的紀念照。1925年，彰化二林蔗農為爭取自身權益，對製糖進行抗爭，日警前來阻止，雙方發生摩擦，日警遂大舉拘押抗爭農民，史稱「二林事件」。李應章為文化協會籌組人之一，擔任二林地方幹事，對蔗農思想啟蒙，成立全台第一個農民組合－「二林蔗農組合」。簡吉則在鳳山成立「鳳山農民組合」，成為職業運動家，在各地農村奔波演說。1926年8月，台灣農民組合成立於鳳山，由簡吉出任中央委員長，展現領導能力，將台灣農民運動推向高峰。

簡吉、李應章與台灣農民組合的故事：
1915年，嘉南地區爆發慘烈的噍吧年事件，雖然被日本軍警強力鎮壓下去，但勞苦大眾遭受剝削無以爲生的社會病源並沒有解決。事實上，隨著殖民經濟統制體制進一步深化，總督府與南部農民勞工階層的矛盾並沒有解除，反而以新的型態爆發。

1917年蘇聯革命之後，左翼的思潮席捲世界，台灣的農工運動以及共產黨組織也隨之誕生，其中最有名的就是農民組合與台灣共產黨，而引爆事件的火種則是殖民當局連同大地主剝削蔗農的抗爭事件，以及一連串逐漸升高的農民抗暴運動。其中最有名的領導者是簡吉、李應章、劉崧甫等抗暴英雄。 製糖業是日本統治下典型的殖民經濟。日本根據台灣的地理和氣候條件，選擇發展製糖業，以供出口賺取利潤之用。其方式是扶植特定的大地主，僱用貧窮的農工，壓榨農民的血汗，以取得龐大的經濟利益。為了爭取本身的權益，蔗農群起反抗地主和殖民當局，此為日本殖民時代台灣農民運動之始，隨後不斷爆發蔗農抗爭事件，領導人是來自彰化二林的李應章。他從台灣總督府醫學專門學校畢業，年輕時就受到孫中山國民革命思想以及五四運動的影響，具有強烈的中華民族意識。他帶領二林鄉人對日本殖民當局展開激烈的鬥爭，原因是殖民當局為了經濟利益，強迫農民種植甘蔗，又夥同大地主「林本源製糖株式會社」強制以低價收購甘蔗收成，造成蔗農無法生存，苦不堪言。

1925年，李應章組織二林農民組合帶頭抗爭，衝擊日本當局，由於李應章傑出的組織能力，講出勞苦農民的心聲，農民組合參與者日眾，最高達5000多人。這年10月，農民組合在與蔗糖公司交涉時爆發激烈抗爭，有93名組合成員遭到逮捕，並被施以各種殘忍的酷刑。李應章本人亦遭逮捕，被判處8個月，其它另有25人遭到不同刑期的牢獄之災，史稱「二林事件」。至於劉崧甫，來自彰化二林望族，自小受漢文教育，具有濃厚的中華民族思想。他在學校就讀時就認識了李應章、蔡淵騰、詹奕候等人，後來都成為農民組合的重要幹部。他們開設講座，教導農民爭取自己的權益，批判殖民當局種種剝削農民的政策。二林事件中，劉崧甫亦遭到逮捕，服刑6個月。彰化二林事件鼓舞全島農民的抗爭意識，其中最有名的組織者和領導人則是來自高雄鳳山的簡吉。簡吉最早畢業於．台南師範學校，擔任教職工作，生性好打不平，他看到農民受到殖民當局剝削的悲慘生活，決心辭去教職，全心投入農民運動。李應章成立全台第一個農民組合「二林蔗農組合」。簡吉則在鳳山成立「鳳山農民組合」，成為職業運動家，在各地農村奔波演說。1926年8月，台灣農民組合成立於鳳山，由簡吉出任中央委員長，展現領導能力，將台灣農民運動推向高峰。

1926年，簡吉與趙港、楊逵等組織台灣農民組合，出任中央常務委員，並代表台灣農民出席日本農民組合第六回大會。由於在生產結構中，台灣農民與日本農民都受到當局與大地主的嚴重剝削，民不聊生，雙方很快就相互支援，包括日本勞動農民黨決定派遣黨員古屋貞雄律師來台指導，雙方會合聲勢浩大，由於思想綱領接近，農民組合很快就與共產主義運動結合。

1928年4月，在共產國際的指導下，日本共產黨台灣民族支部於上海成立，簡稱台灣共產黨，成員包括林木順、林日高、翁澤生、潘欽信、林來旺、張茂良、謝雪紅等，中共亦派代表參加，其中翁澤生同時具有中共和台共雙重身分。台灣共產黨成立的時代目標是從日本殖民統治中實現民族民主解放。由於解放農民的目標與農民組合的綱領一致，簡吉很快就表示支持台共的運動方向。1927年，日本律師及社會運動家布施辰治在豐原演講，簡吉擔任引介和翻譯，台下擠滿群眾，在農組與文協的協助下，簡吉陪同布施辰治奔波南北21處，演講32場，影響重大。1928年，日本政府全面鎮壓日本左翼政黨，大批日本共產黨員遭到逮捕，勞動農民黨、全日本無產青年、日本勞動組合評議會等團體被命令解散。至於在台灣，1931年，殖民當局同時下令解散民眾黨、台灣共產黨以及農民組合等團體，並進行大逮捕行動。簡吉則更早在1929年2月遭到逮捕，被判1年，出獄後二次被逮捕，被判10年牢獄，為台灣窮苦農民抗爭付出了重大的代價。農民組合不僅批判殖民當局與大地主的共同壓迫，對嘉南大圳的興建的批判也不遺餘力。興建大圳的目的，簡單說，就是在嘉南平原的廣大稻田之間，興建了大型儲水設備以及運送水資源的渠道，保證氣候炎熱的嘉南地區在三期稻作中都不會有缺水的問題。這種作法等於實現了嘉南三期稻作所需要的設備條件，接下來就是規定大圳所穿越的土地不得買賣，以確保耕地的完整，同時也規定農民生產的嚴苛條件，包括三年輪作給水法以及耕種的農民必須支付水租，透過低價的稻米統購，達到壓榨農民勞力的目的。簡單說，嘉南大圳就是在嘉南平原完成大規模的水利設備，將大批農地公有化，同時驅使佃農扮演農奴的角色，以保證可以取得稻米的大量生產以及豐厚的利潤。1929年，日本著名學者矢內原忠雄在其名著《帝國主義下的台灣》寫道：「嘉南大圳所促進的社會關係上的變化，乃是形成大地主的土地集中與壟斷，及促使農民喪失土地而無產化。」嘉南大圳於1930年完成，殖民當局為了掩蓋剝削的真相還拍攝了宣傳影片「幸福的農民」，並在全島巡迴播映，但受到農民組合成員的訕笑。農民組合的一篇檄文清楚寫道：「兄弟姊妹啊，嘉南大圳竣工啟用的今天，有的說是為了勞苦貧民的福祉—福祉應為『毒死』，有的說是以幸福為名增進下毒的陰謀，任意沒收我們的所有地，縱橫無盡地亂鑿圳路，完全無視於穀物的損失以及民眾的痛苦。……兄弟姊妹啊，請看我們舉家瀕臨餓死的慘澹現狀吧。……請記住以下的三字句：『賊

政府，卻重稅，賊官廳，凡物欲』。……兄弟姊妹啊，勿怕犧牲，勇往邁進，展開鬥爭吧。」移居台灣 20 餘年的日本記者泉風浪目睹台灣農民運動的過程，於 1928 年出版《台灣の民族運動》，詳列日本殖民時代台灣反對運動，從文化協會、民眾黨、農民組合以及台灣共產黨等組織的興起，他認為日本統治下的台灣，所有的運動本質上都有著中華民族主義情感的內涵，都是在台灣的中華民族反對異族統治的形式，也是運動推動最大的內在力量。

1945 年 8 月 15 日，日本戰敗投降，台灣光復。這些過去反抗日本殖民當局的農民組合英雄則走向不同的政治道路。在國共合作的架構下，台籍中共幹部蔡孝乾和張志忠由延安輾轉回到台灣，成立中共台灣省工委，開始佈建發展黨員，由於追求土地革命，要求實現土地分配正義，對於早年就已經認同台灣共產黨政綱，同時又具有濃厚中華民族意識的農民組合成員而言，幾乎是一觸即合。主要成員簡吉成了光復後第一批加入中共的台灣菁英，而且運用日本殖民時代農民組合的組織和鬥爭經驗，在隨後的二二八事件展現可觀的戰鬥力。其中關鍵角色是張志忠，他出身於嘉義新港貧農之家，從小就有很強的民族意識，15 歲那年由地方仕紳資助前往廈門讀書，在當地與左翼台灣青年共同從事抗日活動。後返台與蔡孝乾、王萬得等人進行反日活動，一度遭逮捕，釋放後又再度赴大陸，期間加入了中國共產黨。抗日戰爭爆發後，張志忠轉往延安，進入專門培養中共幹部的中國人民抗日軍政大學，後被派到八路軍從事對日軍的政戰工作。1946 年，中共中央派蔡孝乾、張志忠回台發展組織。由於具有軍事經驗，由張志忠出任中共台灣省工委副書記兼武工部（武裝工作部）部長，並且在他的家鄉嘉南地區很快地發展了地下組織。二二八事件爆發後，張志忠組織了台灣歷史上第一支紅色部隊「台灣民主聯軍嘉南縱隊」，由他出任司令，簡吉代表中共擔任政委，協同和組織武裝民眾在嘉南地區組織武裝鬥爭，也是二二八事件中唯一較具規模的戰鬥。最後雖然不敵增援的國軍部隊，但因具備組織和軍事作戰的訓練和經驗，張志忠等共產黨幹部很快就轉移陣地，安全撤離，與處理委員會主要成員臨變鳥獸散，事後悲慘遭遇，形成明顯的對照。二二八事件後，台灣民心快速左傾，寄望於新興的中共革命，中共台灣省工委組織不斷擴張。1949 年底中共台灣省工委計有 17 個市（區）、約 205 個支部，近 10 個武裝基地，以及省工委直接領導的學生工委、郵電工委以及山地工委。黨員近千人，涵蓋文教育界的菁英、外圍群眾則超過數萬人。基於台灣主要矛盾仍然是農村生產者與土地所有權分配嚴重不均問題，以及從日本殖民時代農民運動蓬勃發展的延續，嘉南農村與北台灣客家山區，成了台灣人共產黨活動的大本營。又由於他們是在地人，熟悉台灣社會的具體情況，也掌握本地的人脈，出身於農民組合的黨員更具有組織、宣傳以及發動群眾的鬥爭經驗。中共在中國大陸革命成功後，他們的組織目標十分明確，即全力配合解放軍渡海攻台時，擔任軍事導引以及接管各級單位的工作。1950 年初，蔡孝乾遭到逮補投降，供出所有同志，使得黨組織受到嚴重破壞，大批黨幹部遭到逮捕。陳福星試圖重建省工委，卻仍在 1952 年遭到逮捕。被捕者供出同志可以活下來，拒供者則處以極刑。最後近千名中共黨人選擇從容就義。至於本文中的主角人物李應章化名李遠光，1949 年 10 月 1 日以台灣民主自治同盟代表的六名台灣人之一，登上天安門城牆，出席中共建政大典。簡吉於 1950 年被捕，隔年被槍決。張志忠亦於 1950 年被捕，由於地位特殊。當時國防部政戰部主任蔣經國曾幾次到獄中勸說降，為張所拒，最後延至 1954 年，張志忠始遭槍決。總計，因拒絕投降被槍決的台灣人共產黨人在一千人上下。其餘年記較輕資歷較淺的共產黨或外圍組織左翼讀書會的成員，則被判刑不同刑期的牢獄。直到 1984 年，關了 34 年 7 個月的共產黨員林書揚和李金土始被釋放。他們是台灣歷史上關最久的政治犯。兩人均為中共台南麻豆支部的黨員，林書揚年輕時即在麻豆參加抗日活動，對馬克思主義信徒和社會主義中國的支持，終生不渝。換言之，台灣歷史上關最久的是兩位拒絕變節的台灣人共產黨員。

另一方面從大的歷史角度觀之，蔡孝乾等領導人投降固然是對中共黨組織重大的破壞，但最根本的影響仍是土地改革。由美國協助在日本、台灣和南韓先後實施土地改革，使得共產黨的土地革命失去了社會基礎，缺乏農民的支援，遭到破壞的黨組織已經難以重建。然而也由於土地革命造成的強大政治壓力，催生了台灣較溫和的土地改革，避免台灣的地主遭到紅色革命殘酷的殺害，也使得廣大貧苦的台灣佃農終於得以擺脫幾個世紀的枷鎖，取得個人與家庭發展機會的均等。站在中華民國政府的角度，面對來勢洶洶的武裝紅色革命，台灣之外已無退路，對在台灣堅定的共產黨革命分子採取斬草除根的激烈手段，不容許紅色思想和行動死灰復燃，才得以保障台灣免於日後中國大陸各種殘酷政治運動悲慘的命運。

1950 年代以後，兩岸走向對立，即使 1990 年代後追求和解，以及迄今的起起伏伏，直到今天，簡吉、李應章以及張志忠等曾經在波瀾壯闊的台灣史上影響重大的人物，在台灣的歷史教科書、博物館、紀念碑均未見一字的介紹，彷彿他們從來不存在；相反地，連以被槍決的中共省工委基隆市委書記鍾浩東的事蹟改編的電影「返校」，都刻意隱瞞當事人是共產黨幹部，以及被逮捕坐監的是心向社會主義祖國的左翼台灣青年菁英的基本史實，其恣意消費共產黨烈士以牟利的行徑，已經逾越了基本人性。儘管如此，今天同時在北京西山中共烈士紀念碑上卻刻記著每一個犧牲台灣人同志的名字。他們效忠的政治組織每年為他們開追悼會，並誓言不會讓他們白白犧牲，不會讓日本殖民者的各種紀念銘在台灣歷史的紀錄上，繼續踩在他們遭到刻意抹去和遺忘的屍骨上。他們不是「政治受難人」，而是為信仰犧牲生命的中國共產黨烈士，他們的死是自由意志的選擇，而歷史的腳步從未停歇，簡吉、李應章以及農民組合同志在日據時代的抗爭歷史，終有一天會贏得他們應有的歷史地位，並在民族和解與復興的洪流中發出光芒。

（本文部份圖片由簡吉的公子簡明仁先生和文史工作者楊渡先生提供）

一九二七、四、二〇、午后十時
二林農村講演被撿束記念撮景

107

新來布施辰治先生

陳何茹苦含辛的生涯 （左）

簡吉夫人陳何與長子簡敬合影，1929 年簡吉入獄十年之前，陳何生了三個孩子，簡敬、簡恭、陳從（從母姓），丈夫出獄後，又生下簡道夫，1947 年 3 月生下了最小的孩子簡明仁。由於簡吉走上革命之路，四處奔走，陳何獨自辛苦地帶養孩子們，尤其簡明仁出生時，簡吉正因「二二八事件」遭通緝逃亡在外，更顯人世滄桑。

簡吉肖像照 （右）

1940 年代，出生於台南的農民組合運動領導人簡吉先生肖像照。

農村知識青年的親情 （中上）

1921 年，簡吉（右邊站立者）初任鳳山公學校教員時和父親（持扇者）及家人合影，簡吉教書的學校就是他的母校，在教育水準較低的農村地區，簡吉的工作受到尊敬。

布施辰治為台灣農民討公道 （中）

1927 年，簡吉為布施辰治演講擔任翻譯。布施辰治不僅擔任辯護律師，在簡吉與李應章的陪同之下，到各地農村演講，為台灣農民仗義執言，造成很大的轟動，二林事件對基層群眾起了重大的政治教育作用。

殖民經濟中的製糖業 （中下）

日據時代，製糖廠工人將收割後的甘蔗送上小火車。製糖業是日本統治下典型的殖民經濟。日本根據台灣的地理和氣候條件，選擇發展製糖業，以供出口之用。其方式是扶植特定的大地主，僱用貧窮的農工，壓榨農民的血汗，以取得龐大的經濟利益。為了爭取本身的權益，蔗農群起反抗地主和殖民當局，為日據台灣農民運動之始。

台灣共產黨在上海

1928 年，在上海的謝雪紅（右排三）組織台灣共產黨，1925 年謝雪紅赴莫斯科東方大學學習蘇聯革命理論與實踐，後接受第三國際指示在上海成立「日本共產黨台灣民族支部」（簡稱台共），政治綱領中突出台灣農民鬥爭的問題，隨後簡吉等農組領導幹部加入了台共，使得台共力量迅速壯大。

簡娥與農組幹部

農組大湖支部成員合影，左三為農組重要幹部簡娥，「二一二事件」中，簡娥逃脫，化裝為農婦，繼續在桃園、中壢一帶宣揚抗爭理念。簡娥亦為台共黨員，後遭日警逮捕。

台灣農民組合本部

1920 年代，台灣農民運動最大的組織「台灣農民組合本部」辦公室的珍貴歷史影像，雖然看似破舊，卻隱然農民運動的熊熊烈火。1915 年，嘉南地區爆發慘烈的噍吧年事件，雖然被日本軍警強力鎮壓下去，但勞苦大眾遭受剝削無以為生的社會病源並沒有解決。事實上，隨著殖民經濟體制進一步深化，總督府與南部農民勞工階層的矛盾並沒有解除，反而以新的型態爆發。

1917 年蘇聯革命之後，左翼的思潮席捲世界，台灣的農工運動以及共產黨組織也隨之誕生，其中最有名的就是農民組合與台灣共產黨，而引爆事件的火種則是殖民當局連同大地主剝削蔗農的抗爭事件，以及一連串逐漸升高的農民抗暴運動。其中最有名的領導者是簡吉、李應章、劉崧甫等抗暴英雄。

製糖業是日本統治下典型的殖民經濟。日本根據台灣的地理和氣候條件，選擇發展製糖業，以供出口賺取利潤之用。其方式是扶植特定的大地主，僱用貧窮的農工，壓榨農民的血汗，以取得龐大的經濟利益。為了爭取本身的權益，蔗農群起反抗地主和殖民當局，此為日據台灣農民運動之始，隨後不斷爆發蔗農抗爭事件，領導人是來自彰化二林的李應章。他從台灣總督府醫學專門學校畢業，年輕時就受到孫中山國民革命思想以及五四運動的影響，具有強烈的中華民族意識。他帶領二林鄉人對日本殖民當局展開激烈的鬥爭，原因是殖民當局為了經濟利益，強迫農民種植甘蔗，又夥同大地主「林本源製糖株式會社」強制以低價收購甘蔗收成，造成蔗農無法生存，苦不堪言。

1925 年，李應章組織二林農民組合帶頭抗爭，衝擊日本當局，由於李應章傑出的組織能力，講出勞苦農民的心聲，農民組合參與者日眾，最高達 5000 多人。

這年 10 月，農民組合在與蔗糖公司交涉時爆發激烈抗爭，有 93 名組合成員遭到逮捕，並被施以各種殘忍的酷刑。李應章本人亦遭逮捕，被判處 8 個月，其它另有 25 人遭到不同刑期的牢獄之災。至於劉崧甫，來自彰化二林望族，自小受漢文教育，具有濃厚的中華民族思想。他在學校就讀時就認識了李應章、蔡淵騰、詹奕候等人，後來都成為農民組合的重要幹部。他們開設講座，教導農民爭取自己的權益，批判殖民當局種種剝削農民的政策。二林事件中，劉崧甫亦遭到逮捕，服刑 6 個月。彰化二林事件也鼓舞全島農民的抗爭意識，其中最有名的組織者和領導人則是來自高雄鳳山的簡吉。簡吉最早畢業於台南師範學校，擔任教職工作，生性好打不平，他看到農民受到殖民當局剝削的悲慘生活，決心辭去教職，全新投入農民運動。

1925 年，彰化二林蔗農為爭取自身權益，對製糖進行抗爭，日警前來阻止，雙方發生摩擦，日警遂大舉拘押抗爭農民，史稱「二林事件」。李應章為文化協會籌組人之一，擔任二林地方幹事，對蔗農思想啟蒙，成立全台第一個農民組合－「二林蔗農組合」。簡吉則在鳳山成立「鳳山農民組合」，成為職業運動家，在各地農村奔波演說。1926 年 8 月，台灣農民組合成立於鳳山，由簡吉出任中央委員長，展現領導能力，將台灣農民運動推向高峰。

1926 年，簡吉與趙港、楊逵等組織台灣農民組合，出任中央常務委員，並代表台灣農民出席日本農民組合第六回大會。由於在生產結構中，台灣農民與日本農民都受到當局與大地主的嚴重剝削，民不聊生，雙方很快就相互支援，包括日本勞動農民黨決定派遣黨員古屋貞雄律師來台指導，雙方力量會合聲勢浩大，由於思想綱領接近，農民組合很快就與共產主義運動快速結合，成為台灣歷史上共產主義運動的核心力量。

本土志士
參與祖國救亡運動

台南文人連橫家庭合影

1912 年民國元年，台南文人連橫赴大陸前與家人合影。右至左：次女春台、連橫先生、連夫人及三女秋漢、長女夏甸、兒子震東。

1895 年乙未之役，台南城破，日軍進入城內。年方 18 歲的年輕文人連橫深感國破家亡之痛。多年後他回到馬兵營故里時，百感交集中賦詩一首：
海上燕雲涕淚多
劫灰零亂感如何
馬兵營外蕭蕭柳
夢雨斜陽不忍過

連橫，1879 年出生於台灣府城，字武公，號雅堂。連氏先人於康熙年間因忠於明室，拒絕臣服於滿清，自福建漳州龍溪遷至至台灣，居於台南鄭成功駐地馬兵營，至連橫已歷八代。乙未割台後，連橫曾短暫內渡大陸，後又回台，與台南友人同好組成詩社。由於馬兵營故居曾經交予劉永福軍隊使用，遭到日本政府強制徵收拆除改建法院，連橫曾寓居多處。1897 年，娶沈筱雲為妻，1899 年，擔任台南《台澎日報》日文版主編。1904 年，獨子連震東出生於台南。1905 年，攜眷內渡廈門，創辦《福建日日新聞》，同情革命，力倡排滿，遭到滿清政府的壓力，被迫關門回到台灣。

1906 年，連橫與趙雲石、謝籟軒等多位友人在台南創立南社，1908 年舉家遷台中，任職台中的《台灣新聞》漢文版。這一年，連橫開始撰寫《台灣通史》。1911 年，加入櫟社。1912 年，中華民國政府成立，連橫赴中國大陸，遊歷上海、南京、杭州等地。1914 年，應中華民國政府（北洋政府時期）清史館館長趙爾巽延聘為名譽協修，並得以閱讀大量清廷有關台灣的第一手珍貴史料，後來均收錄於《台灣通史》之中。

這年冬，連橫返台，將遊歷寫成《大陸遊記》和《大陸詩草》，刊於《台南日報》。連橫胸懷歷史，遊歷神州古蹟，感嘆興亡，留下許多詩句，以下舉其例：
登南京雨花台太平天王詩之一：
龍虎相持地
風雲變態中
江山歸故土
冠劍會群雄
民族精神在
興王事業空
荒臺今立馬
來拜大王風

出關 其一：
淪落江南客
淒涼塞北風
劍磨秋氣健
詩帶夏聲雄
山海千年在
雲煙一覽空
棄繻酬壯志
今日有終童

出關 其二：
黃河天上遠
躍馬出關來
遼瀋銷王氣
扶餘吊霸才
荒城迷落日
驛路走輕雷
寂寞古雞塞
傷心問劫灰

連橫在《大陸詩草》的自序中充分反映人生自述：
連橫久居東海，鬱鬱不樂，既病且殆，思欲遠遊大陸，以舒其抑塞憤懣之氣。當是時，中華民國初建，悲歌慷慨之士雲合霧起，而余亦戾止滬瀆，與當世豪傑名士美人相晉接，抵掌譚天下事，縱筆為文，以譏當時得失，意氣軒昂，不復有癃憊之態。既乃溯江、渡河、入燕都，出大境門至於陰山之麓，載南而東渡黃海，歷遼瀋，觀覺羅氏之故墟而吊日俄之戰跡，若有感於東亞興亡之局焉。索居雞林，徘徊塞上，自夏徂冬，復入京邑。將讀書東觀，以為名山絕業之計，而老母在堂、少婦在室，馳書促歸，棄之而返。至家，朋輩問訊，輒索詩觀。發篋視之，計得一百二十有六首，是皆征途逆旅之作，其言不馴。編而次之，名曰「大陸詩草」，所以紀此游之經歷也。
嗟乎！余固不能詩，亦且不忍以詩自囿。顧念此行窮數萬里路，為時幾三載，所聞所見，徵信徵疑，有他人所不能言而言者、所不敢言而亦言者。孤芳自抱，獨寐寤歌，亦以自寫其志而已！殺青既竟，述其梗概，將以俟後之瞽史。
乙卯仲春，臺南雅堂連橫序於劍花室。

隨後連橫繼續在《台南新報》工作，1919年遷居台北，在華南銀行工作。1921年，林獻堂、蔣渭水成立台灣文化協會，以保留和弘揚中華文化作爲抗日手段。文協在台北和台中均舉辦講習會，連橫被聘為講師，講授《台灣通史》。1924年，在台北創辦漢文古典雜誌《台灣詩薈》，發行了1年10個月。1926年，舉家遷居杭州一年。1931年，返回台南，擔任總督府史蹟名勝天然紀念物調查會委員。這一年爆發「九一八事變」，連橫預期中日必將有一戰，此時獨子連震東剛由日本東京學成歸來，初任職報社。連橫即令震東前往北京，並親筆書函。黨國元老張繼先生，請託就近關照，曰：「兒子震東畢業東京慶應大學經濟科，現在台灣從事報務。弟以宗邦建設，新政施行，命赴首都，奔投門下。如蒙大義，矜此子遺，俾得憑依，以供使令，疇載之德，感且不朽！且弟僅此子，雅不欲其永居異域，長為化外之人，是以託諸左右。昔子胥在吳，寄子齊國；魯連蹈海，義不帝秦。況以軒黃之華胄，而為他族之賤奴，泣血椎心，其何能恕？」張繼先生讀後大為感動，決定提攜震東。他先安排震東到北京學習，接著又帶著他到西安工作。1934年，連橫舉家遷居大陸，其間寫給連震東的家書中多所提示：「多識東北要人，可為將來同事之助 ... 汝當在其（張繼）左右，如欲赴粵，可請隨行，以資閱歷」

「張先生如入豫辦事，汝可請之隨行，蓋因政府初移，人員必少，汝於此時如能得一位置，且在艱危之中，將來較有厚望。」

「汝在西安，位置甚好，勤謹辦事，以資閱歷，將來先生如任行政院長，必能調來中央，則可著著進行，以慰余之期望，台之青年以無進身之路，唯有煩悶、怨憤、忌妒、詈罵，以墜於失敗之淵而已，可痛可憫！」

「讀書之暇，須臨魏碑，欲與人士相往來，尺牘之書，必求精美，而後不致貽笑也。」

「日本經濟疲困，台灣尤甚，百業蕭條，物價愈賤，台灣實有不可久居之勢。」

「余居此間視之甚厭，四百萬人中幾無一可談，生計既絀，信義全無，可痛可憫。」

「吾不欲汝為台灣人，尤不欲如為一平凡之人，此間青年毫無生氣，所謂大學生者，娶妻生子，前途已絕，其活動者，則呼群集黨，飲酒、打牌、跳舞而已，墜落如此，可憐可憫！」

「切不可與此間朋友通訊……，此間朋友有詢汝住所者，余皆不言。」

連橫對兒子經營仕途以求鴻圖之殷切，溢於紙上。以連震東回台後的發展，以及後代子孫枝繁葉茂，足可慰連橫之在天靈。兩年後病逝於上海，享年58歲。連橫的傳世之作《台灣通史》撰寫於1908年至1918年間，凡十年。共分上中下三冊在1920與1921年，由連橫自己的《台灣通史社》出版。仿效司馬遷《史記》體例而成，起於隋煬帝大業元年（605年），終於割讓（1895年）。全書共36卷，分為紀4、志24、傳60，共88篇，約有60萬字，另附表目101項。這是台灣人第一次完成且第一部冠以「台灣通史」名稱的著作。連橫13歲時，父親連得政授以《續修台灣府志》，勉勵他：「汝為台灣人，不可不知台灣事。」連橫逐漸萌生為台灣寫史的大志。他42歲出版《台灣通史》不僅實現人生志業，也對後代的台灣留下深遠的影響。民國知識界對此書給予極高的評價，認為它是繼《史記》、《漢書》之後，中國偉大的歷史巨著。

以下是《台灣通史》的序文：
台灣固無史也。荷人啟之，鄭氏作之，清代營之，開物成務，以立我丕基，至於今三百有餘年矣。而舊志誤謬，文采不彰，其所記載，僅隸有清一朝；荷人、鄭氏之事，闕而弗錄，竟以島夷海寇視之。烏乎！此非舊史氏之罪歟？且府志重修於乾隆二十九年，台、鳳、彰、淡諸志，雖有續修，侷促一隅，無關全局，而書又已舊。苟欲以二三陳編而知台灣大勢，是猶以管窺天，以蠡測海，其被囿也亦巨矣。

夫臺灣固海上之荒島爾！篳路藍縷，以啟山林，至於今是賴。顧自海通以來，西力東漸，運會之趨，莫可阻遏。於是而有英人之役，有美船之役，有法軍之役，外交兵禍，相逼而來，而舊志不及載也。草澤群雄，後先崛起，朱、林以下，輒啟兵戎，喋血山河，藉言恢復，而舊志亦不備載也。續以建省之議，開山撫番，析疆增吏，正經界，籌軍防，興土宜，勵教育，綱舉目張，百事俱作，而台灣氣象一新矣。

夫史者，民族之精神，而人群之龜鑑也。代之興衰，俗之文野，政之得失，物之盈虛，均於是乎在。故凡文化之國，未有不重其史者也。古人有言：「國可滅而史不可滅。」是以郢書燕說，猶存其名；晉乘楚杌，語多可採；然則台灣無史，豈非台人之痛歟？

顧修史固難，修台之史更難，以今日修之尤難，何也？斷簡殘編，蒐羅匪易；郭公夏五，疑信相參；則徵文難。老成凋謝，莫可諮詢；巷議街譚，事多不實；則考獻難。重以改隸之際，兵馬倥傯，檔案俱失；私家收拾，半付祝融，則欲取金匱石室之書，以成風雨名山之業，而有所不可。然及今為之，尚非甚難，若再經十年二十年而後修之，則真有難為者。是台灣三百年來之史，將無以昭示後人，又豈非今日我輩之罪乎？

橫不敏，昭告神明，發誓述作，兢兢業業，莫敢自遑，遂以十稔之間，撰成台灣通史。為紀四、志二十四、傳六十，凡八十有八篇，表圖附焉。起自隋代，終於割讓，縱橫上下，鉅細靡遺，而台灣文獻於是乎在。

洪惟我祖先，渡大海，入荒陬，以拓殖斯土，為子孫萬年之業者，其功偉矣。追懷先德，眷顧前途，若涉深淵，彌自儆惕。烏乎！念哉！凡我多士，及我友朋，惟仁惟孝，義勇奉公，以發揚種性；此則不佞之幟也。婆娑之洋，美麗之島，我先王先民之景命，實式憑之。

卷後自題：
傭書碌碌損奇才，絕代詞華設自哀，三百年來無此作，拚將心血付三台。一杯差喜醉延平，東海風雲氣向橫，記得寧南門下月，梅花紅映讀書燈。
序文中的「婆娑之洋，美麗之島」成為傳世名句，反覆被引用，以代表中國人心中永遠的美麗島嶼。

旅居北京的「台灣四劍客」：張我軍、連震東、洪炎秋、蘇薌雨

1930 年代初，旅居大陸北平市的「台灣四君子」，左至右為張我軍、連震東、洪炎秋、蘇薌雨，均為在北京從事文教工作的台籍青年俊彥。他們年紀相仿，立志革新，影響重大。

連震東：

連震東，1904 年出生於台南，為《台灣通史》作者連橫的公子，畢業於日本應慶義塾大學，返台不久即奉父親之命前往北京。連橫諭震東：「欲台灣之解放，須先建設祖國！余為保存台灣文獻，故不得不忍居此地；汝今已畢業，且諳國文，應回祖國效命。余與汝母將繼汝而往！」隨後，他在寫給黨國元老張溥泉的信中充份表白民族志節：「兒子震東畢業東京慶應大學經濟科，現在台灣從事報務。弟以宗邦建設，新政施行，命赴首都，奔投門下。如蒙大義，矜此子遺，俾得憑依，以供使令，疇載之德，感且不朽！且弟僅此子，雅不欲其永居異域，長為化外之人，是以託諸左右。昔子胥在吳，寄子齊國；魯連蹈海，義不帝秦。況以軒黃之華冑，而為他族之賤奴，泣血椎心，其何能恕？」

1933 年，連橫舉家遷居大陸，並且辦理恢復中國國籍。隔年，連震東與來自東北、燕京大學畢業的趙蘭坤結婚。1936 年，連橫病逝於上海，臨終前囑震東：「今寇氛迫人，中日終必一戰，光復台灣即其時也，汝其勉之！」不久，連震東的兒子在西安出生，並依連橫遺願，取名連戰，因為它除了自強不息之外，還有克敵致勝、光復故土的意義。

抗戰時期，連震東一家隨著國民政府遷至重慶，出任數項職務。開羅會議決定收復台灣，連震東開始參與接收台灣的規劃，並且教育在渝的台籍青年。1945 年 8 月 15 日，日本戰敗投降，結束半世紀在台的殖民統治，當年拒絕生活在日本統治之下而遠赴大陸的台灣人開始步上返鄉之途。連震東奉命接收台北州，此後三十年歷任要職，包括出任內政部長，對台灣的建設做出重大的貢獻，逝於 1986 年。

毫無疑問，連橫心血之作《台灣通史》產生了深遠影響，來台的民國文人讀後均對其豐富的史料與文采驚嘆不已，尤其忠貞的民族氣節更足以名留千古。這種高度的讚賞所產生的信賴感自然對連氏一族形成長期的庇蔭作用，歷數代人不墜。

張我軍：

張我軍，原名張清榮，1902 出生於台北板橋的貧困之家，畢業於板橋公學校。後學製鞋，當工友、雇員等雜事。後隨前清秀才趙一山習漢文。1920 年赴廈門，入同文書院學習現代白話文，此時受五四新文學的影響，白話文運動方興未艾。張我軍開始發表詩詞文章，逐漸展露才華。

1924 年他前往北京，結織中國新文學精英，雖年僅 23 歲，卻在台灣文壇上大放異彩。這年他在《台灣民報》上發表了〈致台灣青年的一封信〉和〈糟糕的台灣文學界〉，造成震撼，引發台灣新舊文學的論戰。文中指出：「諸君怎的不讀些有用的書來實際應用於社會，而每日只知道做些似是而非的詩，來做詩韻合解的奴隸，或講什麼八股文章替先人保存臭味。想出出風頭、竟然自稱詩翁、詩伯，鬧個不休。」、「台灣的詩文等從不見過真正有文學的價值的，且又不思改革，只在糞堆裡滾來滾去，滾到百年千年，也只是滾得一身臭糞。」其論事文字之辛辣充分展現了五四新文化青年革新奮發的銳氣與才情。很明顯地，張我軍要把五四精神帶進台灣故里，他成了台灣新文學的旗手。

這裡必須先說明台灣文化的大背景。台灣從明鄭成立東寧漢人政權以來，漢文化包括語文、宗教和生活習俗等，成為了台灣文化的主體。有清兩百餘年，台灣學子修習古文，浸淫傳統禮教，或參與科舉，或縱情詩書棋琴，與大陸內地無異。甲午割台，台灣知識份子反應激烈，非常排斥過去的東瀛小國君臨台灣，一般台灣人繼續讓下一代讀私塾漢文，甚至拒絕上日本的公學校。因此，漢人的小學就學率提升十分緩慢。至於前清舉人、秀才對於「倭奴」帶來的那一套更是鄙視。1915 年，即日本統治第 20 年，嘉南地區爆發

最大規模的漢人抗日「噍吧年事件」。起事者受到辛亥革命思潮的影響，直溯大明王朝，成立「大明慈悲國」。檄文由古文書寫：「大明慈悲國，奉旨。本台征伐天下大元帥余，示諭三百萬民知悉：

天感萬民，篤生聖主，為民父母，所以保毓乾元，統馭萬邦，坐鎮中央。古今中華主國，四夷臣卿，邊界來朝，年年進貢。

豈意日本小邦倭賊，背主欺君，拒獻貢禮，不遵王法，藐視中原，侵犯疆土。

實由滿清氣運衰頹，刀兵四起，干戈振動，可惜中原大國，變為夷狄之邦。嗟乎！狂瀾既倒，孰能挽回？彼時也，天運未至，雖有英雄，無用武之地，忠良無操身之處。豪傑義士，屈守彼時，忍觀顛倒，吾輩抱恨。倭賊猖狂，造罪彌天，怙惡不悛。

乙未五月，侵犯台疆，苦害生靈，刻剝膏脂，荒淫無道，絕滅綱紀，強制治民，貪婪無厭，禽面獸心，豺狼成性，民不聊生，言之痛心切骨。民命何辜，遭此毒害。

今我中國南陵，天生明聖之君，英賢之臣，文有經天濟世之才，武有安邦定國之志。股肱棟樑，賢臣輔佐，三教助法。聖神仙佛，下凡傳道，門徒萬千，變化無窮。今年乙卯五月，倭賊到台二十有年已滿，氣數為終，天地不容，神人共怒。我朝大明，國運初興，本帥奉天，舉義討賊，興兵伐罪，大會四海英雄，攻滅倭賊，安良鋤暴，解萬民之倒懸，救群生之性命，天兵到處，望風歸順，倒戈投降。」此文反映台灣民間根深柢固的中華文化本體，到了日本時代中期，漢文仍然是台灣知識界的主要傳播語文。

1923 年，一群旅日台灣人創辦了《台灣民報》，全部為漢文版。後由半月刊改為旬刊，再改為周刊。1927 年，在克服困難以增加日文版為條件的情況下，獲准遷回台灣。此時，剛好也是文化協會、民眾黨、農民組合等台灣人政治與社會活動蓬勃發展的時期。《台灣民報》予以充份報導，實質上已經成了台灣反對運動的機關報。意味著，日本時代中期，台灣最輝煌的反對運動所使用主要語文是中文，台灣人閱讀量最大的是一份中文報。至於日本當局的文化處境也很微妙，日本屬於漢字文化圈，高級知識份子都學過漢文，能寫漢詩。古代中國之於日本人等於希臘羅馬之於西方人那般，不僅熟悉其中典故，更充滿景仰之情，因為它已經成為日本靈魂的一部份。日本的傳統紀念碑文多採漢文書寫，天皇天號均取自《史記》，對古代中國的孺慕之情可見一斑。因此，儘管日本當局很清楚漢文是台灣人傳遞抗日民族精神媒介，但基於本身的文化親近性，仍未完全禁絕，甚至殖民官員自己也加入漢詩寫作之列，附庸風雅一番。由於《台灣民報》成為台灣人民的喉舌，銷量大增，影響力不亞於日人創辦的《台灣日日新報》，殖民當局才警覺到問題的嚴重。在日本侵華戰爭爆發後，開始對《台灣民報》漢文使用限制日益嚴格，到了最後只保留漢詩的欄目。

在此歷史大背景中，也就必須要說明，台灣的中文使用也必然有一段從文言文轉為白話文的過程。在大陸，五四運動促成了這項轉變；在台灣，則是由身在新文化運動首府北京的張我軍帶進台灣的，他強烈批判老式文體的無用迂腐，筆鋒和口吻一如大陸五四青年健將砲轟老派文人抱殘守缺那般。1925 年，張我軍在台北自費出版了《亂都之戀》，成為台灣新文學的第一本新詩集。同時，也陸續將胡適、魯迅、郭沫若、徐志摩等人的作品介紹到台灣。《台灣民報》也成為台灣新文學的搖籃，並催生了有「台灣的魯迅」美譽的台灣文學之父賴和。

台灣光復後，張我軍返回台灣，從事編撰工作，逝於 1956 年。他有四個兒子，大兒子張光正參加中國共產黨，留在大陸。其他三個兒子張光直、張光誠、張光樸等在台灣完成學業後，均赴美深造，其中張光直成為世界知名的考古學家。

洪炎秋：
洪炎秋，1899 年出生於彰化鹿港的書香世家，父親洪棄生為前清秀才，乙未年後拒絕學日文，對自己的孩子亦親授漢文。1923 年，洪炎秋負笈北京，進北京大學本科，主修教育學，輔系是中國語言文學，選修魯迅、周作人、沈尹默、朱希祖、張鳳舉等先生的課，受教於中國最頂尖的文學家。

台灣光復後，洪炎秋返回台灣，任教於日本時代台北高校改制後的台灣省立師範學校，後調任台灣省立台中師範學校校長。「二二八事件」中受到牽連，但不久便平息。1948 年，台灣大學校長莊長恭聘洪炎秋為教授，後人事幾次調動，醫學院院長杜聰明任代校長，請洪炎秋出任主任秘書。1949 年，洪兼任《國語日報》社長。1969 年當選台北市增補立法委員。逝於 1980 年，留有著作《洪炎秋自選集》。

蘇薌雨：
蘇薌雨，名維霖，1902 年出生於新竹。幼年讀新竹公學校，1920 年入北京大學預科，兩年後入北大哲學系，受五四運動洗禮，師承李大釗、蔡元培等人。

1927 年，與台灣同鄉青年張我軍、洪炎秋、宋文瑞、吳敦禮等創辦《少年台灣》，並且經常在《台灣民報》上介紹中國現代革命文學。

1935 年，蘇薌雨進入日本東京帝國大學心理學研究所進修。中日全面戰爭爆發後，攜眷離開北京，參與國軍抗戰，曾任職於漢口中央宣傳部國際宣傳處日本科，後又至大後方的幾所大學任教。

台灣光復後，蘇薌雨返台任行政長官公署參議，1946 年被聘任為台灣大學哲學系教授，後協助創辦台大心理學系，並且成為首任系主任，同時亦任台大圖書館館長。蘇薌雨在台大任教 26 年，對心理學和圖書館典藏工作做出重大貢獻，逝於 1986 年。

後記：

日本殖民之初，許多台灣知識分子為了保留民族香火，對下一代授予漢文教育，有一些較有能力者則送他們到大陸求學。在北京聚集了一批台灣青年俊彥，受到五四運動的激勵，成為近代中國文化革新力量的一員，進而推動了台灣漢文的現代化。在以上四位「台灣四劍客」之外，還有一位重要的人物宋斐如。

宋斐如，1903 年出生於台南，就讀台北高等學校，畢業後赴大陸求學，入北京大學經濟系，主編《少年台灣》，成為台灣新文學的健將。日本發動侵華戰爭後，宋斐如投入抗戰事業。1942 年，在渝台籍人士組成中國國民黨台灣省黨部，宋斐如擔任幹訓班教育長，訓練台籍幹部準備台灣光復後的接收工作。台灣光復後，宋斐如擔任行政長官公署教育處副處長，同時創辦《人民導報》，總編輯蘇新和記者吳克泰均為中共黨員。事實上，吳克泰在晚年的回憶錄指出，《人民導報》是中共省工委新聞支部所在，公開批評陳儀施政，並且作有利於中共的報導，「二二八事件」中起了鼓動群眾的作用。事件平息後，中共地下黨員逃亡，宋斐如遭逮捕槍決，其妻區嚴華則於 1950 年亦遭處決，宋斐如和第一任妻子傅彬彬所生的兒子宋洪濤隨後經歷一段流離的歲月。

2002 年，筆者製作口述歷史時，曾經在北京採訪了張我軍的大兒子張光正，談他父親早年在北京的生活，以及他參加中共革命的經過。後來，筆者也在台北採訪了宋斐如的兒子宋洪濤。當時他已經是老先生，一個人住在台北一處老舊的公寓，家中有一套大陸出版的《宋斐如》全集。在日本殖民統治中期前往北京求學工作的台灣青年中，以張我軍和宋斐如的才華最為耀眼，文化影響力最大。儘管他們的後代四處飄零，但他們的事蹟與著作已成為台灣史珍貴的資產。

台灣少年團的英姿

抗戰時期，由旅居大陸的台灣人所組成的台灣義勇隊，他們的子弟組成台灣少年團，高唱抗戰歌曲，誓言光復神州。他們在浙江的台灣義勇隊基地度過了童年的時光，光復後，回到台灣時依然保持密切的聯繫和情感，此照片是台灣少年訓練時展現的英姿。

台灣少年團支援抗戰

抗戰時期，旅居大陸的台灣人組織台灣義勇軍，負責敵後宣傳、醫療和文化教育工作。他們的子弟組成台灣少年團。照片為台灣少年團成員席地討論支援抗戰事宜。

李友邦將軍英姿

抗戰時期，李友邦將軍將旅居大陸的台灣人組成台灣義勇軍，協助抗戰，尤其製作日文文宣，對日軍進行反戰宣傳，帶給日軍極大震撼。

李友邦，一位來自蘆洲望族的青年，因為不滿日本歧視台民，自幼懷抱強烈的民族意識，成年後遠赴大陸投考黃埔軍校，參與中國革命。抗戰期間，李友邦直接參與對敵作戰，後與投筆從戎的愛國女青年嚴秀峰結為夫婦，並將旅居於閩浙一帶的台灣人組成「台灣義勇隊」和「台灣少年團」，進行突擊作戰、教育宣傳和醫療服務等工作，名揚全中國。台灣光復後，李友邦夫婦載譽返鄉，領導三青團建設台灣，卻不幸捲入一段動盪不安的歲月，他的一生獻給了國家和社會，也代表著台灣歷史的榮耀。

台灣少年團的行動劇

抗戰時期，台灣少年團表演行動劇，演出帝國主義欺辱中國人的短劇，以激起中國人同仇敵愾的愛國心。

台灣少年團軍事操演

抗戰時期，台灣少年團進行軍事操演，儘管他們並未參與實戰，但模擬似的操演可以激勵抗戰士氣。

英烈千秋的李友邦家庭

光復初期，李友邦、嚴秀峰夫婦全家福（長女李效群、長子李煒群、次子李力群）1946年攝於台灣。光復以後，李友邦擔任三民主義青年團台灣支部團長，積極協助台灣省的重建工作，三青團吸引了許多日本統治時期的抗日青年，成為台灣知識分子中最具威望的政治團體。儘管如此，二二八事件中，許多三青團成員涉入，李友邦將軍特別赴南京與蔣經國解釋事件的緣由，以降低緊張的氣氛。

民國41年，李友邦以中共地下黨的嫌疑遭到逮捕處決，嚴秀峰亦遭逮捕入獄15年。出獄後嚴秀峰積極重整李家事業，以李家大家長的身分團結李氏家族，保存蘆洲李宅古厝。經過各界奔走努力，這一棟富於文化歷史特色的老建築終於獲得完整的保留，成為珍貴的文化資產。更難得的是，儘管家中遭遇巨變，李家的事業繼承人李力群先生全力保留父母為民族貢獻的事蹟，經常舉行台灣同胞抗日展覽，同時聲明不會因為家庭的遭遇，而改變對蔣總統對於民族貢獻的肯定。

日帝威儀與殖民經濟

大溪孩童們迎接日本親王妃車隊經過

（128頁）

1929年10月，大溪街的大小孩童們列隊歡迎日本東伏見宮依仁親王妃周子的車隊經過。在親王妃訪台紀念寫真冊中，這張照片十分珍貴，因為孩童赤足迎接反映了此地百姓真實的生活水準。日本時代，以老照片考證生活史最大的困難是，官方相關照片均為宣傳照片，看不到真實生活狀態。民間的則是家庭合影為主，基本上均來自富裕的家庭；換言之，雖然一些台灣知識分子透過小說文學等方式，記載了占人口大部份的農村地區貧困的情況，不過影像紀錄闕如，此即經濟地位導致了社會階級的影像詮釋權的懸殊差距。事實上，連1930至31年日本東北悲慘的飢荒都有照片，日本時代台灣農村亦貧的生活卻沒有留下任何照片紀錄。此照片中迎接的孩童們是被挑選出來的當地最能代表的，但是最體面的仍然是打光腳，大溪不算是窮地方，不過，最好的已是如此。再深入如嘉南、屏、挑竹苗山區等地農村，人民的赤貧狀態實不難想像了。這張珍貴照片多少透露了真相的蛛絲馬跡了。

屏東驛的日本皇室專列

1929年10月，訪問台灣的日本東伏見宮依仁親王妃周子，由屏東車站搭乘火車前往高雄。右側車廂上有一枚金黃色菊花的日本皇室家徽，顯示這是皇室專屬的列車，具有特殊的級別，與一般乘客區分開。在列車、出發和抵達等處，均實行嚴格的人員管制，以確保皇族訪客的安全與尊嚴。

建成不久的新竹州廳

1929 年 10 月，日本東伏見宮依仁親王妃周子參觀新竹州廳。結束後座車出發前往下一個訪問行程，由州廳警察和工作人員在外列隊歡送。

新竹州廳建成於 1925 年底，因此照片中的廳舍拍攝於落成後的四年。光復後，新竹州廳改為新竹市政府，並延續至今，為日本時代五個州廳中唯一保持市府大樓功能的。

本島人傳統弦樂團奉迎日本親王妃車隊

1929 年 10 月，訪問台灣的日本東伏見宮依仁親王妃周子的車隊，晚間經過北台灣市鎮，由本地仕紳帶領本地一個傳統弦樂團在街邊奉迎。左側的男性仕紳盛裝迎新，弦樂樂團應是他出資僱用的，赤足則是本島人兒童一般的生活情況。

親王妃參觀學校聯合運動會大會操

1929 年 10 月，日本東伏見宮依仁親王妃周子來訪，參觀學校聯合運動會的大會操。此照片取景特殊，展現了殖民統治者俯瞰台灣人的姿態。

日本愛國婦人會台北奉迎親王妃

1929 年 10 月，台北愛國婦人會婦女盛裝奉迎日本東伏見宮依仁親王妃周子來訪。

1904 年，日本愛國婦人會成立，主要成員是皇族、華族和上流社會的婦女，從事軍隊慰問、醫護和遺族撫卹等工作。同時在台灣成立三個支部。1905 年合併爲愛國婦人會台灣支部，由總督府民政長官後藤和子擔任支部長。最初會員只有日本人，隨著殖民統治的深化，開始接收本島人，但仍然以社會上層為主。工作也拓展至各種婦幼教育工作。

照片後面建築上方的招牌「カルピスホール」為「可爾必思大堂」，即日本可爾必思乳酸菌飲料公司在台北蓋的接待會館。這家公司今天還在。

日本人婦女與台灣人婦女 （138 頁）

1929 年 10 月，日本皇族東伏見宮依仁親王妃來台巡訪台，一場愛國婦人會接待的活動場所。照片中有愛國婦人會的日本人婦女與台灣人婦女，穿著各自的民族服飾，各自聚在一起。儘管愛國婦人會的台灣婦女均來自較富裕的台灣家族，一般來說比較親近殖民當局，但是這張本為宣傳的照片，無意間卻生動流露出在現實生活中，日本人與台灣人在社會階級和民族文化上的隔閡與疏離感。

特別說明：
1929 年 10 月，日本皇族伏見宮依仁親王妃來台灣出席愛國婦人會大會，同時巡訪各地。伏見宮親王是小松宮彰仁親王的養子，以明治天皇的猶子（非血緣關係的繼承人）被賜名依仁。親王妃是岩倉具定公爵的長女周子。

日本皇族常到台灣巡訪，各地官員均需組織奉迎活動，並展現殖民教化的成果。徐宗懋圖文館收藏了東伏見宮親王妃訪台紀念實體相冊，畫質精美。儘管內容主要是宣傳，但同時仍然留下一些令人回味的珍貴細節。

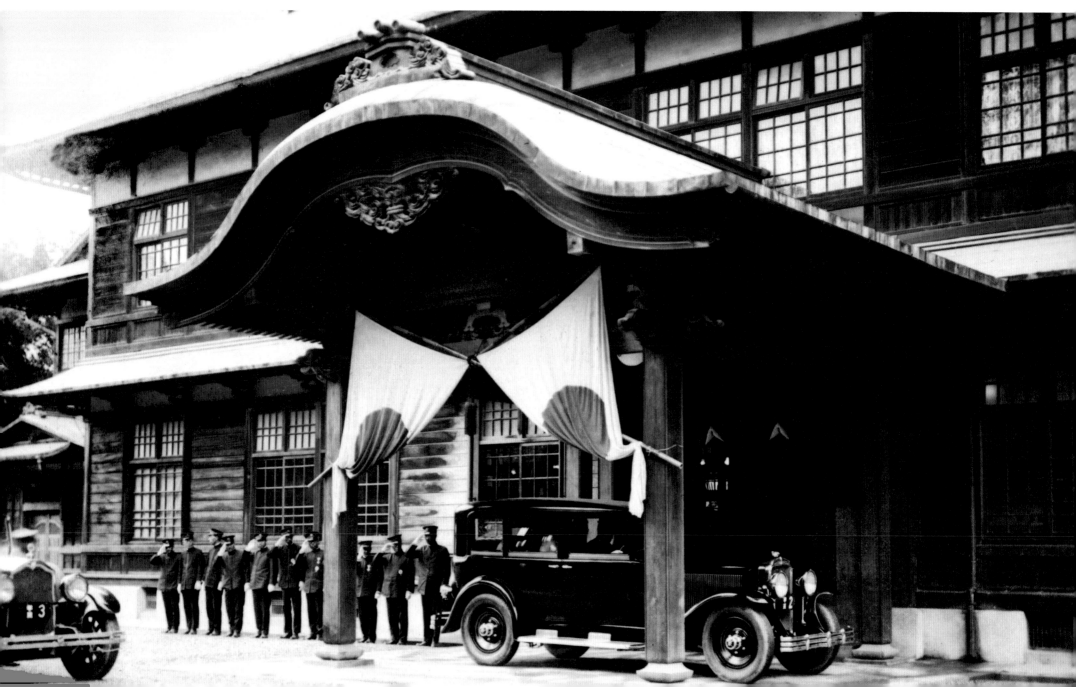

日本東伏見宮依仁親王妃遊覽角板山

1929 年 10 月，日本皇族東伏見宮依仁親王妃來台訪問台灣時，遊覽角板山，並且參觀角板山公醫診療所，並在雨天中搭上豪華的山轎。角板山風景區位於今天在桃園復興鄉，原為泰雅族人世居之地，也是歷史上原住民武力抗爭的要地，今日以楓紅著稱，景色優美。一般日本官員上山遊覽均乘坐山轎，由人力扛抬。為了減輕重量，山轎通常只有一個簡單的座椅。不過，親王妃身份尊貴，所以特別製作了一個豪華的山轎，重量自然也增加許多。角板山是日本皇族來台必遊之地，設有貴賓樓作為接待所。此照片中的角板山公醫診療所原貌，為珍貴的歷史影像文獻。

台北第二高女內團體操表演

1929 年 10 月，日本東伏見宮依仁親王妃周子參觀台北第二高等女子學校，由台北州所有高女學校女學生們穿著白色的制服，以團體操表演表達歡迎之意，以展現體育教學的成果。

日本時代，當局十分重視體育，除了一般學科之外，其他和排球、網球、游泳、劍道、射箭、修學、登山旅行等，均為重要學習科目。此時，台北州有第一、二、三、四等四所高等女子學校，其中第三高女是以台灣人為主，其他三所則以日本人為主。所以，此照片中團體操表演的台北州所有高女學生大部分為日本人。

台灣光復後，日本人遭到遣返，第一、第二、第四高女等剩下的不多的台灣學生合併成台北第一女中（北一女），原來即以台灣人為主的第三高女改為第二女中（北二女），後又改為中山女中。第四高女校舍成為今天國立台北護理健康大學城區部，照片中的第二高女教室大樓則成了今天中華民國立法院院區。

日本親王妃參觀商品陳列館

1929 年 10 月，日本東伏見宮依仁親王妃周子參觀台北商品陳列館。1898 年，殖民政府在台北城內設總督府物產陳列館，陳設農、工、林、漁、礦業等產品。1916 年，台灣勸業共進會在植物園建迎賓館，隔年，將總督府物產陳列館遷至此迎賓館，改名為台灣總督府商品陳列館。性質由工商服務，轉為總督府發展台灣殖民產業的成果展示，同時舉辦各種產業主題展覽。如此也成了日本內地官方訪客必臨之地。

此照片珍貴之處在於完整清楚地呈現商品陳列館建築的正門，日本建築最明顯的特徵是正門入口的「唐破風」，為一種圓弧形博風板類型，源於中國大唐西安的建築格局。商品陳列館亦循此風格。

民國 38 年後，此建築改作為國立歷史博物館。民國 60 年，原木造建築拆除，改建石磚造的中國式建築。

一批日本遊客在阿里山迎曙光

1932年，一批來自關西的日本遊客在台灣阿里山上迎接第一道曙光，不禁露出開心的笑容。阿里山開放旅遊之後，搭乘小火車上山，觀賞神木，以及看日出和雲海等三者，成為阿里山旅遊的基本項目。尤其看日出需要在睡意中打起精神，摸黑起早，趕到特定地點，抱著萬分虔誠的心情，等待雲端射出那第一道曙光。過程有如朝聖般的神聖儀式，百年來物換星移，絲毫沒變。民國五十幾年，電影院戲上演前常放一則商品廣告片，畫面是阿里山的雲海和日出，配樂是柴可夫斯基的「天鵝湖」，很多人印象深刻。

台湾ノ
阿里山上ニテ

一批日本旅客在角板山搭乘台車的合影

1932 年，一批日本旅客在角板山搭乘輕軌台車，並且拍攝紀念寫真，留下台灣之旅的美好回憶。

日本時代，從大溪到角板山之間鋪設了台車鐵道，用人力推動，最初是用來運送茶葉、樟腦和煤炭，後來也運送人，成為觀光台車。此照片顯示，儘管台車設施簡陋，但是有車站和售票處，十分正式。下坡時，台車順鐵道滑行。上坡，則需要費很大的人力推動，非常辛苦。由於角板山風光明媚，台車又別具旅遊樂趣，因此去角板山看風景坐台車，成為很好的賣點，角板山也成為著名的觀光勝地，日本皇族來台灣，照例都會到角板山一遊。不過，皇族不會搭窄小簡陋的台車，而是用人力抬的特製山轎。

光復後，台車鐵道拆除，後為北部橫貫公路的一部份。

一批日本旅客搭乘阿里山小火車在奮起湖站留影

1932 年，一批日本旅客搭乘阿里山小火車在奮起湖站留影，成為台灣之旅的美好回憶。

阿里山小火車軌距為 726 公釐，原來是作為搬運高山木材之用，全長 67.1 公里，於 1912 年通車。自阿里山砍伐搬運下山的高級檜木送到日本，成為興建伏見桃山御陵、橿原神宮、筥崎宮、明治神宮等的高級建材。1918 年，開始作為客運之用。由於沿著山勢曲折而行，穿越熱帶、溫帶和寒帶的森林，景觀繽紛多彩，成為台灣的絕景，吸引許多文人墨客到此一遊，留下無數美文。因此，日本人到海外殖民地台灣旅行，去日月潭看邵族搗小米，搭乘小火車上阿里山看日出，均屬於台灣之旅的基本款。即使光復後，這仍然是台灣人島內旅遊的重要景點；儘管如此，光復後 20 多年間，社會仍然清貧，一般人仍負擔不了休閒娛樂。因此，搭小火車去阿里山玩，更是一般學童內心中無限的嚮往。猶如同一時期，日本學童對「富士五湖」的美好想像那般。

舊式製糖工廠之糖廍 （146頁）

1920年代，南台灣，傳統舊式糖廍，為早期的製糖工廠，包括照片左側的廍亭以及右側的熬糖屋。「廍亭」中用牛隻帶動石車，將甘蔗榨成蔗汁。「熬糖屋」中則是將蔗汁熬煮成糖的地方。 台灣盛產甘蔗，糖又是日常所需，因此鄉間糖廍林立，成為民間興旺的生產活動。清代，經營糖廍致富者不乏其人。日本時代初期，糖廍仍然盛行，在殖民政府建立大規模的製糖生產事業，並最終完全取代糖廍之前，也曾有一段新式糖廠與舊式糖廍並存的過渡期。

改良式糖廍內部作業之珍貴照片

1920年代，改良式糖廍內部的作業情形。仍然使用牛隻的獸力榨出蔗汁，不過石車改為鐵磨。除了耐用之外，可以榨出更多的蔗汁，使用效率和產量均大幅提高。日本殖民政府在建立現代化製糖事業之前，曾經以改良式糖廍增加蔗糖產量。1904年設了4間，隨後10年為興盛期，最多曾經有61間，後來逐漸為新式糖廠取代。

此照片顯示，改良糖廍之廍亭（棚屋）十分寬敞高大，一般底約50尺、高約30尺，內部以麻竹為支架，屋頂覆蓋著茅草、稻草等，中間有三組雙輪鐵磨，由三頭牛隻推動旋轉，右側為榨乾後的甘蔗殘餘。十分真實地呈現了改良糖廍內部的作業情形，為十分珍貴的歷史影像文獻。

熬糖屋內部作業情況

1920年代，糖廍之熬糖屋內部作業情況。熬糖屋由土瓦鋪蓋，位於廍亭側邊，屋內以成排的孔明鼎熬煮糖汁。工人需不斷攪動蔗汁，以保持均勻狀態，並去除表層的蔗渣，最後結晶出糖塊。

台籍日本兵的悲歌 （149 頁）

1942 年，屏東名人林榮生家族合影照，其中一位成年兒子被徵召前往南洋作戰，也就是一般所說的台籍日本兵。在出發前，所有的台籍日本兵並不知道自己將面對美軍強大火力的攻擊，尤其在菲律賓和幾內亞，儘管台籍日本兵擔任的是軍伕的工作，主要從事搬運、建築、炊事等雜役，但仍然蒙受極大的傷亡。此外，戰後台籍日本兵向日本求償的官司也進行幾十年，由於日本政府不承認他們是日本人，日本法院也裁示台籍日本兵非日本人，甚至在戰時都不是日本人，因此無法比照日本兵的賠償方式。最後，日本政府以行政命令補償的方式，支付台籍日本兵，其金額平均只有日本兵的十分之一。

台北帝大醫學部附屬醫院看護婦講習所學員合影

1941 年，台北帝國大學醫學部附屬醫院看護婦講習所學員合影。1897 年，台北醫院設醫學講習所和「看護養成所」（護士），成為台灣現代醫護教育之始，最早只招收日本人，後來也接受台灣人，但比例很低。1907 年，台北醫院設立本島人產婆一年速成科。1920 年起，各公立醫院均設立看護婦講習所。根據台北醫院的規定，報考者年齡為 15 至 20 歲女性，高中二年級以上學歷，需要通過多項科目考試始能錄取。修業期二年，專業學習科目要求嚴格。此外，看護婦講習所屬於公費教育，供吃住，每月都有零用錢，畢業留院服務一年。

台北帝大醫學部附屬醫院即光復後的台大醫院，能夠被錄取的學生均被視為最優秀的學子，同時工作前景也最被看好。該院看護婦講習所的學員也同樣被視為台灣看護婦業最頂尖的從業人員。此外，由於看護婦與醫生工作關係密切，朝夕相處，帝大醫學部附屬醫院的年輕醫生和看護婦也常傳出結為連理的佳話。

台北帝大醫學部附屬醫院醫護同仁合影 （152頁）

1941 年，台北帝大醫學部附屬醫院醫生護士們在醫院前合影，裡面日本人和台灣人均有。

日本時代，台北帝大醫學部附屬醫院在台灣醫業執牛耳地位，從業人員均被視為醫業的頂尖。日本政府的醫學教育政策深深影響台灣人的價值觀，包括教育、社會和經濟的價值觀念。

首先，由於總督府教育政策將台灣人限制在醫科，台灣最優秀的人才自然集中在帝大醫學部，包括抗日領袖蔣渭水以及台灣現代文學之父賴和等，均畢業於總督府醫學校，其他出自醫學校的杜聰明、翁俊明等亦為深具名望的社會領袖。在專業領域上，儘管殖民政府大舉興建鐵路、水庫、工廠、車站、發電廠、工商大樓，不過啓用的高級建築師、測繪師、電力工程師、土木工程師、設計師等，清一色是日本人，台灣人被培養在中學程度專科學校的水準，以便擔任技術層次較低的中下級的技工。即使有些台灣人直接到日本受高等專業教育，返台在相關部門工作，也只能擔任中下級的職務，絕無可能晉升主管。
再者，日本在台灣沒有發展製造業，又限制外商投資經營，大宗物資買賣被控制幾家日商以及少數特權的台灣大家族，因此一般台灣人也沒有經商致富的機會。如此一來，上醫學院成為改變己身以及家庭的社會和經濟地位之唯一途徑。一般情況通常都是考上了醫科，畢業後先在公醫院工作幾年，然後返鄉開診所，收入明顯增加，逐漸累積財富，然後買房買地，成為富裕之家。不少地方名人均是提供義診、服務鄉梓的名醫，深受民眾愛戴，有些便進一步從政，成為望族。

因此，從世俗面來看，考上帝大醫學部，有點像中國古代考試中舉一般，前景看好。如此，家長們都希望下一代男孩子學醫，女孩子交往醫科學生，最後嫁醫生。在富裕家庭中，女兒嫁醫生是門當戶對的起碼標準。學醫等於有出息，甚至有錢的代名詞。這種觀念根深蒂固，甚至延伸到光復後 30 年間。家長們強勢要求兒子學醫，想辦法託人介紹學醫的男孩給自己的女兒，對於女兒交往「學文科」的男孩激烈反對，甚至強行拆散。不僅富裕人家如此，連不少普通人家的父母也同樣有這種思維。這種基層人家輕視同樣的基層人家的勢利態度，並無情地棒打鴛鴦，毋寧是另一種社會悲劇的形式。世俗的功利主義無所不在，而以前的台灣，有時候會體現在「學醫科」、「當醫生」和「嫁醫生」這幾件事情上。由於健康關係到錢財、幸福與生命安危，當事人願意付出最高的代價改善和挽救，因此，醫生可以表現最大的愛心，或者取得最多的利潤，最高尚無私的貢獻或者最勢力無情的算計，都集中在醫生這個身份上。一直要等到光復 30 年後，去除了殖民的桎梏，各行各業興旺，台灣人成為各領域的領航人，學醫不再是提升自己和家庭的社會、經濟地位的唯一途徑，學建築、機械、管理、國貿、金融、法律、外文，甚至文學藝術等，也一樣可以出人頭地，過去的刻板觀念才調整過來。

至於此照片中醫護工作人員，仍然是以日本人為主，不過照片拍攝的四年後，台灣光復，日本人被遣返，資深的台灣人醫護專家，順理成章地取代日本人而晉升至主管職務。

竹中背景的台北高校畢業生酒樓歡送會（其一）

1937 年，一群竹中背景的台北高校畢業生，在酒樓舉行歡送會，有小姐陪侍。學生們摟在一起，狀甚歡樂。

日本時代，富裕人家男人上酒樓應酬，有「酌婦」（酒女）陪座，尋歡作樂，乃稀鬆平常之事。由於社會和家庭環境耳濡目染，高校男生也有樣學樣，在酒樓辦畢業歡送會。

在男尊女卑意識強烈的社會中，女性的地位十分低下，一切都以家裡的男人為主，甚至用餐也要等男人吃完飯才能上桌。事實上，妻子們很清楚丈夫外出應酬場合是什麼樣的地方，卻默默承受，同時自我解釋說「只是逢場作戲」，「不談真感情就好了」，而且周圍很多女人都這麼說。基本上，沒有女人敢去跟丈夫談「離婚」，因為一旦真離了，孩子、房子、錢等等什麼都沒有了，還會被娘家咒罵。一無所有、遍體鱗傷，無論社會、家庭和法律都不會站在她這一邊。

酒家女均是貧窮人家的女兒下海以協助家計，在這種情況下，富家男子在外養酒女私生小孩的事情，並不少見。一旦被發現，通常用錢來打理。而且，社會眼光包括被欺瞞的妻子會怪罪他們原本就瞧不起的酒女，不一定是那個男人。這種社會心理和現象在台灣光復後 30 年間，仍然相當程度地存在。

竹中背景的台北高校畢業生酒樓歡
送會（其二）

1937年，一群竹中背景的台北高校學業生，
在酒樓舉行歡送會。

竹中全名為「新竹州立新竹中學校，成立於
1922年，原是五年制中學，1941年改為四年
制，日本學生約占三分之二，本島人學生占
三分之一，因名額少，本島學生又多，故入
學競爭激烈。光復後，改為省立新竹中學、
新竹高級中學等，為新竹地區重要學府，人
才輩出。

昭和12年竹中出身送別記念

屏東名人張山鐘家族的時代影像紀事

1930 年代，屏東萬丹鄉名人張山鐘、元配藍奎（後過世），與孩子們在自家庭院中留影。今天屏東萬丹鄉的新鐘村即是紀念張山鐘先生而命名，以感念其貢獻鄉梓之善舉。

張山鐘，1887 年出生於屏東萬丹鄉新仔村，就讀於萬丹公學校，後進入台灣總督府醫學校，畢業後任職於公立醫院八年，後返回萬丹開設東瀛醫院。由於家境日漸寬裕，加上熱心於鄉里服務，張山鐘在地方上逐漸嶄露頭角，被選為高雄州協議會員。之後出任高雄州國防議會評議員。張山鐘的元配藍奎亦出身屏東望族藍家，地方人脈雄厚。1937 年，中日全面戰爭爆發，張山鐘慷慨獻金國防費用，隨後又聯同其他人士獻機給日本軍方。

台灣光復後，張山鐘不久即加入中國國民黨，並擔任萬丹區區長，屏東市參議員。民國 41 年，台灣歷史上首次縣市長選舉，張山鐘當選屏東縣長。隔年，蔣經國先生籌組中國青年反共救國團團，託謝東閔先生勸募。張山鐘捐獻了巨款，積極貢獻，從此受到經國先生信任，後代亦受庇蔭。兒子張豐緒政壇上平步青雲，歷任要職，直至內政部長。此外，張家兒女均接受良好的高等教育，各有專長，嫁娶均門當戶對，至為圓滿。張山鐘、張豐緒父子兩代從日本時代至光復後，風光四十載，是台灣地方望族的重要典型。

文協、民眾黨和櫟社

台灣中華民族主義推動者林獻堂 （左）

1920 年代，林獻堂肖像，出自連雅堂編選《人文薈萃》，日據時代台灣推動中華民族主義的重要領袖之一。

1881 年，出生於台中阿罩霧（今台中霧峰），父親林文欽為清末秀才。林獻堂自幼接受漢學教育，1895 年日本佔領台灣後，林獻堂曾隨家人遷居泉州避難，一年後返台以處理家族產業。同時開始推動文化事業，1907 年在日本與中國維新領袖梁啟超會面，後者分析中日關係與國情情勢，承認短期內中國將無力對抗日本，鼓勵林獻堂以非武力方式追求抗日的方向。1921 年，林獻堂發起《台灣議會設置請願書》，要求日本當局設立台灣議會，給予台灣人民投票權。儘管日本政府並未同意這項請求，但林獻堂得以爭取日本政界許多人士的同情。1921 年，林獻堂與蔣渭水在台北大稻埕靜修女子學校，成立台灣文化協會，以台灣人文化啟蒙為工作宗旨，實際上就是以台灣人的中華民族主義對抗日本的同化政策。隨後，由於世界性的左翼思潮風行，文協分為左右兩派，終至分裂。

這段時間，林獻堂以家族資金，創辦學校、發行報紙，資助傑出的台灣青年深造，做了大量文化紮根的工作。1930 年代後，日本全力鎮壓台灣民間的各種抗日活動，包括抗拒日本同化政策的漢文教育和傳播。儘管如此，林獻堂不改其志，繼續在台灣擔任中華文化的繼承者和推動者，為民族文化的傳承做出極大的貢獻。

霧峰林家重要成員林烈堂 （161 頁左）

1920 年代，林烈堂肖像，出自連雅堂編選《人文薈萃》，文化協會活動推動者，霧峰林家著名人物。
林烈堂與林獻堂同輩，其父林文鳳為林獻堂父親林文欽之兄長。林家多名成員均支持文化協會和櫟社等社會與教育活動。

台灣中華民族主義推動者蔣渭水 （160 頁右）

1920 年代，蔣渭水肖像，出自連雅堂編選《人文薈萃》，日據時代中華民族主義運動的主要推動者。

1888 年，出生於宜蘭，先祖為漳州龍溪移民，父親蔣鴻彰曾為算命先生，因此蔣渭水自幼熟悉台灣民間信仰，進入私塾，接受儒學家張鏡光的漢文教育，深受民族主義思想的影響。1910 年，蔣渭水考上台灣總督府醫學校，成績優異，而且表現出獨立思考和領導的才幹。1911 年辛亥革命爆發後，蔣渭水認為「要救台灣，非先從救祖國著手不可」，因此公開鼓吹支持中國革命。1912 年，蔣渭水與蘇樵山、黃調清、林錦生、曾慶福、杜聰明、李根盛、翁俊明等人相繼加入中國同盟會台灣分會。因此，蔣渭水成了中國國民黨台灣分會的最有力幹部。

1921 年，蔣渭水和林獻堂等人在大稻埕成立台灣文化協會，鼓吹與中華文化對抗日本殖民當局。1923 年因治警事件，遭到日本當局拘禁。1927 年，蔣渭水成立民眾黨，是台灣第一個現代化政黨，民眾黨黨旗模仿中華民國國旗，以中國為認同對象，至為明顯。因此，蔣渭水也被日本學者稱為「祖國派」。

1931 年，蔣渭水因病過世，年僅 40 歲，民眾送葬隊伍絡繹不絕，他在台灣歷史上留下了巨大的身影，包括其名言「同胞須團結，團結真有力」。

霧峰林家重要成員林紀堂 （右）

1920 年代，林紀堂肖像，出自連雅堂編選《人文薈萃》，文化協會活動推動者，霧峰林家著名人物。
林紀堂與林獻堂同輩，其父林文典為林獻堂父親林文欽之兄長。林家多名成員均支持文化協會和櫟社等社會與教育活動。

台中櫟社成員於張喬蔭先生之眉山別墅合影

1930 年代中期，台中櫟社社員於眉山別墅聚會合影，別墅主人為台中仕紳、櫟社要人張喬蔭先生（前排右一），中華民族意識強烈，亦為文化協會重要成員。平日喜愛傳統詩文，自稱眉山居士。此別墅原址位於今日后里月眉山麗寶樂園與慈濟功德會旁。

櫟社：

日本殖民台灣之初，為加強統治力道，在文化政策上普及日語，漸次禁止漢文報刊雜誌、刪減私塾等傳統文化。台灣文士為了保存漢文化，便紛紛將文化重心轉至日本政府較為寬容對待的詩社組織，另一方面，也可藉詩畫以申己志。因此，彼時台灣大大小小詩社如雨後春筍林立，巔峰時期更達三百多社。

櫟社與台北瀛社、台南南社並稱台灣三大詩社，1902 年由霧峰林家下厝林痴仙 (1875-1915，名朝崧)、林幼春 (1880-1939，名資修，號南強) 叔侄與友人賴紹堯所創立。痴仙將詩社命名為櫟社，乃源於日本時期漢文化在台英雄無用武之地之慨，以不成材的櫟木自諷自惕 :「吾學非世用，是謂棄材，心若死灰，是為朽木。今夫櫟，不材之木也，吾以為幟焉。」

櫟社草創期主要社員有傅鶴亭、陳滄玉、陳槐庭、呂厚菴、蔡啟運等人，至傅錫祺任社長時拓展規模；林獻堂入社後，致力於提攜同好後進、集結文人雅士，堪稱櫟社中最具影響力者。日本時期霧峰林家在台灣民族、社會與文化運動等，皆具有領導地位。當時霧峰可謂全台文化中心，人才與資金多由霧峰林家網羅贊助。

櫟社自創立至結束，社友或加入、去世、退社代有更迭，歷年成員平均維持在二十多人，正式入社社員共五十餘人，前後大會三次、小集數十。重要事件如 1911 年春 4 月，梁啟超 (任公)、湯叡 (覺頓)、梁令嫻游台，集全台詩人於瑞軒歡迎。1917 年 11 月 29 日櫟社成立 15 週年，萊園詩會成立十年，於霧峰萊園舉行紀念會。1922 年櫟社 20 週年於萊園櫟社題名碑前舉行「櫟社二十年題名碑落成典禮」，社友出席 19 人，缺席 4 人，從台北特地前往參加者 35 人，賓主共 54 人，兼有詩會、宴會、晚間音樂會，盛況空前。1931 年 4 月 26 日於吳子瑜 (小魯) 東山別墅行「櫟社成立 30 年紀念詩鐘三架初撞式」；11 月 22 日於霧峰林家舉行櫟社 30 年紀念大會，傅錫祺撰櫟社沿革志略、林痴仙無悶草堂詩存付梓。1942 年舉行櫟社成立 40 週年紀念，編印櫟社第二集，因詩集中灌園先生一首〈老妓行〉遭日本當局查禁，後來隨戰爭情勢或年長社員逝世，櫟社一度人數不如從前，林獻堂、傅錫祺重振櫟社，並培育青年學習詩文，櫟社第二代成員葉榮鐘、莊垂勝、莊幼岳，在政治社會活動和文學藝術領域，均有極突出的表現。

光復後，詩社不再是對抗日本、保存漢文化的堡壘，因此轉型為台灣詩人和大陸詩人聚會往來管道。除櫟社以外，其餘台灣詩社亦漸次凋零。櫟社除了一般常見「抗日性格」定位之外，還有更複雜多元的面向，作品價值也非「抗日」一詞可囊括。目前有關櫟社的研究著述多在台灣文學、歷史、政治等面向，然而社員的書法字畫、私人信件等，不僅可作為研究櫟社文士乃至日本官方社交互通往來的史料，其中具藝術表現形式的作品和個人化的物件，亦有視覺文化研究價值與豐富的審美趣味。

特別說明：
此珍貴歷史照片和相關背景資料由張喬蔭的孫子、即現任台中聯翔餅店董事長張桂碧先生所提供。張桂碧先生除了成就於商場外，平日亦熱愛文史，落筆成章，對於家族往事多所著墨，以感念先人貢獻鄉梓、庇蔭後人之恩。

台中漢文私塾師生

1910 年代，台中漢文私塾的學童們，前方坐者爲老師。後方站立的大男孩爲張喬蔭先生，他是后里張家的後人。開山祖張圻招經營糖廍致富，至張青雲一代家業更隆。青雲熱心公益，貢獻鄉梓，在日本時代興辦漢文私塾。當時很多台灣人不願意將孩子送到日本人辦的小學，而是到私塾讀漢文，以傳承中華文化，故私塾盛行一時。早年台灣的民族志士均有在私塾讀漢文的成長經驗。照片中的張喬蔭即爲張青雲的孫子，亦曾在私塾學習。

幾位彰化高女學生合影

1920 年代，幾位彰化女子高等普通學校的女學位合影。1919 年成立，1921 年改隸台中州，改稱台中州立彰化女子高等普通學校，主要供中部台灣的台灣女孩子就讀，日本女孩子則讀台中州第一高等女子學校。由於彰化高女為台灣人的學校，因此中華文化的色彩十分濃厚，也是中部地區出女性人才的學校。

日本時代台灣年輕女孩常服合影

1930 年代，幾位台灣女孩著常服合影。她們屬於生活較寬裕的中上階層家庭，穿著唐服，與同一時期中國大陸婦女完全一樣。儘管日本殖民統治推動同化運動，但對台灣人的穿著幾乎毫無影響，尤其是婦女仍然穿唐服和旗袍，和服只有少數上層台灣人在特別公開慶典穿著，服飾也成了民族自我認同的表現之一。台灣光復，日本人離開後，街頭上女性和服的穿扮，幾乎一夕之間消失。

**楊肇嘉、張喬蔭、林碧梧等文協要人
於東京寓所合影**

1926年，楊肇嘉、張喬蔭、林碧梧等文化協會
要人，合影於楊肇嘉之東京寓所，他們均在文化
協會的發展的過程中扮演重要的推動角色，並留
下此極珍貴的歷史影像。

1926 年，楊肇嘉、張喬蔭、林碧梧等文化協會要人，合影於楊肇嘉之東京寓所，他們均在文化協會的發展的過程中扮演重要的推動角色，並留下此極珍貴的歷史影像。

楊肇嘉，1892 年出生於台中清水佃農之家，本名番兒，後過繼給地方富室、前清誥授奉政大夫楊澄若為養子，改名楊肇嘉，因家境寬裕，得以接受良好教育，並被養父送到日本東京學習。成年返台後，楊肇嘉逐漸投入地方事務，加入文化協會，積極於民族運動。1925 年，代表台灣議會設置請願運動，赴東京請願。由於這項運動等於跳過台灣總督府，直接向日本內閣爭取台灣人的權利，並迫使總督修正不合理的政策，不免受到總督府的暗中抵制。1926 年，楊肇嘉入早稻田大學攻讀經濟，同時結識日本開明人士，奔走推動台灣變革工作。由於行事幹練積極，受到林獻堂的器重。

1929 年起，日本政府開始進行政治大鎮壓，首先逮捕台灣農民組合成員。1930 年，解散民眾黨。1931 年，解散農民組合和台灣共產黨，同時將其主要領導逮捕入獄。

1936 年，日本侵華戰爭爆發。鑒於台灣政治反對運動均具有中華民族認同的精神內涵，日本殖民當局開始推動同化運動，並打壓任何中華文化的形式，所有中文刊物均遭到禁止，形勢險惡。1940 年，蔡焙火、吳三連遭到逮捕，楊肇嘉遠走中國大陸避難，一直到日本戰敗台灣光復後始返台。

民國 38 年，楊肇嘉出任台灣省政府委員，後兼民政廳長。民國 51 年，被聘為總統府國策顧問，逐漸隱出政壇。退休後，住在清水六然居，取《菜根譚》：「自處毅然、處人藹然、有事嶄然、無事澄然、得意冷然、失意泰然」並自號六然居士。民國 65 年，病逝，享壽 85 歲。

此照片拍攝時，楊肇嘉正在早稻田大學攻讀經濟，經常在東京小石川區武島町的私宅接待來訪的台灣友人。來自后里張家的張喬蔭時年 26 歲，也加入了文協，滿腔的民族熱情。至於林碧梧，出自神崗北庄林家，原籍福建泉州，擔任文化協會台中州負責人，為主要資助人之一，平時獎勵傑出的台灣青年，也是激進的中華民族運動者。1925 年，因「新竹事件」，林碧梧、張喬蔭等人遭逮捕入獄。後來，孫中山奉安大典，林碧梧專程赴南京瞻仰遺容，並加入中國國民黨。林碧梧的政治路線較林獻堂等人更為激進，在文協分裂，溫和派退出後，仍然留在新文協擔任領導工作。光復後，林碧梧曾出任省咨議員。

此照片為台灣中華志士們在東京的合影，為十分珍貴的歷史影像文獻。

台中仕紳張青雲 70 大壽家眷合影

1921 年，台中仕紳張青雲 70 大壽，家族聚會慶壽，並拍攝許多合影紀念照片，此為家眷在張家大院東廂房大門口合影。

張青雲為后里張家第三代的要人，以經營製糖業和開鑿水圳致富。家業興隆，子孫滿堂，並慷慨資助文教事業，貢獻鄉梓。此照片由張青雲的第五代孫現任台中聯翔餅店董事長張桂碧先生所提供。他提到照片中的小女孩幫傭時，寫下了早年的故事：
「小幫傭一般是窮苦人家的女兒，家裡養不起賣過來做幫傭，小幫傭一般也被當成家人看待，長大之後新家庭會幫忙做主嫁個好人家，我記得每年大年初三爸爸除了請他的親姐妹，也會邀請這些姑姑一起回娘家吃飯。」

「我比較熟的一位小幫傭姑姑是 1936 年祖父到上海去，看到街頭遊蕩無所事事的一位小女生，聊天之下覺得投緣，問她願不願意跟他來台灣，她猛點頭很願意，於是祖父去問她父親女兒可不可以跟他來台灣，他父親說給 5 塊錢就可以，祖父給了他 10 塊。」

「據說她來台灣之後主要的工作是幫忙照料尚年幼的爸爸跟一位叔叔，後來女孩長大，祖父做主將她許配給一位祖父拜把兄弟的兒子，這位姑姑身體硬朗現在已經快 100 歲了，我問她還記得上海話嗎？她說現在只會講閩南語。」

台中仕紳張喬蔭的自用馬車

1920 年代，台中仕紳張喬蔭先生酷愛養馬，也喜歡騎馬的休閒活動。他有自己的馬廄，購買名駒和洋式馬車。照片右側騎馬者即張喬蔭先生，左側是他從日本買的洋式馬車，車上坐的是張家的賓客，特別讓他體會搭乘洋式馬車的滋味。洋式馬車最大的特點是車座和車輪之間有彈簧裝置，如此車輛駛在不平的路面時，彈簧可以吸收撞擊力而使得車座趨於平穩。老式馬車缺乏彈簧裝置，長途顛簸，即使鋪了坐墊，坐的人臀部會很痛。新式西洋馬車則無此問題。近代西方人把新馬車帶進東方時，首先使用的是中日韓的皇室，後來民間富賈名流也把擁有自用洋式馬車當成時髦和地位的象徵。

張喬蔭先生是台灣文化協會的核心人物之一，向殖民政府爭取台灣人民的權益，也資助許多文教活動，獎助地方青年就學。儘管他們生活富裕，但仍然熱心公益，具有很強的中華民族意識。為了以文化對抗日本殖民當局，甚至不惜承受牢獄之災。這也是文化協會中仕紳階層令人敬佩的民族志節。

文化協會話劇團員合影

1920年代，台灣文化協會話劇團團員合影，前排右二為積極支持文協活動的台中仕紳張喬蔭。新劇是文協文化啓蒙以及傳佈中華民族思想十分重要媒介。新劇常隨著文化協會的巡迴演講，到各地舉行公演。內容經常批評日本殖民統治，其中「鼎新社」更直接鼓動抗日思想，遂受到當局的關注。後者通過新的審查規定，下令禁演一些劇目，甚至強制解散正在公演的新劇。

總之，新劇是文化協會傳播中華民族思想，對抗日本殖民統治的重要形式，在台灣文化史上具有重要的份量。

台中后里張家觀賞的新劇

1920年代，台中后里張家觀賞的新劇，即現代舞台劇。在沒有電視以及電影不普及的年代，戲劇是非常重要的文娛活動，豪門巨室子弟成為戲迷者不乏其人。他們大宅院中有自家的戲台，特別慶祝節日時，邀請戲班專程表演，親友嘉賓俱樂，乃家族盛事。至於戲目，過去以古裝傳統戲曲為主，1910年代起出現新劇，即現代舞台劇。以當代故事為題材，背景道具則吸取西方舞台劇的特色，講究真實感。

此照片中的戲劇似乎演出傳統大宅門的家族倫理戲，眾人圍在男人反串飾演的姥姥身旁，臉帶詼諧。無論人物、服飾以及角色互動的方式，均充分反映台灣人的濃厚的中華文化色彩。

日本時代台灣人的新舞台劇

1920年代，台中后里張家在自家戲台觀賞的新舞台劇。新劇使用寫真的舞台佈景，劇情反映台灣人大家族的倫理關係，表現大宅門中男女的多情、貪歡、薄情、嫉妒等多重情緒。這類劇情通常都受古典小說《紅樓夢》的影響，春去秋來，花開花落，劇中常見男女之間複雜和幽默之處。此照片中女演員反串飾演的少爺似乎周旋在左右兩位玉女之間，一種似曾相識的豪門場景。

在日本統治時期，對照當局積極推動的大和文化，台灣人的新舞台劇無論是佈景、人物、服飾、劇情、倫理觀念，以及使用的閩南話等，均刻意凸顯濃厚的中國色彩，隱含著與日本殖民當局進行文化對抗之意。

台中櫟社成員聚會於眉山別墅

1920 年代，台中櫟社成員聚會於仕紳張喬蔭先生（前一排左三）的眉山別墅。眉山別墅建築華美氣派，目前已不復存在，原址位於位置就在現在后里月眉山麗寶樂園與慈濟功德會旁邊。

台中文經界人士聚會於眉山別墅

1920 年代，台中文化、經濟界人士聚會於仕紳張喬蔭先生（前排右一）的眉山別墅。中部地區有被日本學府稱為「祖國派」的林獻堂先生與主要林氏族人帶頭，因此成文化協會、櫟社等文化抗日組織活躍的要地，成員也包括許多地方仕紳，頗具經濟實力，並得以支持各種文化活動。眉山別墅建築華美氣派，目前已不復存在，原址位於位置就在現在后里月眉山麗寶樂園與慈濟功德會旁邊。

文協大會現場之極珍貴歷史照片

1927 年 1 月，台灣文化協會在台中公會堂舉行臨時大會，此為開會現場極珍貴的歷史照片。此次會議，左翼人士連溫卿、王敏川等人藉修改協會章程取得領導權，導致林獻堂、蔣渭水等創會領導人退出，另組民眾黨。文協內部路線問題導致公開分裂，並且快速轉向社會主義激進路線，成為台灣政治和文化史的重大事件。

張信義

王敏川

連溫卿

連溫卿、王敏川等「新文協」領導人合影之極珍貴歷史照片

1927年，台灣文化協會因路線問題出現大分裂，林獻堂、蔣渭水等創會領導人退出，由左翼領導人連溫卿、王敏川等取得領導權，被稱為新文協。此為新文協成立後領導成員合影之極珍貴歷史照片。第二排站立者右三為連溫卿，第一排坐者中間是王敏川，最後排左一為台中文協活躍人士張信義。

1921 年，台灣文化協會成立，以文化啓蒙與中華民族文化傳承為宗旨，屬於軟性的文化抗日活動，成員涵蓋社會各階層。隨著蘇聯革命成功，提出無產階級世界革命，以反對帝國主義、殖民主義、扶持弱小民族為號召，代表了人類解放與進步的希望，形成世界各地共產主義運動蓬勃之勢。文協中的左翼勢力亦日益壯大，成員包括日後成為重要中國共產黨人的翁澤生、蔡孝乾等人，然而，其批判資本家的聲浪不僅把矛頭對著日本殖民當局，也衝著文協內的台灣資本家而來，如此便觸發了分裂的危機。

1927 年 1 月 3 日，文協在台中公會堂舉行臨時大會，左右兩派攤牌，連溫卿、王敏川等左翼人士取得領導權，此後被稱為「新文協」，林獻堂、蔣渭水等創會領導人則退出，另組民眾黨。在世界性社會主義浪潮衝擊之下，新文協快速向左轉，公開演講更激烈，號召基層群眾的能力更強大，對日本殖民當局形成了強大的政治壓力。王敏川為日本早稻田大學畢業的知識菁英，1928 年因故被逮捕入獄一年。這一年，台灣共產黨（全名：日本共產黨台灣民族支部）在共產國際指導以及中共的協助下，在上海法租界區成立，其中翁澤生同時具有中共和台共的身份。由於共產黨的組織性和行動性強，很快就主導了新文協的政治性質和行動方向。新文協已不復原有文化啓蒙的宗旨，而是發展成群眾運動的政治組織。1931 年，王敏川再被追加四年刑期，總共入獄六年，1938 年釋放，1942 年過世。

至於連溫卿早年即熱衷於世界語，研讀馬克思主義，與日本共產黨關係密切，因此也捲入激烈的路線鬥爭。1929 年，連溫卿被新文協開除，從此退出政治活動，偶有著述，生活不濟，一直到光復後的 1957 年過世。

由於反對運動快速壯大，日本殖民當局決定大規模鎮壓，除了將抗日領袖大舉逮捕入獄之外，1931 年，下令強制解散民眾黨、共產黨、文化協會、農民組合等，等於將所有反對運動全部趕盡殺絕。最後幾年則推動皇民化，進一步消除任何中華文化的符號和象徵。

直到日本帝國戰敗投降，台灣光復，日本殖民統治末期遭到壓制的政治和社會運動人士，又重新活躍起來。這些原本就懷著濃厚中華民族主義和社會主義思想的台灣菁英，根據自己社會和思想屬性分別加入了中國國民黨和中國共產黨，並捲入隨後爆發國共內戰，這種意識型態對壘戰爭是世界性。在亞洲，同時也出現在朝鮮半島、日本、馬來亞、印尼和中南半島上，而且持續了將近 30 年。

至於照片中的張信義出自於台中后里仕紳庭，熱衷於支持文協的活動。雖然出生於富裕的家庭，卻積極支援左翼的工農運動。林獻堂、蔣渭水、謝雪紅等人是張家的常客。光復後，張信義參加了三青團，而且成為后里鄉第一屆民選鄉長，不過，由於曾經資助過中共黨員，以「資匪」的名義被判刑入獄 15 年。出獄三年後過世。

其他餘事二、三件包括連溫卿的妹妹連好嫁給台北大龍峒商家黃火炎，其二子即今天民進黨故大老黃信介先生。黃家先祖參與乙未抗日戰爭，先父為前清秀才。黃信介的大哥黃金標畢業於浙江大學醫學院，曾任中共浙江政協委員。至於張信義的兒子張彥哲去了大陸，另一個兒子張彥勳則是著名文學家。

總之，這一張新文協成立之後新一代領導成員合影照片，呈現了日本統治時期台灣社會主義青年菁英意氣風發、領引潮流之精神面貌，充滿的時代的色彩，為極珍貴的歷史照片。

台中仕紳張喬蔭與王學潛合影

1920 年代初，台中仕紳張喬蔭（左）與王學潛（右）合影於東洋製糖株式會社月眉製糖所。后里張家於清代即經營糖廍和開鑿水圳致富，擁有大片田產。日本時代，張家糖廍和土地則由日本人財團併購，成為製糖株式會社的股東，持續獲得豐厚的盈收。

王學潛，1868 年出生於彰化，清朝時期廩生，擅詩文，日本時代任任台中清水三塊厝住家所在莊長，為櫟社創社社員，同時也參與製糖事業。由於具有製糖所股東的身份，仕紳們的社交活動有時會在此舉行。

台中大地震後三歲的張漢鄒

1935 年 4 月底，台中大地震，后里張家三歲兒童張漢鄒，由家人拍下了此照片，背後是張家房屋倒塌後的景象。

台灣光復後，張漢鄒曾經當任過后里鄉長以及中台科技大學董事長，此照片為張漢鄒的兒子、即現任台中現任台中聯翔餅店董事長張桂碧先生所提供。張桂碧先生除了成就於商場外，平日亦熱愛文史，落筆成章，對於家族往事多所著墨，以感念先人貢獻鄉梓、庇蔭後人之恩。
有關這張照片的故事，張桂碧先生寫道：「1935 年 4 月 21 日早上，我的父親。那天早上 6 點，台中墩仔腳大地震震度 7.1，是台灣史上死傷最慘重的地震，超越 921，家鄉后里墩仔腳受災最為慘烈。」

「我的父親剛從殘破瓦礫堆中被救了出來，與他同睡的弟弟壓在媽媽的懷裡窒息了，他要將弟弟拉出來救他但是力氣不夠，弟弟走了，哥哥走了，姐姐走了，媽媽也重傷送醫。隱約看到後面的大人們蹲在地上掩面痛哭，他沒哭，才三歲多他一個人孤零零坐在這，眉頭深鎖雙眼茫然。」

台中大地震后里張家四合院僅存建築

1935 年，台中大地震，后里張家四合院大宅全部倒塌，照片中是唯一僅存的建築。今天張家後人張桂碧先生表示：「我們這個大四合院裡面的親戚總共有 22 人罹難，我祖父（張喬蔭）大房這戶一家十口裡面有五口被地震帶走了生命，災情實在難以想像。」

台中仕紳張喬蔭等張氏族人合影

1921 年，台中仕紳張喬蔭（左一）等三人合照。其祖父張青雲 70 大壽，家族聚會慶壽，並拍攝許多合影紀念照片，此為張喬蔭等三位子孫的合影。他們的穿著是同一時期中國仕紳名流的典型穿扮，穿著中式高檔布料的唐裝馬掛，戴著洋式的男士帽。
張青雲為后里張家第三代的要人，以經營製糖業和開鑿水圳致富。家業興隆，子孫滿堂，並慷慨資助文教事業，貢獻鄉梓。

台中后里張家仕紳張青雲等三代當家合影

1921 年，台中后里張家仕紳張青雲七十大壽，張家三代當家合影。此時，張家子孫滿堂，家業興隆，處於家族史的高峰期。

據張氏族譜記載，張氏開基祖張天儺河南光州人，於唐朝末年，隨王審知大軍入閩。乾隆年間，張圻招由福建南安渡海來台，於墩仔腳開發，成為張氏開台祖。子孫勤於耕作，經營糖廍，累積財富，逐漸出人頭地。至張松紀，因同治元年戴潮春事件，守護大甲堡有功，受封為六品軍功，家道益盛。其子張青雲為五品貢生，行事幹練，開圳引水。再下一代張堪則以圳水換地，更使張家富甲一方。扶貧興學，結緣四方，成為地方名門望族。簡單說，張松紀、張青雲至張堪等三代，為張家崛起的重要階段，餘蔭澤及日本時代至台灣光復後的張氏子孫。

此照片中坐老者即張青雲，右二為兒子張堪，左一為孫子張喬蔭。

185

台中后里張家的洋式撞球室

1930年代，台中后里張家古宅內的洋式娛樂撞球室。幾位張家年輕人玩撞球，享受現代洋式的娛樂，牆上仍然掛著中式的字畫。

念記業卒回二十三第校學公峒龍大
昭和八年三月

台北第一所小學大龍峒公學校畢業合影

1933年3月，台北大龍峒公學校學生畢業合影。這所學校是台北市第一所小學，建於1896年，最早稱為台灣總督府國語學校第三附屬學校。大龍峒位於淡水河和基隆河之間，為早期泉州同安移民聚居之地，建有保安宮和孔廟，香火鼎盛，人文薈萃，舉人秀才輩出。發展時間晚於艋舺，卻早於大稻埕，為漢文化傳承十分濃厚的區域。此照片攝於1933年，已經屬於日本時代的後期了，可是大龍峒公學校男女小學生畢業正式穿著仍然是唐服。

光復後，大龍峒公學校改為大龍國小，由於至今已經125年歷史，校園建築典雅，草木扶疏，已經成為台北市的文教古蹟。

特別說明：
本照片由清代大龍峒名人陳悅記第八代傳人陳玠甫先生所提供。大龍峒陳氏家族長年貢獻鄉里，作育英才，陳悅記古宅已被列為市定古蹟。陳玠甫先生在上海成立陳悅記基金會，多年來從事古蹟修復以及兩岸中華文化交流與推動工作。

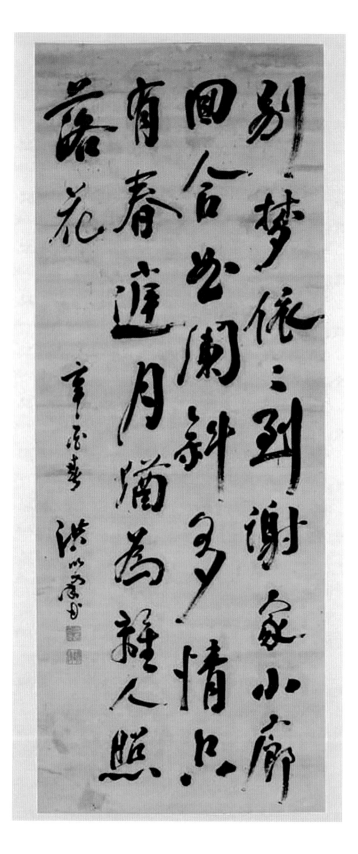

別夢依依到謝家小廊
回合曲闌斜多情只
有春庭月猶為離人照
落花
辛巳夏□
洪□□書

壬戌之秋七月既望蘇子與客泛舟遊於赤壁之下清風徐來水波不興舉酒屬客誦明月之詩歌窈窕之章少焉月出於東山之上徘徊於斗牛之間白露橫江水光接天縱一葦之所如凌萬頃之茫然浩浩乎如馮虛御風而不知其所止飄飄乎如遺世獨立羽化而登仙於是飲酒樂甚扣舷而歌之歌曰桂棹兮蘭槳擊空明兮泝流光渺渺兮予懷望美人兮天一方客有吹洞簫者倚歌而和之其聲嗚嗚然如怨如慕如泣如訴餘音嫋嫋不絕如縷舞幽壑之潛蛟泣孤舟之嫠婦蘇子愀然正襟危坐而問客曰何為其然也客曰月明星稀烏鵲南飛此非曹孟德之詩乎西望夏口東望武昌山川相繆鬱乎蒼蒼此非孟德之困於周郎者乎方其破荊州下江陵順流而東也舳艫千里旌旗蔽空釃酒臨江橫槊賦詩固一世之雄也而今安在哉況吾與子漁樵於江渚之上侶魚蝦而友麋鹿駕一葉之扁舟舉匏樽以相屬寄蜉蝣於天地渺滄海之一粟哀吾生之須臾羨長江之無窮挾飛仙以遨遊抱明月而長終知不可乎驟得託遺響於悲風蘇子曰客亦知夫水與月乎逝者如斯而未嘗往也盈虛者如彼而卒莫消長也蓋將自其變者而觀之則天地曾不能以一瞬自其不變者而觀之則物與我皆無盡也而又何羨乎且夫天地之間物各有主苟非吾之所有雖一毫而莫取惟江上之清風與山間之明月耳得之而為聲目遇之而成色取之無禁用之不竭是造物者之無盡藏也而吾與子之所共適客喜而笑洗盞更酌肴核既盡杯盤狼藉相與枕藉乎舟中不知東方之既白

書蘇東坡前赤壁賦於
林知義齋方窗下

讀書白首歸剞劂寂寞衡門書滿屋藜羹麥飯冷不嘗要足平生
五車讀校讐心苦謹塗乙吟諷聲悲雜歌哭三蒼奇字已殺青九
譯旁行方著錄有時達旦不減燈急雷打窗開簽簽倘年七十尚
一紀墜典斷編真可續客來不怕笑書癡終勝牙籤新未觸

灌園社棟令書 己巳小春月 沁園蹟

櫟社社員陳懷澄寫南宋陸游《讀書》

1929 年，櫟社社員陳懷登書寫南宋愛國詩人陸游詩詞《讀書》，文如下：
讀書白首歸刻曲
寂寞衡門書滿屋
藜羹麥飯冷不嘗
要足平生五車讀
校讎心苦謹塗乙
吟諷聲悲雜歌哭
三蒼奇字已殺青
九譯旁行方著錄
有時達旦不滅燈
急雷打窗聞籔籔
倘年七十尚一紀
墜典斷編真可續
客來不怕笑書痴
終勝牙籤心未觸
灌園社棣令書 己巳小春月 沁園蹟

陳懷澄 (1877-1940)，字槐庭，號心水、沁園、馥生等。為櫟社中極活躍核心成員，1902 年前後便與創辦人林痴仙常相往來，列名「創社九老」之一。1908 年與林痴仙共同蒐集呂敦禮遺詩，編成《厚庵遺草》。1933 年，與傅錫祺、林獻堂、林幼春共同負責為已故櫟社創辦人林痴仙編輯《無悶草堂詩存》一書。

新竹知名書法家林知義寫北宋蘇軾《前赤壁賦》之原作

約 1930 年代，新竹知名書法家林知義寫北宋蘇軾《前赤壁賦》。

林知義（1875-1952），字問漁，別號遂園末叟，同時為竹塹詩人林占梅之侄，出生於書香門第，八歲即熟讀四書，才華出眾。光緒十七年（1891），高中秀才，被譽為楷法第一。他經常受邀為名寺書楹聯。由於聲名遠播，設帳於稻江之步蘭亭，許多年輕人紛紛投入門下。台北總督府委任他為五股區長，後又受聘為台灣商工學校講師，台北第三高女習字科字科教務囑託、台灣史料編纂委員等。

林知義酷愛詩文，每有文人集會，常以佳作驚豔四座，書法以行書見長，風格清逸秀發，各界求字者無日不有，日本時代被尊為台灣的大書法家。

淡水名士洪以南先生之字幅原作

1911 年，淡水名士洪以南寫唐張沁「寄人」草書字幅，文如下：
別夢依依到謝家
小廊回合曲闌斜
多情只有春庭月
猶為離人照落花

洪以南 (1871-1927)，名文成，字逸雅，號墨樵，別署無量癡者，清淡水廳艋舺人。1913 年 4、5 月間，遷居淡水達觀樓 (即今淡水紅樓)，自稱達觀樓主。1914 年任淡水區長，1920 年因淡水區改制淡水街而成為首任淡水街長，至 1924 年卸任。善詩文，詩書俱佳，能畫蘭竹，且家饒於貲，乃蒐集各地散佚圖籍、碑帖、文物，購達觀樓以貯之，為北台灣著名藏書之所。1909 年與謝汝銓等共創瀛社，被推為第一任社長。著有《妙香閣集》。

「台灣美術開山祖」謝琯樵的水墨書畫之原作

謝琯樵，1811 嘉慶年間生於福建詔安人，名穎蘇，字采山，30 歲後改琯樵。出身閩南書香世家，善畫蘭竹、書法秀逸。1851 咸豐元年，謝琯樵前往台灣府城（今台南），受聘在磚仔橋吳尚霑家為師，後又應板橋林家之邀北上，與大龍峒文士多所往來，寓居台灣約四年，雖然最後與林文察一起戰死於漳州，但他對台灣書畫美術卻留下影響深遠。

林文察，（1828-1864），為霧峰林家十八世系先人，諱有理，字密卿，諡剛愍。清誥授振威將軍、屬福建水陸提督、贈太子少保。咸豐十一年（1861），林文察奉命調援浙江以對抗太平軍。杭州將軍瑞昌、浙江尋甫王有齡上奏言：「文察孤軍二千困圍，終能以少勝多，轉敗為勝，首先克服江山城，勇不可及」。林文察率台灣兵勇勦伐太平軍屢有戰功，閩浙總督左宗棠以文察廉樸勇敢，奏署福建陸軍提督。

林文察因賞識謝琯樵的才幹，聘其為師爺。同治三年 (1864)，時任福建陸路提督福寧鎮總兵的林文察遭太平軍包圍，於漳州陷陣，當時正在進食的謝琯樵聽聞消息，投箸起，策馬列陣，竟也戰死沙場，林、謝二人遇劫後遭公然焚燬，琯樵先生崇高氣節為後世所稱道，連雅堂讚曰：「慷慨有烈士之風，時論壯之。」

謝琯樵在台灣旅居的經驗，深刻地影響清代中葉以降台灣書畫與文教風尚。《台灣日日新報筆主》、台灣史研究日本學者尾崎秀貞便曾言：「台灣流寓名士，於文余推周凱，詩推楊雪滄，書推呂西村，畫推謝琯樵。」，十分推崇謝琯樵的書畫藝術表現。

謝氏擅自畫梅蘭竹菊，以此類作品流世為數最多，藝術表現整體風格，用筆從鐵舟和尚來，用墨追青藤、白陽，形神擬板橋道人為主；花卉翎毛有華嵒、黃慎、沈周等心得；山水畫有唐寅、清四王的風格，書法造詣不在話下，從米字架構和顏體用筆神氣的基礎，偶有張瑞圖之餘韻，並中得心源。琯樵自認書比畫佳；篆刻則浙派風格，為詩書畫印的全方位藝術家，詔安人流傳「能學得其畫，未必能學得其字；能學得其字，未學得其詩。」清代中、晚期閩南水墨畫界有其影響力，為談早期台灣書畫必言者。

總之，謝琯樵為清代台灣美術史之開端，清末至日本時代，約莫與獻堂先生同輩者效法琯樵書畫風格者眾，其中與林家較有淵源者如張李德和、施少雨、王席聘、林寶鏞、鄭香圃等等；一時之間名號中帶「樵」字之追隨者亦不剩枚舉，如陳亦樵、洪以南 (字墨樵)、吳尚霑（一樵山人）等。此時期私淑謝琯樵畫者多為頗富名望之士紳或地方上具影響力之畫家，藉繪畫風格之流傳，亦可窺探清末台灣地方鄉紳之間的交流活動；陳亦樵與其後學施少雨、王席聘、施秋谷屬鹿港畫家師承脈絡；吳尚霑、張李德和分屬台南、雲嘉地區士紳家族系統。

櫟社詩人莊嵩之「隱霞」字幅原件

1935 年，櫟社詩人莊嵩寫宋朝詩人白玉蟾之五言詩「隱霞」。
原文：
仙翁栖紫霞，顏童鬢不華。客來問玄機，笑指菖蒲花。
旃蒙大淵獻首春岳　太岳

莊嵩 (1880-1938)、字伊若，號太岳，松陵。出身鹿港書香世家，父莊士哲為清朝廩生，叔父莊士勳中舉人。日本時代畢業於臺中師範學校，曾執教公學校六年，後遭日方解職。1908 年應霧峰林家之聘，前往講學，1906 年 3 月加入櫟社，與林痴仙、林幼春交情深厚。1917 年，與施家本、丁寶濂等人在家鄉鹿港創設「大治吟社」。1938 年初，病歿，遺作由其子莊幼岳編成《太岳詩草》、《太岳詩草補遺》。

台北名士李贊生先生字幅原作

1930 年代，台北名士李贊生題唐代杜牧之「題烏江亭」字幅原作。文如下：
勝敗兵家事不期
包羞忍恥是男兒
江東子弟多才俊
捲土重來未可知

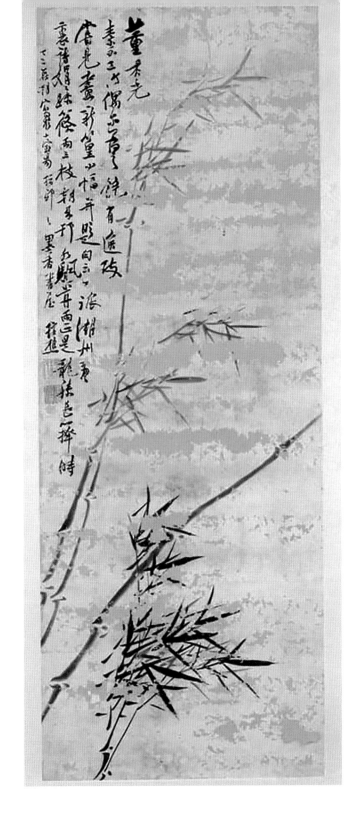

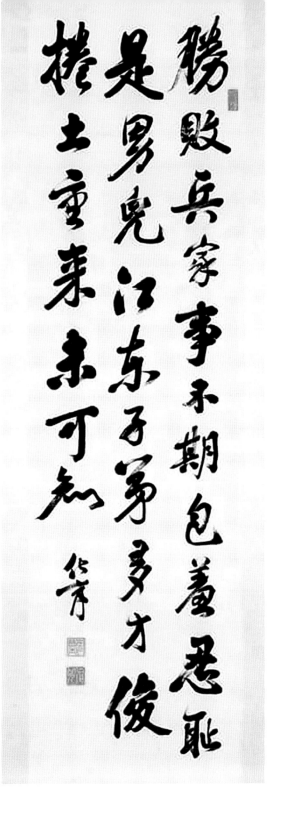

李贊生，1890 年生，號化育、育卿、再臣，台北新莊郡鷺洲庄人。前清秀才李聲元之長子，自幼向父母習漢文、書法，喜收藏古今書畫，為麗澤書畫會會員，擅草書，李贊生草書深受日本書道影響，用筆外放疾速，講求手腕力度，1936 年曾入選東京美術館書道會」展。存其作《書法中堂》。

1908 年，李贊生畢業於台灣總督府國語學校師範部。1920 年，考進京都同志社大學再轉入京都帝國大學經濟部。1923 年畢業，同時又考入大學院深造，獲得名師財部、小川兩博士指導。1924 年，獲台灣總督府總務長官賀來佐太郎之推薦，派任至台灣總督府，於官房調查課任職。1926 年，李贊生擔任海山郡守，為日本時代罕見的三個台灣人郡守之一。

棠與梅花共一屏問梅何事聘
娉婷只因嫁作林家媳更為通
仙覓小星

楷堂先生大人雅正

劉峻甫

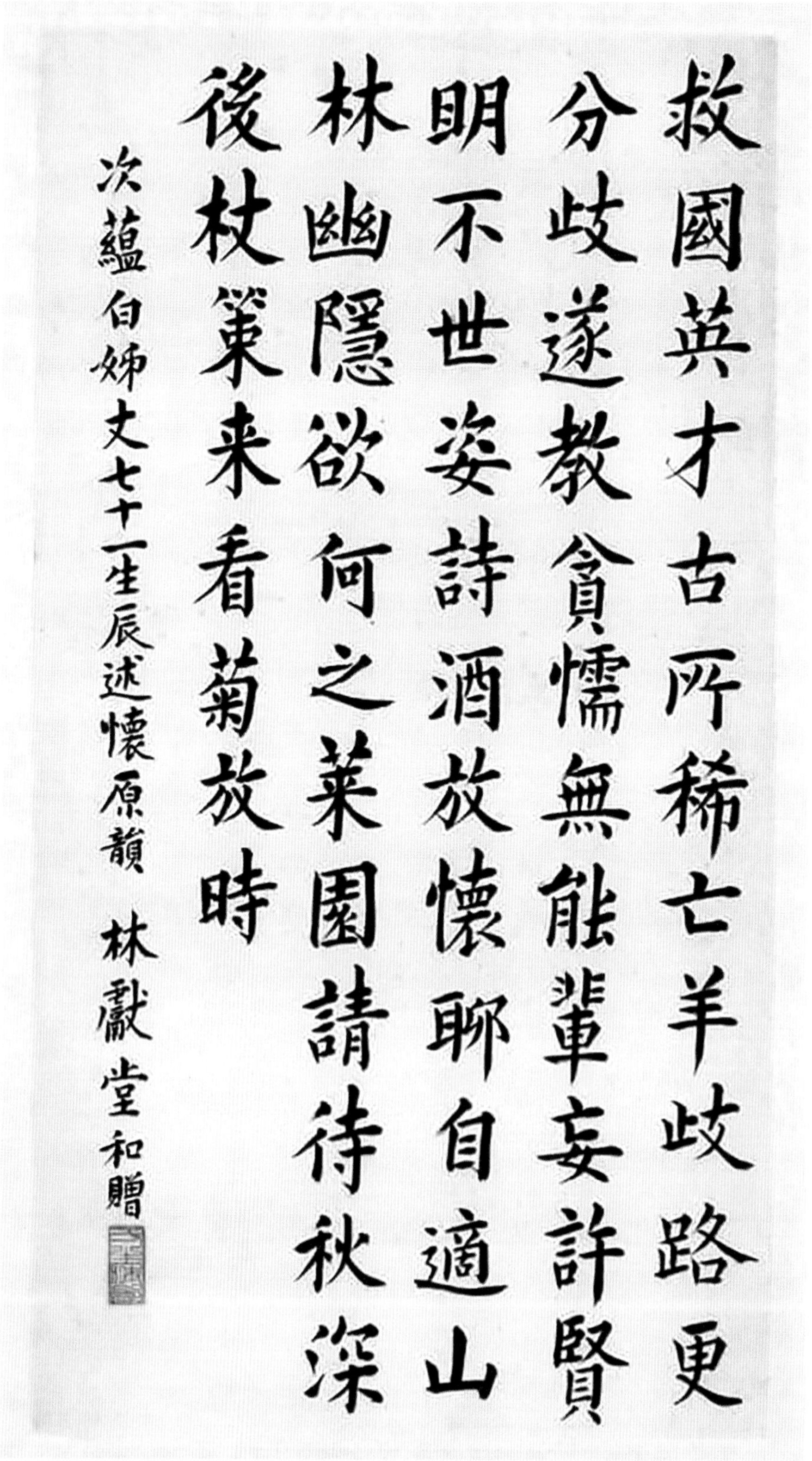

救國英才古所稀亡羊歧路更
分歧遂教貪懦無能輩妄許賢
明不世姿詩酒放懷聊自適山
林幽隱欲何之萊園請待秋深
後杖策来看菊放時

次蘊白姊丈七十一生辰述懷原韻　林獻堂和贈

劉峻贈林階堂之珍貴字幅原件

日本時代後期，台灣書法家劉峻贈送林階堂先生之珍貴字幅原件。文如下：
堂與梅花共一屏
問梅何事聘娉婷
只因嫁作林家媳
更為逋仙覓小星
階堂先生雅正　劉峻寫

劉峻，新竹人，日本時代曾經任教職多年，後至新高銀行工作，又轉任通譯，擅書法，字體優美。台灣光復後，劉峻書法作品多次獲獎。林階堂為林獻堂的胞弟，劉峻亦為詩友，文學造詣不俗，頗具才情。此詩藉用宋朝林逋因「梅妻鶴子」而被譽為「逋仙」之典故，小星意指妾，隱喻林家偏室之事，饒富趣味。

極珍貴林獻堂先生字幅原件收藏

1948年，日本時代台灣議會運動先驅林獻堂先生以一則字幅贈送姊夫呂蘊白七十一生辰，自述對時局失望之情，大有不如歸去之嘆。原文如下：
救國英才古所稀
亡羊歧路更分歧
遂教貪腐無能輩
妄許賢明不世姿
詩酒放懷聊自適
山林幽隱欲何之
萊園只待秋深後
仗策來看菊放時
次蘊白姊丈七十一生辰述懷原韻　林獻堂和贈

林獻堂為台灣歷史名人，1881年出生於阿罩霧庄，名朝琛，號灌園。林氏家族深具民族氣節，參與近代中國的各項變革，代出有人。到了日本統治時代，仍視中國為祖國。林獻堂接掌家業後，以延續中華文化教育與和平運動方式進行抗日活動，在文化協會、民眾黨、台灣自治聯盟等均扮演領導角色。

呂蘊白出自三角仔呂家，又稱筱雲呂家，原來自福建紹安的客家氏族。乾隆年間來台墾殖，後成中部大戶，與霧峰林家世代通婚交好。呂蘊白娶了林獻堂的胞姊林金鵬，兩人均好詩詞書畫，同為櫟社詩友。為了深耕漢學，推廣漢詩，櫟社經常舉辦賞詩活動，為台灣文化界盛事。

台灣光復後，林獻堂畢身從事的抗日活動終於取得勝利，原本以為展現於前的將是和平建設的康莊大道，然而戰後緊接登場的國共內戰，以及世界性的左翼武裝革命，又造成新一輪的動盪局面。在「二二八事件」中，林獻堂曾搭救省府財政處長嚴家淦，並協助來台安定局勢的白崇禧將軍，但是他對現狀已經失望透頂。林獻堂在此字幅中表達對貪腐官員極端不滿，同時流露退隱山林，縱情詩酒之思。事實上，在作此詩句的隔年，林獻堂東渡日本，不願返台，直到逝世後骨灰才被迎回故里。現存林獻堂的親手字幅很少，此作完成於時代轉折之時，不僅抒發胸臆，也充滿強烈的時代感，為徐宗懋圖文館所收藏的台灣史古籍文獻原作中最珍貴之一。

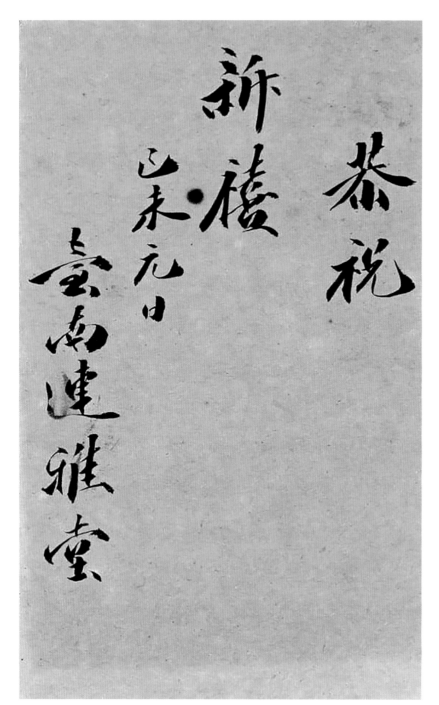

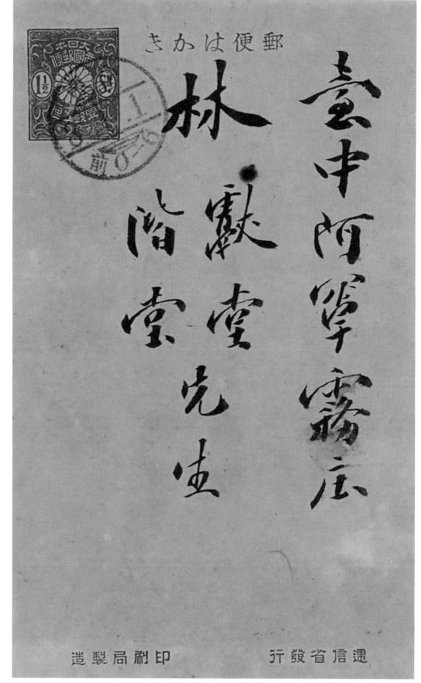

連橫致林獻堂、林階堂之珍貴賀年卡原件之一

1919 年，台南文人連橫（雅堂）寄給林獻堂、林階堂之珍貴賀年卡原件之一。1909 年，連橫加入櫟社，成為詩友，更由於民族意識強烈，愛好文化，與林獻堂有志一同。1919 年，連橫寄這封賀卡給林獻堂、林階堂時，其歷 10 年寫作的《台灣通史》已接近完稿階段。

連橫致林獻堂、林階堂之珍貴賀年卡原件之二

1919 年，台南文人連橫（雅堂）寄給林獻堂、林階堂之珍貴賀年卡原件之二。

日本戰敗與台灣光復

台灣體育代表隊揚威上海 （右上）

1948 年，台灣女子選手張瑞妍獲女子標槍第一名，表現傑出。

台灣省體育代表團男子田徑競賽獲勝後合影　（196頁）

民國37年，台灣省體育代表隊在上海舉行的第七屆全國運動會中，取得男子田徑賽團體成績第一名，此照片為賽後獲勝選手合影。

民國37年，台灣省體育代表隊在上海舉行的第七屆全國運動會取得優異的成績。這是台灣光復後首度參與全國體育競賽，以成績優異和風度良好備受讚譽。

4月24，台灣體育代表隊由台灣省教育廳長許恪士及政界聞人謝東閔率領，由基隆搭乘中興輪啟程，於26清晨抵達上海第二碼頭，全隊男子選手七十五人、女子選手三十七人，共一一二人，參加的項目有田徑、女子排球、網球、壘球、拳擊、游泳、舉重和男子乒乓等項目。根據事先評估，代表隊中的田徑項目十分強，有原住民四人曾富勝、鄭明輝、陳萬山參加賽跑一千五百公尺、五千公尺、一萬公尺等，徐天德則參加一百公尺和兩百公尺。其他項目的傑出選手亦多，如女子四百公尺的陳英德，三級跳遠的戴玉林。至於曾在早稻田運動會創下13尺三級跳遠紀錄的張星賢以39歲壯齡代表上陣，亦成佳話。

5月4日，全運會在上海江灣體育場正式揭幕，全國各省市軍警和海外僑胞共計五十四個單位，二六七七位男女選手參加比賽，除了台灣和香港外，海外華人居住地印尼、菲律賓、馬來由亞、西貢、多倫多、檀香山和暹羅等亦派出代表隊。國民政府主席蔣介石特頒訓詞：「第七屆全國運動大會舉行於抗戰勝利三年之後，正當憲政開始之時，又在世界運動大會之前，參加的單位普及全國各地，東北的選手固喜久別重逢，台灣的選手更喜回歸祖國。我們撫今思昔，繼往開來，深覺本屆全運會不但具有與前不同的意義，而且分擔起世界的任務，不但青年健兒應該一致興奮，而且全國同胞都寄予遠大的期望。」

由於是台灣省體育代表隊首次赴大陸參加全國運動會，所以各界均報以厚望。事實上，台灣的運動根基相當紮實，日據時代，台灣田徑即具基礎，所以這次在上海全運會中能大放異彩，立刻受到全國各界的關注。《台灣新生報》從上海發表台北的報導說：「田徑項目是大會重心，台灣代表在田賽項目中人才濟濟，必可奪得首席，田徑方面台灣有短距離的許通及陳英郎具染指資格。上海從前是田徑錦標，然而近年來除啞巴樓文敖之外，並無出色人材，今年怕要吃敗。女子田徑粵省、台灣、北平將有劇爭，游泳錦標是香港的囊中物，馬華、菲華或可與香港一爭長短。……排球是三個廣東人隊伍的天下。」

這次全運會總共進行了十二天，競賽十分激烈，台灣省隊果然一如事先預料，在田徑方面的成績大放異彩，而且根據《台灣新生報》特派上海的記者黃順華的觀察，其他省份代表隊比賽經常發生糾紛，台灣隊秩序最好。黃順華寫道：「球場上的表現，最令人嘆息的，女子籃排球賽中，湘滬相逢，必有糾紛，籃球計時員竟受此意外橫禍。足球場上，更是驚心動魄，大連隊員毆打球證是開端，繼之漢口對菲律賓賽，又以不滿裁判之處決，漢口負氣棄權，而今日錦標循環賽中之上海隊棄權，雖然我們能斷定它是投機取巧，可是已經引起一般人的不滿，一致認為大會該有明智之處決，將上海隊除名。總之這一切都表示缺少了體育風度，也抹煞了大會的意義。」「田徑賽全部結束的項目，論團體，是台灣獨霸，無別隊可涉足，而且在比賽中，秩序最好，沒有出過打架、毆傷的岔子，是值得告慰的。其中還有一個使人興奮的插曲，即上屆四百公尺冠軍戴國淑致電本屆冠軍陳英郎，恭賀他打破自己的紀錄。這一紙賀意，充分表現體育家的偉大精神，發揮了非為得失的體育意義，這是對球賽『打風』的一個對比，也是一個諷刺。」

5月15日全運會舉行閉幕儀式，由大會會長朱家驊致詞盛讚本屆大會各項成績之表現，並以全體選手繼續發揚運動員精神。王正廷則引述國父「繼續努力以求貫徹。」之訓示，期勉全國推廣體育運動，增進個人及民族之健康，促進國家之強盛。詞畢由王正廷夫人頒獎，各團體及個人錦標獎品，及打破紀錄之特獎均一一唱名，至主席台領受。

此外，全運會進行期間，大會也安排了一場中外田徑賽作為壓軸好戲，西聯隊由四十八位好手組成，主要選自美國、蘇聯駐華單位、美陸軍、美海軍、美童公學、猶太等九個單位，中國隊則由二十九人組成，均為全運會田徑項目中的冠亞軍，其中台灣選手即占十三人。在其中一百公尺決賽，台灣的徐天德輕易獲得第一名，為台灣省此次參賽畫下完美的句點。

下午五點，大會會旗於悠揚樂聲中徐徐降落，大會即告圓滿閉幕。在總成績方面，台灣榮獲男子田徑的總錦標，女子田徑總成績則列為第四名。個人方面，許通獲二百公尺冠軍，張瑞妍在女子標槍上奪魁，王友信奪得男子乒乓單打冠軍。

台灣省代表隊首次參賽即一鳴驚人，《中央社》在評論台灣隊的表現時有很高的讚語：「大會於球類競賽過程中遭遇困難，初是對抗之雙方爭執，繼演變而為裁判員之總辭，是非亦極難論定，因此一切提付審判委員會糾紛，均由該會以折衷辦法解決。本屆出席之五十餘單位中，台灣省實力、精神、紀律三者均屬超人，堪為其他各地之楷模。」

台灣民眾列隊歡迎國軍

1945 年 10 月，台灣光復，國軍部隊初抵台灣，受到台北女學生的熱情歡迎。遭受日本半世紀殖民統治的台灣人民對於重回祖國懷抱的一刻，莫不歡心鼓舞。
孫中山革命期間曾三度到台灣，興中會的成立也源於甲午戰爭，因此台灣光復成為實踐孫中山遺志的重要成就之一。

台灣光復歷史性的一刻

1945 年 10 月 25 日，日軍代表安藤利吉在台北公會堂 (今台北市中正堂) 簽署降書時，外頭擠著大批的市民，爭睹這歷史性的一刻，歡慶台灣光復。

末代總督安藤利吉簽屬降書

民國 34 年 10 月 25 日，日本末代總督安藤利吉在台北中山堂簽下降書，正式結束日本在台灣 50 年的殖民統治。安藤利吉隨後遭到逮捕，送往上海監獄，並在監獄裡自殺。

鄉間人家結婚的戶外合影

民國 50 年代初，鄉下一戶人家結婚的戶外合影，
後方房屋前草坪站立著散落的賓客。

儘管日本殖民統治歷經半世紀，光復後台灣鄉間
地區的文化轉換極為順暢，毫無間隙。漢人的宗
教信仰、戲劇歌謠、生活習俗、服飾飲食等，始
終主宰著漢人社群。從閩粵移民渡海來台後，幾
乎紋風不動。日本人離去後，連街頭上過去偶見
的和服穿著也一夕之間消失得無影無蹤。

照片中的一戶人為鄉下較富裕的人家，即使土地
改革後，仍有房產和一些田地。此照片十分生動
反映了光復初期鄉間富裕人家的物質與精神面
貌。

林獻堂先生出席中華民國駐日大使館國慶日酒會

1954 年，林獻堂先生（中）出席中華民國駐日大使館參加國慶酒會，左為駐日大使董顯光，右為旅日華僑總會會長林以文。林獻堂於 1949 年赴日本，剛好是中國歷史重大轉折的一年，中國共產黨在內戰中取得全面勝利，建立紅色政權。不僅如此，共產革命的威脅席捲世界，首當其衝的就是資本家。事實上，文協分裂後，林獻堂不僅面對日本當局的壓力，也遭到台灣本土左翼團體的激烈批評，視其為必須打倒的資產階級敵人。日本帝國主義瓦解後，左右兩翼立刻進入世界性的攤牌。中共革命過程即對地主採取批鬥殺害分田的政策，手段殘忍。即使 1950 年韓戰爆發，美軍介入台海之後，中共在台灣的地下革命活動依然活躍，尤其在嘉南和北部山區建立了武裝基地，以分田為號召，爭取貧窮佃農的支持，而且受到中國大陸共產革命成功的鼓舞，擴張迅速。

1950 年後，在美國的協助下，台灣、日本、南韓等地，先後實施了土地改革政策。林獻堂家族在中部廣大的祖產土地被強制劃分，令林獻堂十分不解，對中華民國政府產生了抵制情緒。蔣中正總統屢次請林獻堂返台，均遭託詞婉拒。儘管如此，林獻堂仍然與國府情誼深厚。1952 年，日本恢復主權，同年台北與東京簽署合約，互設大使館，開始運作各項領域工作。此照片攝於 1954 年中華民國駐日大使館的國慶酒會，林老仍欣然出席，留下此珍貴畫面。

林獻堂骨灰榮歸故里

民國 45 年，台灣議會民主先驅林獻堂先生的骨灰由家屬奉持，由東京運抵台北，各界發起在機場設奠公祭。

日本殖民時代中華民族運動領袖與台灣議會民主先驅林獻堂於民國 38 年赴日養病後即滯留日本，飄泊異鄉，未曾返台。民國 45 年 9 月，林獻堂病逝於東瀛，爾後骨灰運返故里，為這位操勞國事，奮鬥不懈的愛國領袖的一生劃上了句點。

林氏一門忠義，由清末貫穿整個日本統治時代，直到光復初期，其遭遇和奮鬥歷程與台灣歷史緊密相連，為國為民矢志不移的情操，也使得林獻堂成為中台灣的典範人物。

林家崛起於台中近郊的霧峰，由福建漳州遷來，自第三世林甲寅開始發跡。當時霧峰為漢原接壤之地，土質良好，不過原住民卻不嫻熟耕作，林甲寅由原住民手中購下土地，開山闢田，逐步累積財富，從此林家興旺，成為地方巨賈。又由於台灣為閩粵移民社會，遠在海外，歷代政府均鞭長莫及，因此在墾殖過程中，漢原之間戰鬥頻繁，漢人彼此之間亦不斷互相械鬥，因此各地的大家族都有本身的武裝力量，子弟們自幼即習武，形成文武雙全的家風。

林甲寅的後代不僅繼承祖上的墾殖事業，也頗有軍功，如其孫林文察參與平定「戴萬春之亂」，後又奉命率兵入閩討剿太平軍，但不幸戰死。雖然如此，林文察的兒子林朝棟卻將林家的事業帶到輝煌的階段。1886 年，台灣建省，劉銘傳任首任台灣巡撫，積極進行建設工作，加強防務，基於林家長年的忠義表現，劉銘傳起用林朝棟為撫墾局局長，開山墾荒，同時林朝棟也獲得樟腦專賣的權利，由於樟腦利潤豐厚，林家遂成臣富。軍事方面，中法戰役中，林朝棟率兵死守基隆，予法軍迎頭痛擊，更為人所重視。

1895 年，清廷根據馬關條約將台灣割讓給日本，台灣人民憤怒異常，誓死抵抗前來接收的日軍。林朝棟所率義軍與日軍激戰於彰化地區，其中八卦山之役為日軍侵台乙未戰爭中最重要的戰役，戰況慘烈，使得日軍改變原來輕估台灣的態度，被迫再由日本本土增兵。最後情勢終不可為，林朝棟舉家內渡大陸，其子林祖密參與國民革命，受孫中山之命，擔任閩南軍司令，後不幸受害。林文察、林朝棟和林祖密三代的事蹟充分反映林家家風，日本據台後，留在台灣的林家後代秉承此一傳統，對日本殖民當局據理以爭，為同胞爭取平等待遇，更將此一家風發揚光大。

日據時代，林家的代表人物為林烈堂和林獻堂堂兄弟，二人俱為林甲寅的曾孫。日本領台前十年，台灣各地小規模的武裝抗日仍然十分激烈，殖民當局動用重兵血腥鎮壓，死傷慘重。此時台灣主要地方仕紳為了本身利益不少站在殖民當局一方，協助討剿抗日游擊隊。事實上，一般所稱台灣五大家族包括基隆顏家、板橋林家、霧峰林家、鹿港辜家以及高雄陳家中，只有霧峰林家對日本殖民當局是採取拒絕全盤配合的立場。在殖民體制當中，殖民當局慣用經濟資源拉攏本地仕紳，以協助建立殖民秩序，因此林家的對抗立場必然壓縮本身企業的發展空間，艱辛異常。然而林獻堂並不改變想法，以高度的技巧與日本殖民當局周旋。實質方面，林家參與投資彰化銀行、台灣製麻，並與本地仕紳共同催生台中一中。1920 年代初，林獻堂直接掌管了三五實業與大安產業，主要承襲其大地主的財富背景，經營稻田租賃營收和地產事業，不過林獻堂更將大部分時間投入民族運動之中。

中國著名知識分子梁啟超赴日旅遊時，林獻堂曾主動拜訪，這次會面談話的內容後來廣為流傳。梁啟超以中國國勢仍弱，告訴林獻堂：「三十年內，中國絕無能力可以救援你們，最好效愛爾蘭人之抗英。」林獻堂受梁啟超的思想啟蒙，見諸行動，領導民族運動。在具體行動上，1921 年起，林獻堂發起「台灣議會設置請願運動」，同年並以本島知識菁英創立「台灣文化協會」，凝聚本島知識分子的力量，以推動台灣文化。議會設置請願運動在十三年間共有十五次，林獻堂往返台灣與日本之間，努力爭取東京政要對台灣人民平等政治權益的支持，不過由於日本政府擔憂議會設置將鼓舞台人走向自決，造成形勢難以控制，始終拒絕這項請願。至於文化協會亦為台灣知識分子的重鎮，不過後因左翼農民運動的興起，一部分文協成員色彩激進，造成文協分裂。

此外，一批台灣知識分子在東京創立《台灣民報》，運回台灣發行，內容大力聲援林獻堂的請願活動。後《台灣民報》改名為《台灣新民報》，林獻堂被推舉為首任董事長，筆陣包括林呈祿、黃朝琴、蔣渭水、羅萬傳、葉榮鐘、杜聰明、吳三連等人，發行量迅速擴增，影響日深，不僅成為台灣人的喉舌，實際上亦發展成實力雄厚的媒體事業。然而到了 1937 年，日本發動侵華戰爭，旋即對同屬中華民族的台灣人加緊思想控制，嚴厲推動「皇民化政策」，強迫台灣人放棄中國習俗的中國姓氏，改採日本習俗和姓氏。同時，殖民當局也禁止報紙中文版面，勒令報館合併，禁止請願活動。到了太平洋戰爭末期，在日本軍國主義的全國戰備體制下，一般人公開的政治和社會活動已處於停止狀態。雖然這些政治社會活動並無明顯的具體成果，但由林獻堂所領導的台灣議會設置請願運動、成立文化協會以及發展《台灣民報》，仍是日據時期重要的本土政治社會運動，充滿了濃厚的祖國意識與情懷，鼓動台灣人抵抗日本的殖民政策，在歷史上留下了不可磨滅的貢獻。

1945 年，台灣光復，林獻堂與所有愛國人士一般，以為光明的日子已然降臨，然而國民政府施政不彰，加以內戰負面效應迅速擴及台灣，民怨日深。1947 年，台灣爆發二二八事變，林獻堂以個人的力量保護了長官公署交通處長嚴家淦，使得嚴氏終身對林獻堂感念萬分。至於林獻堂本人對國府不當施政雖有批評，

但仍寄予厚望。1946 年省議會選舉議長，林獻堂原本眾望所歸，但後因其他因素，由與國府淵源深厚的黃朝琴當選議長。

在大環境走下坡的情況，1949 年 9 月，林獻堂選擇客居日本，1953 年政府實施大規模的土地改革，林家大批祖留田產遭強制分田予佃農，對此，林獻堂表示難以理解。1955 年，行政院政務委員蔡培火奉命赴日勸林獻堂返台未果，林獻堂在《東遊吟草》詩集中賦詩明志：「歸台何日苦難禁，高論方知用意深；底事兄弟相殺戮，可憐家國付浮沈。解愁尚有金雞酒，欲和難追白雪吟；民族自強曾努力，廿年風雨負初心。」言語之間充分反映其失望之情，次年他在東京抑鬱而終，年底骨灰運返台灣，朝野各界為其舉辦了盛大的喪禮，充滿了追思之情。至於身後，林獻堂所栽培提拔的後進在文化界屢有成就，台中一中更是成為中部首屈一指的著名學府。林獻堂的故舊好友曾留下許多關於其生前事蹟的紀錄，以林氏秘書葉榮鐘所著尤豐，不僅是重要文獻史料，後人展讀之餘，亦深深感動於這一代民族運動領袖的馨節惰操。

綜觀林獻堂一生，可說是一個傳統世家大族過渡到現代社會的縮影。林獻堂以其堅定的愛國情操，積極對抗日本殖民統治，盡力為台灣人民爭取平等的政治權利。雖然戰後因種種因素使其遠居日本，終致客死異鄉，不過其一生事蹟足為台灣史的重要見證，令人緬懷。

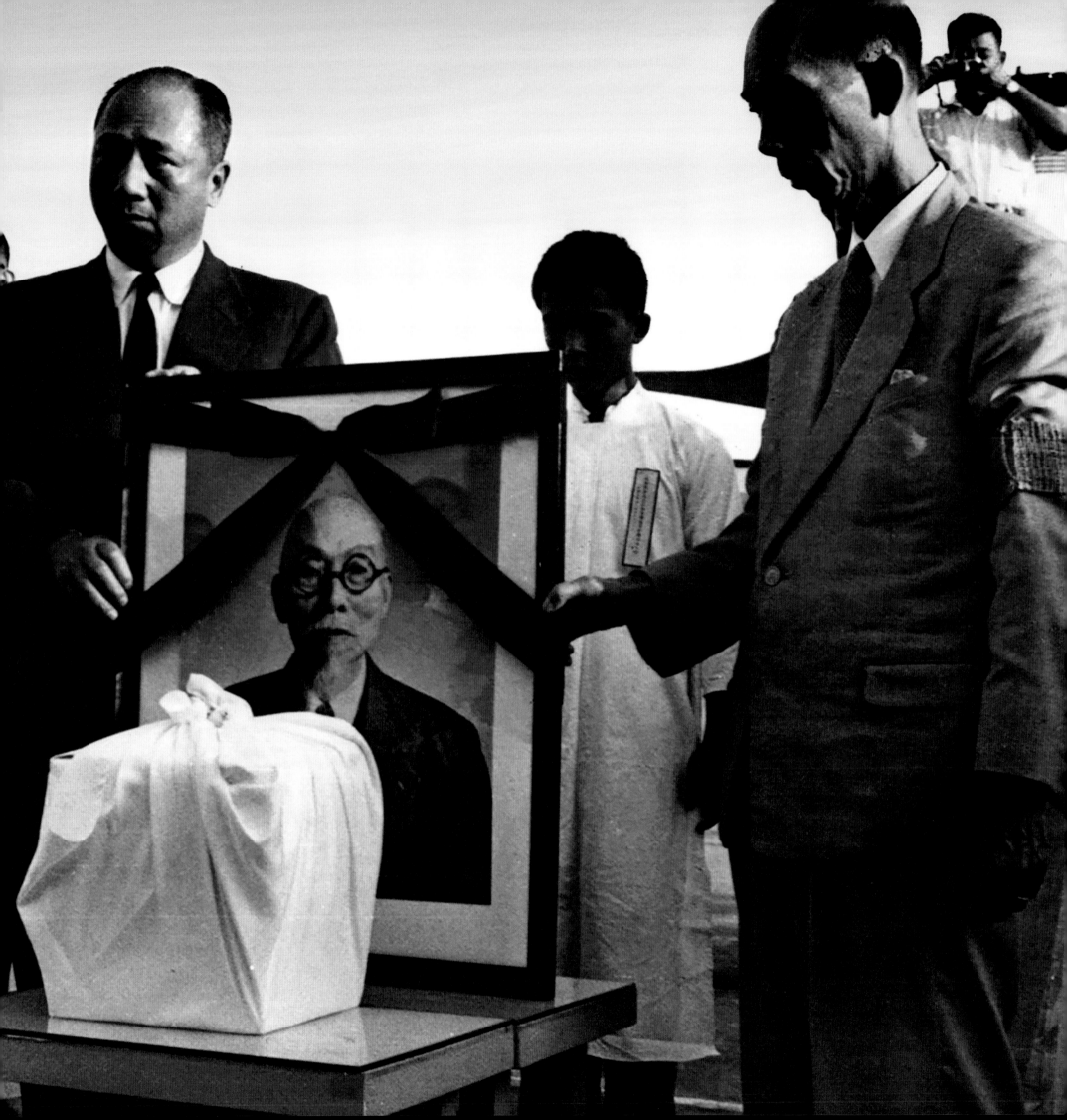

省主席嚴家淦恭迎林獻堂骨灰返鄉

民國 45 年，省主席嚴家淦（左三）等人親至松山機場迎接林獻堂骨灰歸鄉。

嚴家淦，江蘇省吳縣人，上海聖約翰大學畢業，長年擔任交通、財政等領域技術官員。台灣光復後，嚴家淦擔任行政長官公署交通處長，後任財政處處長，
與霧峰林家交好。二二八事變爆發時，嚴家淦正出差台中參加彰化銀行改組的股東大會，由林獻堂協助至霧峰林家避險，從此對林獻堂終生感激。後來，
嚴家淦歷任要職時，對霧峰林家亦多所關照。

二二八事件與國共內戰

經典二二八事件木刻版畫「恐怖的檢查」

二二八事件中產生了日後經典的木刻版畫作品「恐怖的檢查」，是由旅台四川版畫家黃榮燦所刻製的，形容二二八的恐怖景象。這幅作品在事件後發表在上海的報刊上，對國民政府施以嚴厲的批判，也鼓動了反對國民政府的民眾情緒。

這幅版畫作品直接以二二八當天查緝私煙的現場作為題材。老婦人慌忙撿拾散落一地的私煙，專賣局的查緝員不顧旁人請求，以槍托撞擊老婦的頭部。旁人或有已被擊倒者，或有高舉雙手做投降狀者，拿著手槍的緝私員作威作福的猙獰狀，襯托無辜民眾的驚恐。而後景中軍用卡車上面無表情的持槍軍警，給人一種沈重的凝滯感，肅殺之氣躍然紙上。

黃榮燦後來又回到台灣，1949年後被逮捕槍決。近年史料考證，包括中共方面的確認，將其列為中共地下黨犧牲烈士。也有中共體系的人指出，黃榮燦曾經擔任中共江蘇審委宣傳部部長。就史實而言，版畫形容軍警搭乘卡車而來，對販賣私菸的婦人林江邁開槍，事實並非如此。緝私員用槍托擊傷林江邁，後來林江邁自行離開，並沒有生命危險，也沒有軍用卡車載大批軍警過來的情況。加上黃榮燦後來被證實是中共黨員，掌管宣傳方面的工作，因此「恐怖的檢查」本質上仍然是一幅政治宣傳畫，在當時以及日後數十年都產生了很大的影響。

木刻版畫「朱門外」

大陸旅台版畫家朱鳴岡的作品「朱門外」。取景於台北新公園（今二二八和平紀念公園）的一角。光復初期，長官公署並未盡力恢復台灣在戰時被破壞的企業，並且對於影響民生甚巨的煤、糖、食鹽都收歸專賣，使得台灣民眾的失業人數日益增多，公園的椅子上處處可見睡覺的遊民。與當時接收大員們飽滿的荷包相比，「朱門酒肉臭，路有凍死骨」，正是這幅作品所要傳達的悲哀。

木刻版畫「食攤」

大陸旅台版畫家朱鳴岡的作品「食攤」。是作者在台北萬華的寫生作品。市井小民圍著攤子便吃了起來，周邊的檳榔樹傳達了南國風味，而無論是小販還是顧客皆有穿木屐者，顯示當時剛從日本統治下光復的台灣，在生活習慣上仍然深受北國文化的影響。

木刻版畫「三代」

大陸旅台版畫家朱鳴岡的作品「三代」。三代同堂是台灣農村常見的景象。祖父專注地在石板上劈柴，年紀較大的男孩亦加入收集燃料的行列。而母親認真洗滌衣物，稚幼的孩童在旁伸手撥水來玩，背著的嬰兒看得津津有味。一家人為了生活忙碌著，卻營造出一種溫馨的和諧感。

台灣光復後，不少大陸藝術家來到台灣，與台灣美術界進行交流，其中有幾位知名的版畫家以台灣生活為題材，進行了豐富的版畫創作，對於刻畫台灣光復後生活的困難，表達了深刻的同情。然而這些左翼藝術家的作品也等於批判國民政府施政不彰，鼓動了民眾反國民政府的情緒。

木刻版畫「放回來的爸爸」

大陸旅台版畫家王麥稈的作品「放回來的爸爸」。被放回來的爸爸頭上纏著繃帶，雙目也許失明，臉上沒有太突出的表情，卻不難從撫摸孩子臉龐的手感受他心中的激動。而孩子黑白分明的雙眼盯著爸爸，對於爸爸的不幸感到不解與驚恐。此圖是否王麥稈為二二八事件所作仍待考證，但可以肯定的是，他對於無辜捲入政治迫害事件的民眾，有著深刻的同情。

民眾聚集台北火車站前廣場進行抗議 （左上）

民國 36 年 2 月 28 日，由於公賣局專員緝私問題，引發累積多時的民憤，爆發全島民變。照片為群眾聚集在台北火車站前廣場，準備前往行政長官公署進行抗議。

被燒毀的車子 （右上）

民國 36 年 2 月 28 日，民眾在公賣局外焚燒物品，包括燒毀了一輛車子，此照片為公賣局外被燒毀車輛的景象。

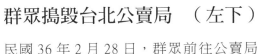

群眾搗毀台北公賣局 （左下）

民國 36 年 2 月 28 日，群眾前往公賣局，搗毀內部辦公室設備，並將內部的物品拿出來外面焚燒，表達他們對當局施政的嚴重不滿。

謝雪紅仰望毛澤東主席 （右下）

1949 年，中共建政大典在北京天安門城樓上舉行，由中共中央主席毛澤東主持，毛主席的左後方即為台灣民主自治同盟主席謝雪紅，也就是二二八事件中發動反抗活動的主要人物。二二八事件中，謝雪紅在台中鼓動民眾反抗，組織武裝部隊進行戰鬥。事件後兩年八個月，謝雪紅登上北京天安門城樓，參加中華人民共和國建國大典。

六位受日本教育的台灣菁英出席中華
人民共和國建國大典

1949 年 10 月 1 日，六位受日本教育的台灣菁英
到北京參加第一屆全國政治協商會議，並且以
「台灣民主自治同盟」代表的身分，登上北京天
安門城樓，出席中華人民共和國中央人民政府成
立大會。面對下方剛取得內戰全面勝利的解放軍
部隊以及各界人民群眾代表，他們共同為毛澤東
主席高喊「中國人民站起來了！」而歡呼不已。
左至右為：田富達、楊克煌、謝雪紅、李偉光
、王天強和林鏗生。

謝雪紅：

台盟的創立者和第一屆主席，台灣最老牌的共產黨員之一。她走過傳奇的人生，謝雪紅本名謝氏阿女，1901 年出生於彰化，誕生時正值日本殖民台灣後的第六年，童年時家境清寒，被送去當養女，經歷坎坷，但她擁有強大的自學能力，勇於行動。

日據台灣跟世界各地一樣，受到蘇聯革命成功的鼓舞，左翼思潮風行。1921 年台灣文化協會成立，1927 年蔣渭水成立台灣民眾黨，成為本土民族民主運動的中堅力量。

1928 年，台灣共產黨在上海成立，就當時殖民時代的歷史條件，由第三國際指導，全名為「日本共產黨台灣民族支部」。

1925 年謝雪紅前往上海從事工運活動並歷經五三慘案，在國共合作的背景下，投入了國民革命的群眾運動，隨後與林日高、潘欽信、王萬得、翁澤生等成立台灣共產黨，其中翁澤生同時具有台共和中共的雙重身份。1931 年日本殖民當局逮捕台共人士，謝雪紅入獄 9 年，出獄後處於潛伏狀態。台灣光復後，國共合作仍然存在，原台共份子紛紛加入由李友邦將軍所領導的三民主義青年團台灣支部，繼續以社會主義建設的目標為台灣奮鬥。

然而光復後國府施政不彰，民怨叢生。民國 36 年 2 月 28 日，因公賣局稽私菸問題爆發民變，事件一發不可遏止，並迅速擴及全島，史稱二二八事件。此時中共領導的武裝革命已正式開打，戰火在東北和華北熊熊燃燒。由延安返台的台籍中共蔡孝乾、張志忠等人迅速投入武裝鬥爭，至於前台共人士由於在日據時代經由左翼運動已具有相當的組織經驗。事變過程中，無論是處理委員會中的仕紳、學生，或甚趁機滋事的流氓份子，都無法對抗渡海前來的第 21 師。唯一具有組織性對抗能力的只有謝雪紅在台中領導的人民協會、其武裝側翼二七部隊，以及由中共省工委武裝工作部部長張志忠領導的「台灣民主聯軍嘉南縱隊」在嘉義的武裝作戰。

簡單說，二二八事件中兩股較有效的反抗武裝均由中共直接或間接指揮。由於當時的歷史條件，無論三青團或國民黨部隊中，均潛伏了大量的紅色份子。民國 36 年 5 月，即二二八事件發生後的兩月餘，謝雪紅即喬裝成國軍軍艦潛逃廈門，隨後赴上海，再由中共指示下轉往香港。這年底連同二二八事件後逃到香港的抗爭人士成立了「台灣民主自治同盟」，發表二十七條聲明，其中第一條到第十三條如下：
1. 打倒獨裁專政，實行人民民主制度！
2. 人民有言論、出版、集會、結社、遊行、示威等自由！
3. 撤廢人民團體組織條例，取消新聞雜誌登記制度！
4. 解散政治、經濟與秘密警察及一切特務機關！
5. 打倒貪官汙吏土豪劣紳！
6. 打倒官僚資本，沒收貪污財產！
7. 反對帝國主義侵略，美軍退出中國去！
8. 反對美軍在台建設軍事基地，日人退出台灣去！
9. 不許日本侵略勢力復活，反對非法的對日和約！
10. 否認要求出席和會的自稱代表，打倒陰謀託管的賣國賊！
11. 擁護開羅會談公報、波茨坦宣言，反對國際託治！
12. 趕出日本侵略者，逮捕長谷川、徹底嚴懲日本戰犯！
13. 不做日本奴隸，也不做美國奴才！

後來，台盟代表前往北平參加第一屆全國政治協商會議，並出席中共建政大典，此後，謝雪紅一直擔任台盟主席。1950 年，謝雪紅在上海組織 3 千多名台籍幹部，準備隨解放軍回到台灣，進行民政接管工作。後來韓戰爆發，解放軍中止軍事渡海計劃，台盟總部又牽回北京。

楊克煌：

1908 年出生於彰化，1929 年加入台灣共產黨，和謝雪紅有戀情。1931 年和謝雪紅都遭到逮捕入獄，楊坐監五年。出獄後，楊克煌和黃繡雀結婚，育有 3 個孩子。謝雪紅出獄後，楊克煌仍與謝雪紅在一起，共同開店，有實質的夫妻關係。

台灣光復後，楊克煌加入中國共產黨。二二八事件時，加入謝雪紅的抗爭，並且隨謝赴香港成立台灣民主自治同盟，接著出席中共建政大典，此後在台盟中擔任謝雪紅的秘書。

李偉光：

原名李應章，1897 年出生於台中二林，畢業於台灣總督府醫學專門學校，畢業後返回二林開設醫院。年輕時即抱持強烈的中華民族意識，曾和同學一起去參觀廣州黃花崗 72 烈士墓。1921 年，出任台灣文化協會理事。1925 年，擔任二林台灣農民組合負責人，並領導日據時代著名的二林事件，遭逮捕入獄八個月。1932 年，前往中國大陸，在廈門開設醫院，同時加入了中國共產黨的秘密革命活動，並改名李偉光。

抗戰勝利後，李偉光擔任旅滬台灣同鄉會，協助旅居大陸的台灣人返回台灣，當時華東和華北地區的台灣人都是經由上海搭船返回台灣。同鄉會實際上也是台籍中共黨員的秘密聯絡處。民國 35 年 9 月，因為李偉光返回離開約 15 年的家鄉台灣，並且正式舉行二林事件紀念會。二二八事件後，李偉光成為台灣民主自治同盟理事，二年多後出席中共建政大典。由於長年在上海活動，與上海有較多的地緣關係，1954 年，當選上海市第一屆人民代表大會代表。

王天強：

1910 年出生於台中，早年參加了謝雪紅領導的台灣共產黨。台灣光復後，與謝共同成立台灣人民協會，二二八事件中鼓動群眾抗爭，隨後加入台灣民主自治同盟，並出席了中共建政大典。1958 年後，擔任福建省政協委員、福建省人大代表。

林鏗生：

1906 年出生於台北，從事商業活動，1926 年，在青島林記茶莊當徒工，後自營茶葉生意，為工商業者。1944 年，移居北平，任北平台灣同鄉會會長。1949 年，加入台灣民主自治同盟，同鄉會接待中國大陸各地來訪的台灣鄉親，同時為鄉親們介紹馬列主義和中國革命情勢，實際上也是台籍共產黨員在北平的聯絡處。隨後，林鏗生以台盟候補代表身分出席中共建政大典。

田富達：

1928 年出生於新竹縣的泰雅族人，族名尤明巴都。台灣光復後，加入國軍，被派往中國大陸作戰被俘。因其少數民族身分，被安排至華北軍政大學學習。1948 年，加入中國共產黨，同時也加入台灣民主自治同盟，隔年出席了中共建政大典。田富達曾擔任多屆的全國人大代表和全國政協委員。

簡言之，台灣民主自治同盟是第一個二二八政治組織，由實際投入二二八抗爭的人士所組成，核心人物並非臨時隨機一般群眾，而是從日據時代走到二十年以上工農抗爭，度過牢獄磨練的政治運動家和老牌共產黨員。此後年年紀念二二八。

從大的歷史背景來看，蘇聯革命成功，為全世界遭受帝國主義、殖民主義欺凌的弱小民族帶來解放的希望，形成大時代思想和政治運動的洪流，對於同一時期的台灣知識分子具有強大的吸引力。他們投入共產主義運動，並發動工農群眾進行社會主義革命。由於台灣人的中華民族屬性，他們在組織和行動上與中國共產黨迅速結合，形式上雖然屬於日共，實際上與中共關係更密切。1930 年代一直到 1950 年代近 30 年，他們在台灣代表強大的思潮和政治力量，大到有取得政權的可能。

六位登上天安門城樓參加中華人民共和國建國大典的台灣人中，除了田富達帶著命運的偶然外，其他五位都有長年左翼鬥爭的經歷，冒著喪失生命的危險，其中有四位來自中台灣地區。亦即，台中彰化一帶出現了林獻堂資產階級的抗日領袖，也有謝雪紅無產階級的抗日菁英，無論何種階層的政治路線，均反映了中台灣豐厚的中華民族主義土壤，不因外在環境變化而隨波逐流，民族忠義精神永存。

泰雅族人田富達：台灣的阿甘正傳

田富達，新竹縣泰雅族人，泰雅族原名尤明巴都，大概是我採訪過的旅陸台灣人中經驗最離奇的，因為他讓人想起好萊塢電影「阿甘正傳」。太平洋戰爭末期，家裡很窮的他幹一份特別的差事，在山上接到美軍來襲通知時，趕緊鳴放警報，賺一口飯吃。日本人戰敗走了，他沒工作了，沒收入，後來看見國軍募兵，薪水不錯，趕緊報名。一個月的訓練後，跟著其他台灣兵被送到山東戰場，沒多久就被俘了，被編入解放軍，一路從北打到南。他原想，跟著解放軍到台灣，就可以回家了。不過，戰爭就停住了。

接著，中共對在他進行政治審查中，發現他是台灣少數民族，又是貧窮人家出身，根正苗紅，讓他加入「台灣民主自治同盟」。中共建政大典時，他是登上天安門城樓的七個台灣人之一，跟二十多年鬥爭經驗的老革命謝雪紅、楊克煌，以及二農事件的抗爭英雄李應章等人並列。第一屆全國政協大會時，他還代表台灣少數民族致詞。此時，他才二十多歲，而五年前他還在新竹山上幫日本人拉防空警報。
由於台灣少數民族的象徵性的地位，田富達受到重點扶植和保護，讓他躲過此後大陸的政治運動；相反地，他還經常以中國少數民族代表團成員的身分出國訪問，還獲毛主席接見慰問（有照片），風光十足。

兩岸開放後，田富達終於回到台灣家鄉，由於被認為在大陸「當大官」，榮歸故里，受到原鄉族人們的熱情歡迎，並深深引以為榮。他們感到在大陸中央高層「有他們自己的人」。

我從來沒有看過像田富達如此離奇的人生。不過，仔細一想，其實這正是台灣原住民的歷史視角。由於人口太少，注定是極少數，所以，人多勢眾的外來者是誰又有何差別呢？重點是誰對他們生存最有利。原住民最大的政治交換價值，來自他們是台灣土地原始主人的象徵地位，誰能給的最多，更符合他們的利益，自然更能獲得青睞。比起那一些在日本殖民當局破舊墓碑旁日夜承歡膝下的漢人們，他們的選擇姿態其實並沒有更不光采。

北京二二八事件三週年紀念大會

1950 年，台灣民主自治同盟在北京舉行二二八事件三週年紀念大會，由當年發動抗爭的謝雪紅主持，中共中央首長亦出席這項會議。

謝雪紅與楊克煌革命伴侶

1950 年代，台灣民主自治同盟主席謝雪紅和她的秘書丈夫楊克煌。他們從成立舊台共（日本共產黨台灣民族支部）開始，就是革命伴侶。後來謝雪紅入獄十年，兩人人生走向不同的路，謝雪紅出獄後，處於政治潛伏狀態，然而楊克煌雖然已經有了妻兒，仍然和謝雪紅在一起，成為實質的夫妻關係。謝雪紅前往大陸，楊克煌一直陪在身邊。

謝雪紅骨灰罈

2002 年，位於北京八寶山革命公墓的謝雪紅骨灰罈，在特殊的情況下，謝雪紅的骨灰罈得以被迎出供奉，以表敬意。

屏東客家人鍾浩東：中共台灣省基隆市工委書記、中華人民共和國建國烈士、促轉會尊稱「台灣民主前輩」、電影《返校》的真實主人翁

鍾浩東，1915 年出生於阿緱廳阿里港支廳（今屏東）的客家家庭，本名鍾和鳴，和作家鍾理和為同父異母兄弟。鍾氏先人來自廣東梅縣，台灣割讓日本後，鍾浩東的父親鍾鎮榮將兒子送到私塾學習古典漢文。鍾和鳴後來考上高雄州立高雄中學校，因民族意識強烈，常與日籍教師發生爭辯，被後者辱罵為「清國奴」，更激發了鍾浩東的抗日思想。接著，鍾和鳴考上台北高校，並與蔣渭水的養女碧玉交往。畢業後，他前往日本明治大學政治經濟系就讀，1940 年休學，與蔣碧玉及蕭道應、黃怡珍等人，前往中國大陸參加抗日活動。出發前，鍾和鳴和蔣碧玉完成了婚事。他們幾經波折輾轉，最後到廣東投入邱念台領導的「東區工作隊」，從事教育、醫護和翻譯等工作。在此時期，鍾和鳴改名為鍾浩東。

抗戰勝利後，鍾浩東主持三民主義青年團廣東辦事處，協助台灣同胞和台籍日本兵返鄉。1946 年 4 月返回家鄉，8 月受邀擔任基隆中學校長。228 事變後，鍾浩東對陳儀施政極為不滿，在詹世平（吳克泰）的邀請下，加入了中國共產黨，並且成立了基隆中學支部，以讀書會方式鼓勵學生學習共產主義思想，發展青年黨員。由於發展迅速，擴充為基隆市工委，由他出任書記，同時發行地下刊物《光明報》，鼓吹以革命手段推翻國民政府。

1949 年 8 月，《光明報》被保密局破獲，地下黨員李蒼降、張奕明、方弢等人被捕，鍾浩東也隨後被拘捕。然而，鍾浩東在酷刑下拒絕投降，拒絕供出同志。1950 年 10 月，鍾浩東遭處決，蔣碧玉則被判管訓半年。此時，中共在大陸已經取得全面勝利，建立新政府，然而，負責在台灣北面接應解放軍渡海的中共基隆市工委組織，已經遭到全面的破壞。

張志忠

二二八事件中嘉義地區反抗活動的領導者張志忠，這是目前僅有的張志忠照片。張志忠為嘉義新港人，年輕時曾參加農民組合、台共，後遭日警逮捕，出獄後轉赴大陸，參加中共新四軍，轉戰各地。抗戰勝利後，中共中央派蔡孝乾、張志忠返台發展地下組織。二二八期間，張志忠組織「嘉南縱隊」（後改名台灣自治聯軍），由簡吉擔任政委，與國軍進行了激烈的戰鬥。後來，簡吉出任中共台灣省工委山地委員會書記，建立山區武裝基地。1949 年底省工委書記蔡孝乾被捕投降，供出大批同志，簡吉和張志忠被逮捕，並先後遭槍決。

台南人鄭海樹：中共台灣省台南市工委書記、中華人民共和國建國烈士、促轉會尊為台灣民主前輩

鄭海樹（中）與台灣後輩攝於日本的一處公園內。（郭平坦、本田善彥提供）

1922 年，鄭海樹出生於台南市，台中二中畢業後前往日本留學，結識神戶的台灣人家庭女子郭招治，並與她完成婚姻大事。光復後，鄭海樹返回台灣，認識了中共地下黨員何川，二二八事件後加入中國共產黨，後來曾經擔任中共台灣省台南市工委。民國 39 年，省工委遭到全面破壞鄭海樹拒絕投降，民國 40 年 6 月，在馬場町遭到處決，並且遺書中聲明將會有「後來人」，成為中華人民共和國建國烈士，名列在北京西山中共烈士紀念碑上。2018 年，促轉會撤銷對於鄭海樹的有罪刑事判決，等於承認台灣人中共地下黨組織配合解放軍登陸台灣的行動，具有合法性，並尊其為台灣民主前輩。

吳石共諜案四名主犯

民國 39 年 6 月 10 日，國防部副部長吳石案，在法庭欄杆前的四名犯人，右至左：聶曦、吳石、朱諶之、陳寶倉，被判處死刑。隨後即五花大綁押赴刑場。

聶曦押赴刑場

民國 39 年 6 月 10 日，吳石共諜案中的聶曦被押赴馬場町的剎那。聶曦是吳石的助理，福州人，因為替吳石處理內部文件交付中共，成為共諜。

朱諶之押赴刑場

民國 39 年 6 月 10 日，吳石共諜案中的朱諶之被押赴刑場。

朱諶之是浙江淀海縣人，抗戰時期即擔任中共地下工作，曾協助台灣義勇隊在金華成立的工作，與旅居大陸的台灣人建立了個人交情。1949 年，國民政府已經退守台灣，時任國防部副部長的吳石，在年初已經與中共地下黨建立聯繫，有意投向中共。因此，中共華東局考慮到朱諶之在台灣有一定的社會關係，派遣朱諶之擔任交通員，到台灣與吳石聯繫，接受吳石所轉交的台灣軍事防禦相關的機密地圖。朱諶之到台灣後，原本已經完成任務，然而中共台灣省工委書記蔡孝乾被捕後，意外發現朱諶之的存在。當時朱諶之已經飛到淀海，由國民政府在淀海的安全人員將朱諶之逮捕，押送回台灣，從而供出國防部副部長吳石實際上是共諜，並牽連國防部十多餘人，相關人士最後全部遭到逮捕判刑。

朱諶之被逮捕後，態度從容，曾經一度試圖吞金自殺，保密局的文件還稱她是不怕死的戰士。

陳寶倉押赴刑場

民國 39 年 6 月 10 日，吳石共諜案中的陳寶倉被押赴刑場。陳寶倉與吳石同謀，意圖投向中共，一並遭到逮捕，並被處極刑。

劉晉鈺和嚴惠先被強灌燒酒

民國 39 年 7 月 17 日，台灣省電力公司總經理劉晉鈺及前駐港聯絡員嚴惠先，因私通中共地下黨，同意解放軍渡海來台時，台電公司將配合接管工作。由於地下黨被破壞，導致劉晉鈺配合解放軍的工作計畫暴露，兩人被判決死刑，遭五花大綁，並強行灌燒酒。

陳儀被槍決前的一剎那　（229 頁左上）

民國 39 年 6 月 18 日，前台灣行政長官陳儀被槍決前的一剎那。陳儀於民國 38 年初擔任浙江省主席的時候，由於三大戰役結束，解放軍取得重大勝利，佔領了東北和華北，並將渡海攻擊南京。陳儀信心動搖，對國民黨政府不再抱希望，轉而私通中共，準備投降並配合解放軍接管，並試圖勸降京滬杭警備總司令湯恩伯，反遭湯恩伯以謀反罪名逮捕。民國 38 年 3 月，陳儀被壓解到台灣，被拘禁在基隆要塞長達十四個月，後又轉押至台北縣碧潭。民國 39 年 6 月 18 日，軍法處將其判處死刑，並立即押送至台北深坑槍決。

台南人李媽兜：中共台灣省台南市工委書記，中國共產黨台南頭號戰將和鬥魂、中華人民共和國建國烈士、促轉會尊稱「台灣民主前輩」 （右上）

此為 1950 年保密局發布通緝「巨匪」李媽兜的照片，此「巨匪」個頭雖小，但活動力強，藏匿在南部山區，飄忽不定。保密局組織專門小組，出動大批警力圍捕。在台灣人中共地下黨員中，南台灣草根性十足的李媽兜充滿傳奇性。

1898 年，李媽兜出生於台南曾文郡農村，家境貧困，嘉南地區自明鄭時代起，即為中華歷史文化的重鎮，中華民族意識強烈。余清芳事件雖以神怪迷信招攬群眾，但內容均為中國古典演義，精忠報國，行俠仗義之事。老人們對「大明慈悲國」軼聞，均津津樂道。在這種環境下長大的李媽兜，充滿強烈中華民族意識以及傳統的俠義精神。在校期間，因見到日本教師的欺負台灣人，與其發生肢體衝突。事實上，李媽兜都從小開始就經常和日本人打架。1928 年，李媽兜偷渡澎湖並且申請恢復中國國籍。抗戰爆發後，李媽兜加入了李友邦將軍成立台灣義勇隊，擔任情報工作。

台灣光復後，李媽兜回到台南家鄉，因地緣關係，由台灣義勇隊友人介紹，認識了中共台灣省工委武工部部長張志忠，並且加入中國共產黨。對急於發展組織的省工委而言，李媽兜不屈的民族性、正義感和強烈的草根性，無疑是不可多得的人才。他是由省工委書記蔡孝乾和武工部長張志忠直接領導，成立了台南市工委，李媽兜擔任書記，並在二二八事件參與了張志忠領導的嘉義武裝鬥爭。

事變後，台灣人心寄望於革命的中國共產黨，以致中共地下黨組織快速發展，李媽兜展現了不凡的組織力和活動力，組織和領導了 26 個黨支部。然而，也因為擴張太快，導致黨員素質不一，口風不緊，容易遭到滲透。民國 39 年，蔡孝乾被捕投降，供出所有同志後，李媽兜即被列為「匪首」之一，但他在全省南北逃竄，行動飄忽，鬥志頑強，繼續革命行動，繼續組織配合解放軍登陸台灣的軍事行動，直到到兩年後，在偷渡香港前夕遭到逮捕。

民國 42 年 8 月，李媽兜在台北馬場町，連同另外五位台灣人中共地下黨員同時被槍決。

台南人陳福星：重建中共台灣省工委書記與主要領導幹部自新記者會 （左下）

民國 41 年，重建中共台灣工作委員會書記陳福星被逮捕後，率領幾位主要地下黨領導幹部，共同召開記者會，宣布脫離中國共產黨，宣誓效忠中華民國政府，並呼籲仍然潛藏在逃的中共黨員出面自首。

陳福星，1915 年出生於台南，日本大學哲學系畢業，光復後擔任台南鳳梨公司第三廠代廠長，因不滿時政，思想左傾，加入中國共產黨。在中共台灣省工委書記蔡孝乾的指示下，與李媽兜、陳文山等成立台南市工委會，並以台南新豐農業學校校長的身分掩護地下工作，發展組織。1948 年，陳福星身份曝光，逃至基隆市工委書記鍾浩東的家躲藏。1949 年底，蔡孝乾被捕，旋即投降，供出所有同志名單，約 400 名地下黨員遭逮捕。躲過了逮捕的陳福星在中共華東局的指示下，重組第二代工委，不過仍然於 1952 年遭捕，至此中共在台組織徹底瓦解。

陳福星投降供出同志後，與曾永賢、劉興炎、林希鵬、黎明華、蕭道應等人，被安排進入調察局工作。

台北縣海山區中共地下黨幹部下山自首宣傳照片 （右下）

民國 39 年，台北縣海山區下山中共地下黨幹部。由左至右為：謝萬福、林金標、黃培奕、陳清安、龔阿斗、鄭媽意。省工委書記蔡孝乾被捕投降後，供出所有地下黨同志名單，全省各地組織旋即遭到破壞，海山區地下黨員全遭到逮補。不過，他們的直接領導陳福星卻成功潛逃，並且不久後與中共華東局重新聯繫上。陳依照組織指示重建二代省工委，但不久也遭到破壞。

這張海山區中共地下黨幹部下山自首照片，實際上是保密局所拍攝的宣傳照，目的是呼籲其他仍然隱藏的地下黨員盡快出面自首。他們隨後被逮捕訊問，甚至被囚禁，出獄後也遭到長期的監控，經歷了非常艱苦的人生。

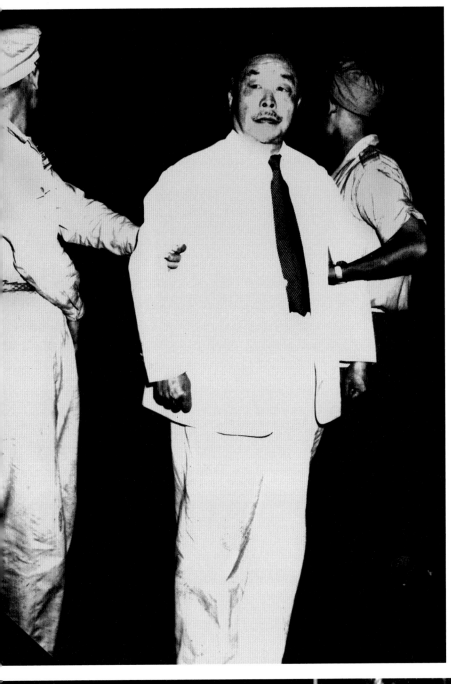
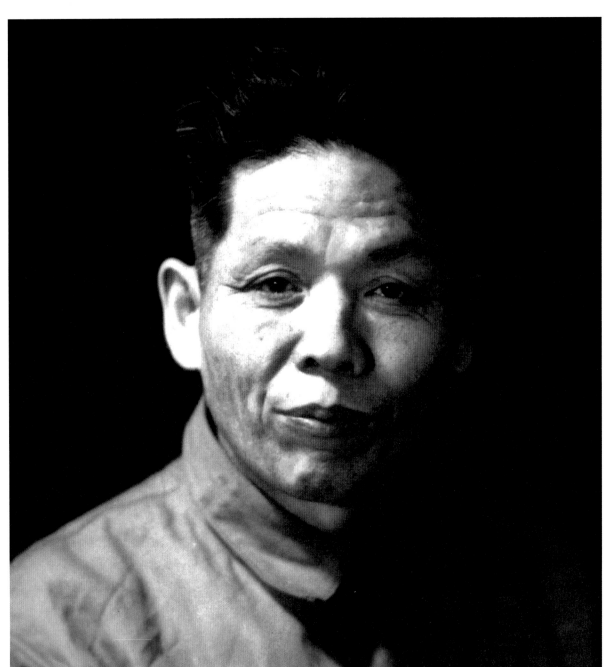

省工委宣傳部長洪幼樵宣布脫離中共

民國 41 年，台灣省工委委員兼宣傳部長洪幼樵召開記者會，宣布脫離中共組織。洪幼樵是省工委四大領導之一，他供出同志，獲得自新的機會。

中共省工委林元枝宣布脫離中共

民國 41 年，中共台灣省工委北部地區組織負責人林元枝在記者會中，宣布脫離中共組織。林元枝是屬於地方江湖型的人物，曾經在北部地區組織山區武裝游擊隊。

中共地下黨員下山

民國 41 年，調查局人員引導中共地下黨員下山，並示以當局寬大的條件。陳福星領導的第二屆省工委退入山區地帶，進行武裝游擊。苗栗地區山區成為重要的活動之處。

中共地下黨員謝裕發返家團圓

民國 41 年，中共地下黨員謝裕發返家與母親、妻子、兒女團聚。

中共省工委幹部劉雲輝等人

民國41年，中共地下黨高級幹部劉雲輝（左）勸服其所屬兩個支部書記謝裕發、謝其淡下山。第二屆省工委被調查局從下至上滲透，瞬間瓦解。

中共地下黨員謝其淡返家

民國41年，中共地下黨員謝其淡返家，與妻兒團員，重新過著正常的日子，他們都是貧苦農家出生的。

苗栗客家人羅月吉：中共台灣省學工委台大工學院支部書記返家宣傳照片 （232頁）

民國39年，中共地下黨人羅吉月（左抱小孩者）辦理自新後，返回老家後與家人團聚。

羅月吉，苗栗客家人，台灣大學機械系學生，受曾永賢影響傾向社會主義思想。1948年，加入中共台灣省學工委台大工學院支部，擔任領導工作，並在工學院吸收黨員，發展地下組織。台灣大學是中共菁英黨員的集中地，發展迅速。隨著台大黨支部被破壞，大批學生黨員遭到逮捕。

這張照片是保密局安排羅月吉所拍攝的宣傳照，目的是呼籲其他仍在潛逃的地下黨員盡快出面自首。

中共台灣省工委兩次被破壞以及戰爭後的戰爭：
由1949年10月至1950年2月16日之間，中華民國情報單位偵破中共台灣省工委組織，逮捕主要領導幹部蔡孝乾、陳澤民、洪幼樵、許敏蘭等人。1950年5月，陳福星重建工委組織，到了年底已頗具規模，領導層進入苗栗山區，並著重在南北山地農村，依賴貧窮的佃農建立共產革命基地。不過，由1951年4月至1952年4月，重建的組織又悉數遭到破獲，主要幹部被逮捕，中共在台發展組織的計劃從此畫上句點。

1949年，中華民國政府遷至台北之時，儘管中共已經在北京建立新政權，更改國號，內戰烽火仍未曾片刻稍歇，國府努力整合留下大陸的剩餘武裝力量。同時，中共則準備渡海攻台，並加強在島內發展組織工作，以配合解放軍的軍事行動。1949年至1952年的三年間，雙方進行了極為激烈的鬥爭，大抵上都在本身領地上清除了對方勢力，形成了隔海而治的分裂局面。

1945年8月抗戰剛勝利時，中共即派遣台灣籍幹部蔡孝乾為台灣省工作委員會書記，蔡孝乾由延安出發，12月抵江蘇淮安，向中共華東局書記張鼎丞、組織部長曾山，洽調來台幹部。1946年2月，首批中共幹部由張志忠率領從上海搭船潛入基隆、台北開始活動，蔡孝乾則到了7月間才潛入台灣領導組織，並正式成立台灣省工作委員會，由蔡本人擔任書記，直接領導「台灣學生工委會」、「基隆市工委會」、「台灣省山地工委會」、「台灣郵電職工工委會」、「蘭陽地區工委會」、「台北市工委會」等機構工作。先後並以陳澤民任副書記兼組織部長，領導台南、高雄、屏東等地工作，洪幼樵任委員兼宣傳部長，領導台中、南投等地工作，張志忠任委員兼武工部長，領導海山、桃園、新竹等地工作。

三年之間，中共台省工委成功地透過國民黨高級幹部李友邦的周邊人員蒐集情報，先後開設「大安印刷所」、「三榮行」、「華盛行」等商號從事開闢財源以及掩護工作，加上中共在大陸的戰場上日占上風，國民政府在台灣的施政不得人心，中共地下黨的發展相當迅速。「二二八事件」時，台省工委僅有黨員七十餘人，不過大多為日本時代即積極投身抗日活動、富於政治組織和鬥爭經驗者。台中的謝雪紅和嘉義的張志忠分別領導武裝鬥爭。事件後，共產黨員迅速擴增，1948年達到四百餘人，1950年時已增加到九百餘人，隨著中共在中國大陸的全面勝利，台灣局勢風雨飄搖，省工委的任務轉為積極配合中共軍事攻台的準備。儘管情勢對其有利，不過省工委亦存在著組織上的弱點，主要是各級組織基礎與忠貞程度不夠堅強，軍事幹部缺乏，部隊未經政治教育，工農群眾毫無鬥爭經驗，抗壓性不足。

1949年，國民政府情報組織首先由偵破的「基隆市工委會支部」及「光明報」案內獲得線索深入調查，10月31日在高雄逮捕了省工委會副書記陳澤民，並迅速佈線滲透查出蔡孝乾的地址。1950年1月29日，在台北市泉州街將蔡孝乾捕獲。身為中共在台組織最高負責人的蔡孝乾被捕後不久，立刻全面輸誠，將組織悉數暴露，因此洪幼樵、張志忠等十三名領導幹部隨後陸續被捕，中共台灣省工委全線潰散，核心幹部與外圍分子約二千人遭到逮捕偵辦，損失慘重。由於此時中共已經在北京宣布成立中華人民共和國，解放軍兵強馬壯，已經在福建沿海集中二野和三野各一部計五十萬兵員，準備對台灣展開最後一擊。同時，為了鞏固新政權，中共對國民黨在大陸留下的基層組織人員快速展開了血腥的肅清行動，處決了約50萬人，並揚言進入台灣後將採取同樣的肅清政策。面對此生死存亡的關鍵時刻，國府也採取同樣的嚴厲政策，將逮捕的中共地下黨大批處決，並監禁左傾分子，嚴格控制言論，以避免大陸時期遭到中共嚴重滲透的歷史重演，不僅喪失台灣最後生存之地，連自己也淪為中共槍決和囚禁的對象。實際上這是血腥內戰你死我活的最後一刻。

由於海峽的隔離以及省工委遭到全盤的破壞，鬥爭形勢極為不利，由大逮捕中逃脫的中共地下黨員基於社會基礎薄弱、生存不易，因此採各自獨立作戰的方式，互相聯絡，利用地方勢力深入隱蔽，積極向鄉村地區發展，伺機而動。1950年5月，以陳福星「老洪」為中心的地下黨組織與中共華東局重新取得聯繫，並接獲指示，召集全省高級幹部討論建立臨時領導機構，重整組織。1950年底，重建的二代省工委已再具規模，但其間主要幹部周慎源與陳福星發生歧見，不服陳的領導。陳福星於是在黨內進行整風，並發表「向偏向鬥爭」一文，作為整風之中心材料，以加強思想與組織力量。

相較起蔡孝乾領導的省工委，陳福星重新調整了工作策略，組織發展由城市轉往鄉村，由學校轉往工廠，選派幹員滲透政府機關作長期潛伏。在鬥爭方式上，陳福星的重點轉到利用合法的民意機關、基層組織、地方派系等鼓動反政府的情緒，運用勞動方式建立基地，在勞動中求生存、求安全，在勞動中團結群眾；加強思想教育，訓練必死決心。反對太平觀念，時時提高警覺，要住山寮、住山洞、住溪邊、住荒地等等。

陳福星鑑於蔡孝乾等延安派遣幹部離開台灣太久，發展組織時脫離了台灣社會的實情，陳福星奉命啟用了大量的本地幹部，運用他們長期的社會關係鞏固發展。雖然中共地下黨再度獲得重整的機會，不過，此時韓戰已經爆發，美軍開始協防台灣，國民政府在台灣逐漸站穩了腳步，並得以投入全部的力量整頓內部安全。

1951 年 4 月，內政部調查局在竹東逮捕台共竹北區委赤柯山、工人支部書記林扔階及黨員鄭材雄等人，根據其供詞，又進一步查獲新竹地委所屬三個支部，起出地下黨內部文件和教育書刊。調查局立刻將全案函請台灣省情報委員會統籌指揮，最後決定由台灣省情報委員會、台灣省保安司令部、台灣省調查處三個單位組成「特種聯合小組」，派精幹人員集中辦公，以求擴大偵辦，全面對付重建的地下黨組織。「特種聯合小組」在偵辦中掌握了幾項重要的原則，包括（一）從破案中建立特情。（二）保留線索、深入滲透。（三）預佈監獄，派員臥底。（四）著重說服工作，並運用自首自新人員集體說服。（五）耐心佈置、摧毀組織。

經過一年的佈建，聯合小組成功地在中共地下黨組織內向上發展，向側擴張，並不斷建立內線，利用內線控制下層組織。到了 1952 年初，陳福星實際上已處於被包圍當中，終於在 4 月間遭到逮捕。與蔡孝乾不同的是，陳福星所領導的二代省工委組織是遭國民政府由下而上，抽絲剝繭，逐次瓦解的。在這個過程中。由於聯合指揮小組採取心理說服和攏絡的方式，取代了上次嚴懲的手段，地下黨員投誠者頗多，組織逐次瓦解幾乎是全面的。主要領導幹部陳福星、曾永賢、劉興炎、林希鵬、黎明華、蕭道應等人均以自新結束了省工委的革命鬥爭。經此一役，地下黨領導菁英盡失，無力再建。

值得一提的是，陳福星所領導的二代省工委主力在桃園、新竹等地活動，後來轉移至苗栗地區。此區有複雜的山脈、溪流，為客家人聚居的山川地帶，居民以務農為主。陳福星計劃在此偏僻的農村發展農運，發展群眾關係，建立農村武裝基地，重演中共在大陸發展革命的模式。不過 1950 年開始，國民政府記取大陸失敗的教訓，在台灣推動一系列的土地改革措施，以補償方式強行分配地主的土地予貧窮的佃農，提升農民生活，這使得中共地下黨生存發展所依賴的社會基礎大幅縮小，這也是地下黨失敗後無力再建的重要因素。不過由於這段時期，地下黨主要幹部來自苗栗，在此區農村有深厚的社會關係，因此左翼社會主義的思想在此區頗具歷史根源。

此後，在冷戰時代，由於國府實行保密防諜的教育，不斷提醒人民對於中共地下黨的警覺性，因此，有關中共地下黨的事情在社會中屬於高度敏感的話題。1980 年代末期，著名導演侯孝賢在《悲情城市》一片中首度以隱晦的方式，在銀幕上呈現一些台籍菁英在「二二八事件」後加入中共組織的情形。到了 1990 年代，有關台灣在日據時代台共以及光復後中共地下黨的學術研究作品始陸續出現，對這一段的國共鬥爭的延續有了比較詳細的學術研究。

總之，隨著陳福星被捕，由中共中央直接指揮的在台灣的中共地下組織走進了歷史。未暴露身分的黨員此後亦處於失聯狀態，不再活動。後來情報單位所偵破的左翼組織多是分散的、自發的政治活動，未能證實與中共的直接關係。中共無法在台灣製造「島內革命」，便只有轉為純武力、政治等方面的外在施壓，但始終無法成功。國民政府則藉此穩定內部，進行思想與社會上的改造，強烈灌輸反共思想，形成了日後台灣社會的特色之一。

宜蘭三星人吳克泰：中共台灣省台北市工委及學委書記、台北帝大醫學部學生

吳克泰本名詹世平，1925年生於宜蘭三星農村，幼年時家境貧困，因目睹日本殖民當局欺壓台灣人民，激發了強烈的民族意識。他說：「中學時，有一次被日本老師打了一記耳光，罵我『清國奴』，我一個人跑到山上大哭，大聲喊『祖國啊，你在哪裡？』」。

後來，詹世平憑著優越的學業成績進入台北高校，後又上了台北帝大醫學部。不過此時已是二戰末期，詹世平被徵調到中國大陸戰場擔任日軍翻譯，目睹了日軍對中國人民的殘暴虐待，他趁機尋求加入抗日組織。抗戰勝利後，吳克泰在旅滬台灣同鄉會工作，這是一個台籍共產黨員的聯絡處，詹世平便在這段時間加入了中國共產黨，投身共產主義革命運動。

1946年3月，詹世平返台進行活動，發展地下黨組織。一開始，他重回台大校園，繼續醫學系學業，同時在《民報》和《人民導報》工作。根據他的回憶錄指出，他受中共台灣省工作委員會蔡孝乾、張志忠的直接領導，全心投入地下工作，第一個發展的黨員是基隆中學校長、作家鍾理和的弟弟鍾浩東。此外，詹世平還開設了北京語補習班，碰到了日據台北高等學校時期即已認識的台大農經系學生李登輝，李對馬克思的《資本論》十分著迷。在詹世平與張志忠商量之後，李登輝成了他發展的第二個黨員，這是1946年9月的事。此時，詹世平擔任中共台灣省台北市工委和學委書記。

至於另一位重要的相關同志陳炳基，台北萬華人，生性剛強，台北二中時代即參加反抗日本殖民當局的活動，曾遭日本憲警逮捕，施以酷刑。台灣光復後，陳炳基進入台大法學院，積極投身於左翼運動。1946年12月，北京發生沈崇事件，中國大陸各大城市爆發反美示威，中共華東局指示在台地下黨進行相應的活動。1947年1月7日，詹世平、郭琇琮、陳炳基發動了台北學生反美大遊行，近萬名學生浩浩蕩蕩地走上街頭。在這場示威中，李登輝積極參與，並高舉標語走在遊行隊伍的前方。儘管反美大遊行展現了地下黨的動員力量，不過在一個多月後爆發的「二二八」全島民變中，黨組織卻未能預見情勢的發展及時反應，台北的武裝鬥爭行動因協調不周迅速流產，不過組織部長兼武工部長張志忠仍在嘉義地進行了「二二八」當中最激烈的戰鬥。這期間，詹世平逃往上海，陳炳基在李登輝家中躲了一陣子亦轉往上海，上海的台灣同鄉會實質上成了中共組織。到了這年秋天，吳、陳等人又分別搭船返台，陳返台後立刻入黨。不過這個時候，李登輝卻提出要退黨，詹世平很快到曾文惠家找到李登輝，勸他留下，不過李登輝堅持要退，他說黨內不純，有些人有野心，他要求黨為他保密，他也保證為黨保密。詹世平把這個情況向蔡孝乾匯報，批准了李登輝退黨，從此斷絕了雙方的組織關係。

有關李登輝入黨的經過，陳炳基還有另一種證詞。他表示，上海回來以後，他和李熏山、李蒼降、林如堉、李登輝等五人組織了「新民主同志會」，為省工委直屬機構。陳炳基說：「大約在 1947 年 10 月或 11 月初的一次會議上，李熏山突然表明他是黨員並說『大家都入黨吧！』林如堉、李蒼降、李登輝三人都表示願意入黨。由於這種作法並不符合個別吸收黨員的規定，我趕緊向廖瑞發匯報（時任台北市工委書記），廖說：『這三個進步青年，我們都了解，你和李熏山兩人當入黨介紹人就是了。』三人的入黨申請自傳都是由李熏山轉給廖瑞發的。李登輝當時是台大農學院學生，入黨後依照規定把李的組織關係移交給省學工委系統。從此李就沒有參加『新民主同志會』的工作。據說李登輝於 1948 年春退黨，這是當時領導省工委會『新民主同志會』徐懋德告訴我們的。」換言之，從時間順序來看，李登輝透過詹世平於 1946 年 9 月入黨。1947 年 8 月間又透過詹退黨。同年 10 月至 11 月間，李登輝又透過陳炳基、李熏山等人再度入黨，並於 1948 年春再度退黨，這是李登輝兩次出入中共說法的由來。

1948 年以後，詹世平返回家鄉羅東發展組織，由於他已經受到當局監視，羅東熟人過多只好又回到台北，隨後又轉往南部山區，試圖開闢游擊區，後又接受黨幹部的建議，確認「台灣地方，交通發達，迴旋餘地不大，不適合開展游擊戰。地下黨員要儘量職業化、社會化，做好迎接解放軍的準備」。詹回到北部後，一天去基隆看朋友，結識了友人的侄女高蓮子，兩人陷入戀情，並於 1949 年 1 月辦了簡單的婚禮。這年 3 月，詹世平夫婦奉上級指示前往上海。此時，解放軍已經占領東北和華北，正準備揮軍全國。5 月，詹世平進了北平，並接受組織命令，考慮到以後還可能回去台灣做地下工作，必須改名，詹世平便改為吳克泰。

至於陳炳基，1948 年 10 月，新民主同志會遭到破壞。李熏山、林如堉遭到逮捕，陳炳基逃到花蓮，1949 年 3 月又回到台北。4 月，台北又發生學運，軍警包圍台大，法院同時貼出林如堉、李熏山等人的判決書。黨組織命令陳炳基儘速撤離台灣。10 日，陳搭船駛向上海，並立刻加入了中共浦東遊擊隊。直到中共部隊進入上海以後，陳始返回上海。

1949 年後，留在大陸的吳克泰、陳炳基加入台灣民主自治同盟，隨著時代的進展，與其他台籍幹部經歷了一場又一場的政治運動。吳克泰曾任職北京中國國際廣播電台 30 年，負責對日本的日語廣播。夫婦育有子女四人，均回復詹姓，分別是大女兒詹志方、二女兒詹志虹、三女兒詹志英、小兒子詹志遠。由於兩岸隔絕，台籍黨員與台灣家屬以及仍然存活的老同志之間毫無通訊，彼此對對方的情況一無所悉，直到 1990 年兩岸恢復大量的往來以後，一場場摻雜著歷史、政治、人倫等複雜糾葛的悲喜劇才又搬上人生的舞台。

1994 年，陳炳基首次返台探親。1996 年，第二次返台時，陳終於與高居總統之位的李登輝見了面，這件事後來曝光，造成軒然大波，不過因李登輝與陳炳基當時均未公開正式說明，因此真實情況始終不明。後來，陳炳基才在接受訪談時始透露一二，他說：「我第二次回台探親、訪友、觀光、李登輝知道後派人約我相見，我欣然前往。我們是老朋友、老戰友，也是『二二八』時期的患難之交。1947 年底分別後幾十多年未能相見了，相念舊而已，邊用餐、邊聊天、海闊天空、敘舊、談友情，沒什麼大驚小怪的，見面的地點並非在總統府。」提得一提的是，這次會面在李登輝就任中華民國第一任直選之前，隨後，陳炳基還應邀出席的李登輝總統就職典禮。

至於吳克泰，曾經第四次返台探親，第一次是 1997 年 1 月，由當年的老同志李登輝親自批准，同時由李的國策顧問、也是前中共地下黨幹部曾永賢居間奔走，始順利辦成返台手續。不過，基於客觀環境因素，他一直不便與李登輝會面，直到 2002 年初返鄉，兩人才首次碰頭。此時，李登輝已卸下總統職務。

受日本教育的宜蘭人中共高幹吳克泰全家福

1970 年代，早年受日本教育投身中共革命，並參加中共第一屆全國政協會議的宜蘭三星人吳克泰，在北京拍攝的全家福合影。妻子高蓮子是基隆人，兩人結婚以後一起從事革命活動，同時奉上級命令前往北京。1949 年之後就定居在北京，吳克泰在北京長年從事對日廣播的工作。儘管他們是台灣人，他們的下一代由於生長在北京，無論語言和生活習慣都已經北京化了。不過，1980 年代以後，吳克泰的兒女分別前往美國和日本留學定居。2002 年，筆者曾經在東京採訪了吳克泰的兒子詹志遠，對吳克泰一家的故事做了完整的補充。

四位參加二二八的台灣人中共黨員北京合影

1950 年代，四位參加二二八的台灣人中國共產黨員北京合影。右至左：吳克泰、陳炳基、葉紀東、周青。

吳克泰：

本名詹世平，出身於宜蘭三星貧窮農村，上台北高校、台北帝大醫學部，被派往中國擔任日軍翻譯，並伺機參加抗日組織。抗戰勝利後，吳克泰在上海參加中國共產黨，返台後，隨著中共台灣省工委領導蔡孝乾、張志忠發展組織，並策動沈崇事件台北學生反美示威遊行。228 事件爆發後，吳克泰積極推動群眾抗爭活動。

陳炳基：

出生於台北艋舺，日本時代就讀台北二中，因從事抗日活動遭日警逮捕痛毆，日警罵他是「流氓學生」。

台灣光復後，陳炳基夥同一些抗日的學生，一起去對監獄裡日本看守以及欺負台灣學生的日本老師施行報復。他說，有位叫高松的日本地教員說：「你們台灣人不要太高興，台灣地位未定，可能今天踢到中國，以後被踢到哪邊不知道？」陳炳基說：「我認為這是很嚴重的一件事情，我就召集了同學，叫他面對中華民國國旗下跪，另外還要向日本方面跪下。我說，你是要把日本人民重新帶回戰爭的災難嗎？所以你要向中華民國國旗下跪，也要向日本人民道歉。日本教員不敢反抗，所以你說他是什麼武士道精神？我們叫他跪，就真的跪著跟你道歉。過去很多日本流氓學生在學校圍打我，這種事情太多，光復後我們打回去，他們也都不敢還手。」

後來，陳炳基參加了「三民主義青年團」，在台北分團任事。不久，陳炳基上台灣大學法商學院，開始接觸中共地下黨組織。民國 36 年 1 月間，大陸各地爆發群眾抗議美軍士兵強暴北大女學生沈崇事件，中共在台地下組織亦發起示威活動以示呼應，張志忠、吳克泰、陳炳基皆為此次示威遊行的主要組織者。值得一提的是，當時就讀台大農經學系的李登輝亦投入左翼學生運動，成為陳炳基的戰友。

二二八爆發時，陳炳基曾擬組織武裝抗爭，但因無法獲得武器而作罷。國軍登陸後，陳炳基即展開流亡生涯，一開始曾接受李登輝的保護，躲在李登輝的三芝老家，後又轉往上海。民國36年中，陳炳基再度返台後隨即加入中國共產黨，並與李登輝、林如堉、李蒼降、李熏山等五人組織中共的外圍組織「新民主同志會」，不過兩年後，這個組織被破壞，陳炳基遭到通緝。4月間，陳炳基在地下黨組織的安排下，搭船前往上海，離開台灣故里。

葉紀東：
出生於高雄市苓雅寮，就讀於苓洲國小，高雄中學、因學業成績優秀越級考台北高校，卻因在口試時批評日本殖民政府的皇民化政策而遭到除名。後來，他考上台南師範學校，又因拒絕日本殖民政府徵學生兵而逃跑。台灣光復後，葉紀東進入了新成立的延平學院，結識了中共地下黨員、並且加入了中共組織。二二八事件時，延平學院學生發起抗爭活動，葉紀東就是主要的組織者，後來該校遭到當局指控學生私藏武器，而被下令關閉。此後，葉紀東四處躲藏，民國38年，他由組織安排到中國大陸學習，後來就一直留在大陸，曾經在中央人民廣播電台工作、台盟中央宣傳部部長等。

周青：
出生於台北，日本時代就讀於成淵學校，光復後曾經擔任《人民導報》、《大明報》、《民報》記者，二二八事件時大量報導反政府抗爭活動，事件後逃到上海，台灣旅滬同鄉會幹事，加入中國共產黨，擔任中共華東局台灣工作委員會幹部、中共華東局統戰部幹部、中國社科院台灣研究所研究員、台盟中央評議委員會秘書長。

此照片中的吳克泰、陳炳基、葉紀東、周青等四人，在台灣時即為革命戰友，尤其二二八事件前後密切串聯，彼此配合鬥爭策略，相互支援，包括躲藏在李登輝同志的家中。如今，四人又在北京繼續二二八後的台灣人政治組織「台灣民主自治同盟」，並在中國共產黨內擔任各項要職。

台南人郭平坦：中華人民共和國駐日本大阪領事，全國台灣同胞聯誼會副會長　（239 頁左）

郭平坦，出生於日本時代的台南市，家裡開布店。1941 年，太平洋戰爭爆發前夕，父親舉家遷居日本，開了一家紡織廠，從此郭平坦就在日本成長和受教育，並且度過盟軍猛烈轟炸，以及日本投降後社會混亂貧困時期。

後來，郭平坦上了早稻田大學，此時正是戰後社會主義革命思潮澎湃的時代，郭平坦在台灣的家族也有成員走上社會主義革命的道路。台南延續日據時代的農民組合等農工運動，由於貧窮佃農占主要人口，左翼的政治土壤豐厚。

郭平坦的姐夫鄭海樹任職台南工業職業學校教師，二二八後加入中國共產黨，曾任中共台灣省台南市工委書記。1949 年後，組織配合解放軍登陸台灣的接管工作。由於省工委書記蔡孝乾投降，出賣同志而被逮捕，隨後遭到處決，鄭海樹成為中華人民共和國建國烈士。這件事更決定了郭平坦家庭的政治立場。1953 年，早稻田大學就讀期間，郭平坦擔任留日中國同學會會長，積極組織對中共對日外交工作負責人廖承志來訪的歡迎活動。1956 年，周恩來號召海外中國人回國參加建設，於是郭平坦當年即回到中國大陸，並且短暫地擔任中共首長的日文翻譯，隨後進入中共外交系統，擔任對日外交工作。1980 年代，郭平坦擔任中國駐大阪領事館僑務領事。

郭平坦說：「我們在（中華人民共和國）大使館舉辦國慶日慶祝會，日本首相、官員、國會議員們都來參加。他們非常恭敬有禮，我想到我小時候看日本人都是高高在上，現在連日本人的首長和官員，都恭敬地對我鞠躬微笑，心裡感到很滿足。我在日本的台灣親友也感到非常光榮。」這是擔任外交官的郭平坦特別的經驗，他無可避免地憶起日本殖民台灣時代的童年，那個覺得日本人高不可攀的年代。

日中關係正常化後，日本政府為了拉攏中共對抗蘇聯，對中共政府擺盡了各種禮數。日本人又特別講禮貌。中華人民共和國國慶慶祝會，雙方碰面時，日本官員不停鞠躬，腰彎得很低，不難想像。

郭平坦從外交工作退下來後，擔第一屆中華全國台灣同胞聯誼會副會長，專門接待來自台灣的客人，也因此認識了不少來訪的民進黨人士。由於他在外事系統工作過，態度謙和友善，很會交朋友，被他接待過的民進黨友人都很喜歡他。1993 年和 1994 年，郭平坦兩次率團來台訪問，順便完成了探親之旅。

蘆屋高校時期的郭平坦　（239 頁右）

二戰期間，神戶台灣人家庭出生的郭平坦，就讀蘆屋高校時的學生照。郭平坦出生於神戶富裕的台僑家庭，父親開設紡織廠。郭平坦學生時期就十分活躍，戰後隨著時代的潮流，信仰社會主義，並對中國共產黨建立的社會主義中國十分景仰。

台北人陳炳基：二二八事件李登輝革命戰友陳炳基生前訪談完整版（極珍貴歷史文獻）

1959 年，中華人民共和國建國十周年紀念大會前夕，陳炳基先生於北京天安門前留影。前總統李登輝生前接受國史館的口述歷史訪談中，承認二二八後他曾經由密友陳炳基加入「祕密組織」。他也不否認 1996 年陳炳基返台期間，兩人曾經會晤。

2002 年，我在北京對陳炳基先生做了四次的訪談。陳炳基先生詳述了他個人在日本時代的成長和求學經歷，光復後加入中國共產黨，在沈崇事件策動台北學生反美示威，以及後來在二二八事件中積極投入反抗活動。尤其是關於二二八事件前後的人事物，中國共產黨組織的具體政治作為，他和李登輝以及其他台灣人中共黨員之間的祕密活動與個人情誼等等，做了十分詳細的描述。此外，陳炳基對於 1996 年返台與李登輝見面了前後過程，也做了完整生動的說明。

的結論。儘管如此，陳炳基畢竟是投入台灣重大歷史事件的當事人，尤其當年的參與者如今均已作古，已經不可能再做類似的訪談，陳炳基的第一手證詞具有無可替代的文獻價值。他所形容台灣光復前後不少知識分子和境遇，其生動程度彷彿令人重回當年紛亂的狀況。

毫無疑問，陳炳基訪談的記錄具有極高的歷史文獻價值。甚至在感性層面上，亦可讓今天的台灣人更清楚體會到，那一段時期台灣社會人心的真實狀況。以下訪談全文內容經過陳炳基先生本人確認無誤。

問：日據時代，你的家庭情況如何？

答：我小時候住在萬華，上的是老松公學校。當時我住在萬華媽祖宮後面小街（現西園路小街）附近，經常去媽祖廟聽講古，講「三國演義」、「包公案」、「七俠五義」、「西遊記」等很多中國古代的故事。還有那一帶比較窮，使我對比較窮的人產生同情，所以小時候一方面接受了漢文化的思想，也就是自己的祖先從中國來的，另一方面就是同情窮人的思想。大約小學五年級的時候，我家又搬到了大稻埕，1940 年進入台北二中，考進去以後才真正形成民族意識，原因很簡單，就是日本人對台灣人的嚴重歧視和壓迫。台灣人在社會上沒有地位，學校裡的日本學生趾高氣揚，當時台北二中以台灣學生為主，不過也有三分之一是日本學生，這些學生都是台北一中考不上而硬插進來的，特別是太平洋戰爭末期，這些學生素質很差，有相當多可說是流氓學生，經常欺負我們台灣學生，所以最初我是從打架開始、抱不平，日本人一欺負我們台灣同學，我就開打。二戰以後，我對日本的民族壓迫、民族歧視有強烈的感受。後來，我又覺得光打架不是辦法，於是跟幾個反日意識較強的同學在一起，考慮要怎麼辦，台灣人才能出頭天，我們認為光靠自己的力量打倒日本是不可能的，後來有一個學長唐志堂告訴我們「開羅宣言」的消息，他說如果日本法西斯垮台，台灣就會歸還祖國，我們聽了欣喜若狂。

問：戰爭時期，日本殖民政府對抗日人士十分注意，日本警察有沒有找上你？

答：我們還沒有到社會上去鬥爭，日本警察還不至於知道，不過學校本身就控制很嚴，把我當思想有問題的學生。我們附近有一個稻江洋服研究培訓學校，老闆是替日本軍隊做衣服的，那裡有很多女工，好多日本軍官禮拜六、禮拜天會去那裡洽商為名去喝酒尋歡作樂。後來，聽說老闆強迫女工讓日本軍官姦污，那時我是台北二中三年級，我弟弟是一年級，他氣得跑到洋服店丟石頭，丟完以後就被抓到那時台北橋的派出所罰站。我回家以後聽到此事，就到派出所去鬧，要他趕緊放，後來派出所真的放人。沒想到第二天一到學校，我們那個日本體育教員，柔道五段，把我叫去，說我是流氓學生，命令我罰站認錯，我不認錯，他開始用手打，後來再用給籃球灌氣的鐵筒打我。我忍著痛，始終不認錯，結果從上午一直罰站到下午。他一走我就稍息，他一來我又立正，他氣得說要開除我。我說是嗎，好，再見，就真走了。當時我對日本法西斯教育恨透頂了，我想不學就不學了。結果過了一個星期，校長還是找人叫我來上學，從這件事可以看出警察和學校有密切的連繫。

問：不過後來你還是被日本憲兵抓去。

答：是這樣的，我的同學劉英昌和唐志堂兩人快要到被日本徵兵的年齡，於是我們接受謝娥（留日外科女醫生）的意見商定，他們去大陸參加抗日，我們暫時留在學校裡。後來日本憲兵隊知道，先抓了劉英昌、唐志堂和謝娥，再抓了郭宗清、黃雨生和我。那是戰爭末期，日本節節敗退，草木皆兵，到處抓人。憲兵隊到學校裡把我們秘密拘捕，其他學生都不知道。他們先帶我們回家去搜，然後再押到憲兵隊總部，關進臨時用木頭搭的監牢，人滿為患。很小一個地方，嚴刑拷打，我和黃雨生連續被拷打了兩個禮拜，晚上不讓你睡覺，吊起來打，灌水，我們學生還算好的，那些社會人士是灌汽油的，後來死了很多人。我們進了監獄就更加認識日本帝國主義的殘暴，對它就更加仇恨。講一個故事，雷燦南就是在監獄裡被活活打死的，他的知識比我們高，對日本憲法和監獄的規定都很清楚，所以他就用法令和日本人鬥爭，結果還是被活活地打死。還有謝娥也受了很大的折磨，作為一個年輕女性被凌虐，實在不敢想像，可以說日本監獄增加了我們的民族意識。

問：那時你幾歲？

答：17 歲，憲兵隊把我脫光吊起來，椅子擺在腳尖剛好能站住的位置，然後用日本竹刀打，很用力地打，有一次打得我鼻子不停流血，即使到了今天我身上還留下當時的傷痕。

問：你被關到台灣光復嗎？

答：謝娥、劉英昌、唐志堂他們一直被關到台灣光復，我們幾個比較年輕的先被放出來，因為我們學生只是思想上反日，還沒有實際的組織行動，所以要我們繼續上學。1945 年 3 月，我們快要畢業了，情勢變得更緊張，台北二中被編成一個中隊的學生兵，一個叫佐佐木的日本教員跟其他教員吃肉喝酒。有一次他們在教室裡吃喝，外面一片黑暗，這個佐佐木就說，如果美軍上來，就先把陳炳基和黃雨生殺掉，所以情況是很危險的。幸好不久台灣光復了，劉英昌、唐志堂也被放出來，我就和劉英昌去打那監獄裡很壞的看守。學校那頭也是，我帶了幾個台灣學生去打那些法西斯教員，包括上面講的佐佐木。另外一個叫高松的教員，這個人平常表現還可以，但他說了一句污辱台灣人的話，他說，你們台灣人不要太高興，台灣地位未定，可能今天踢到中國，以後被踢到那邊，不知道！他說了這個話，是嚴重的問題，我就召集同學們到台北二中大門口，叫他跪著，一面向中華民國國旗跪，另一面向日本跪，為什麼？因為我說你是要把日本人民重新趕入戰爭的災難，所以你要向中華民國的國旗道歉，也要向日本人民道歉。

問：被報復的日本人有沒有抗拒的情形？

答：不敢了啦！所以你說他是什麼武士道精神！我們叫他跪就跪，就真的跪在那裡道歉。過去很多日本流氓學生在學校裡幾次圍打我，這種事情太多，光

復後我打回去，他們也都不敢反抗。

問：日本人回去以後，你如何加入左翼學生運動的？
答：抗戰勝利，台灣光復後，我就想從政，「政治興國」，謝娥、劉英昌、唐志堂、李蒼降出來以後，就參加了三青團，並在台北分團部擔任工作。我當時 18 歲，中學剛畢業沒事，就經常去找他們。光復當初開始學一些國語，也學三民主義，拼命地學。可以說當社會上開始對國民黨很不滿的時候，起初我們還是辯護，認為是祖國軍隊和政府嘛，後來越看越不行。

問：後來你決定回學校唸書嗎？
答：我對國民黨政權很失望以後，才感到必須另找台灣人民出頭天的出路。因此找了一些日文版的馬列主義書籍閱讀。當時結識參加三青團台北分團的幾位反日人士，也引起我研究馬列主義的興趣，想進大學進一步探討而先自己看書，後來才考的。我讀了河上肇的貧乏物語，覺得很有道理，像辯證法、歷史唯物主義、勞動價值分析等等。我小時住的環境比較窮，看過很窮的人，所以看了社會階級分析覺得很有道理。不久，我考上台大法商學院社會行政專修班，一是希望將來有工作，二是想繼續研究馬列主義。所以我進學校幾乎沒有上課，主要是自己看一些社會學的書，尤其是河上肇的書反覆地看。另外社會上，省議會開會可以旁聽我就進去，林日高、王添燈質問貪官污吏，我聽了很高興，真是痛快人心。

問：當時馬列主義是怎麼引起台灣學生的興趣的？
答：主要還是「二二八」事件，「二二八」是一個分水嶺。

問：當時你見過中共在台地下黨組織的最高負責人蔡孝乾嗎？
答：見過，但沒有說過話，而且他被捕以後我才知道他的身份。

問：1947 年 1 月間，台大的左派學生組織了一個沈崇事件的反美示威，你是主要的領導人，這件事的過程如何？
答：應該說這個之前還有一個澀谷事件，那是台灣光復以後第一件大事。日本黑道欺壓台灣籍的中國人，駐日美軍卻站在日本這一邊，計劃把他們驅逐出境。當時，我剛進台大，馬上組織各班代表，發表抗議信，還拿去《新生報》刊登。後來我請三青團的劉英昌幫忙，利用三青團的名義到處動員，到學校裡演講、組織，就這樣搞起來的。當時我和一些朋友像廖瑞發、黃石岩、吳克泰等人實際上都是中共黨員，可是當時我並不知道。因此，我就自行發動這次學運。現在講沈崇事件，這個事件原來我想發動，但不行，我進學校沒多久，搞了這個運動，那個運動。再來，法商學院正要編入法學院，大家腦子在想編入法學院要幹嘛，所以沒去發動。後來有人通知我，說台大要抗議沈崇事件，之前去杭州上學的李蒼降，給我寄來許多北京等各地掀起反美軍暴行學運的新聞報導。我很著急，因為我沒辦法發動，所以有人通知我去，我馬上就去參加。我問了吳克泰，才知道是外省同學先發動的，而吳克泰又懂台灣話又懂國語，所以成為本省同學和外省同學的橋樑。而我呢，因為發動了抗議澀谷事件，特別是中學生方面比較有經驗，所以他們就叫我一起幹。我們一起去看台大的準備狀況，記得這個事件以後，本省同學和外省同學就打成一片，因為當時我們本省同學不知道怎麼寫標語和口號，看著外省同學寫標語和口號準備遊行，我就覺得本省人和外省人應該密切配合。台大訓導處幹部張泉和曾想嚇我不要參加，我沒有理他，後來又說當局要鎮壓，風聲很緊，於是我們決定提前發動，1 月 8 日我們臨時在延平學院開了緊急會議。

問：當時你跟李登輝有多熟？
答：我知道他這個人，1 月 8 日晚，我們在延平學院開緊急會議決定第二天就要強行遊行，不然就有被鎮壓搞不成的危險。周志強、李登輝、我和黃雨生等幾個骨幹坐在一起，會上我慷慨激昂地說話，李登輝沒有發言，當時醫學院有兩個代表反對，其中一個陳聖德是當局派來的。他藉口考試，主張延期舉行，不過當時的局勢，如果延期舉行，學運就被壓下去了，所以我的聲音就很大，最後還是決定提前。至於李登輝，這之前我跟他不熟，當時我比較出風頭，他不是，他從日本回來，當時台大法學院，有一部分學生從海外回來的集中在萬華西門町，過去的第三高女的舊校址上課，作為台大法學院的分校。澀谷事件時，我也去那裡動員過，把分校的同學拉到前台。所以，他們肯定知道我，不過當時，我還不太知道李登輝，就在緊急會議時，互相了解他也有馬列思想的志向，因而一見如故成為好朋友。

問：為什麼你們一天之內就可以發動這麼多學生上街遊行？
答：實際上，在緊急會議之前已做了兩天的發動和準備，一個是澀谷事件剛搞過不久，有一個基礎，另一個是對國民黨確實不滿。至於參加遊行的學生，恐怕不像我們對問題認識地那麼清楚，主要還是對國民黨不滿，所以我們一下子就發動五、六千個學生上街，也有人估算有一萬人。這也說明了當時社會上對國民黨的不滿已經像一座要爆炸的火山了。「二二八」事件中，林江邁只是一個導火線，如果沒有她，其他事情也會觸發。

問：反美示威以後一個多月，「二二八」爆發了，當時你在那裡？
答：說起來很湊巧，2 月 27 日我就在天馬茶坊附近，聽到發生事情後我馬上趕去，群眾正圍住警察指責，怒罵聲四起。那些警察見勢不妙，恐慌逃脫，有一個警察躲進十字路口東南角叫「光」的冰淇淋店的辦公屋不出來。我與幾位群眾想把他揪出來問罪未成，他在乘卡車趕來的幾個武裝警察的掩護下，從

後門溜走往北逃跑，我也跟著追了一段。結果，他反過來開槍，我就不再跟下去，而是跟幾個人把停在圓環附近的一輛卡車推翻，放火燒。我預感有一場風暴會發生，第二天，我趕到學校，把這個情況告訴同學們，然後再趕到公賣局台北分局，當時也有一些東西搗毀了，還有一些標語，像懲辦兇手、廢除專賣局等等。後來，有一股群眾說要佔領廣播電台，我就說，走就走啊！不過後來我們並沒有佔領電台，因為台長不在，拿不到鑰匙，於是群眾就擂鼓敲鈸湧向長官公署（現行政院）去請願，但當先頭的群眾走到公署的入口處時，卻遭到三樓屋頂上的機關槍掃射，好幾個群眾被打死、打傷。我在離他們不遠處，我趕緊趴下去。後來我就退到現在監察院一帶，群眾開始亂打外省人，包括挑飯的士兵也打，我說不可以亂打，我們只打貪官污吏，後來群眾覺得有道理便不打了。接著，我又趕回法商學院，馬上召開學生大會，好多進步教員都參加了。我報告了自己看見的情況，說作為「人民公僕」竟然向和平請願的群眾開槍，因此希望大家積極投入鬥爭行列。我一講完，馬上有人找我去開會，會後有一位李中志等我與一位鄭姓師範學院學生，他是中共黨員，不過那時我並不知道。我們商量要搞一個武裝行動，只有這樣才能達成政治改革的目標。我們邊走邊談，從延平學院走到台北橋，達成了協議。他負責供應武器，我們組織學生隊伍。我想我們有了武器，就不管他的政治背景了。當時，我有想到這背後可能是中共組織，但不確定。

問：所以「二二八」事件中，中共有進行武裝鬥爭的具體計劃？
答：是臨時性的，李中志領導的後來叫做台北地區武裝起義指揮部，是臨時應急組織起來的，當時中共的力量很小，聽說全台只有幾十個人，南部是厲害啦！打得厲害，張志忠在嘉義指揮。「二二八」事件打得最厲害的是在嘉義，領導群眾武裝鬥爭就是省工委武裝部長張志忠，3月2日，李中志的聯絡員葉紀東告訴我，廖瑞發、王萬得向我問好。這些人是舊台共，所以我就猜武裝行動可能跟進步力量有關，可能就是中共地下黨，也因為如此，處理委員會的成立我根本沒有參加。我始終沒有去中山堂，他們在那裡天天吵，天天鬧，我說這都是當局的緩兵之計，不可能解決問題，聽說好幾個學生喊陳炳基、陳炳基，他們喊我去，但我始終沒去。當時學生治安隊實際上是軍統特務許德輝控制，本省人，流氓啊，他組織了一個忠義服務隊，接收了學生們冒死從警察那裡搶來的武器，所以我們拿不到武器。我們認為武裝學生隊伍的工作受到很大的干擾，因為處理委員會的喇叭哇啦哇啦，學生搞不清楚，把我們秘密的工作拿去公開說。3月3日下午，李中志在延平學院主持了武裝起義計劃的會議。那計劃是這樣，3月4日零點開始，說烏來的高山族連繫好了，他們12點會下來，武裝起義指揮部設在新店，先佔領新店，再攻打台北。我的工作是組第一大隊，以建國中學為基地，因為校長比較開明，過去默許學生運動，而且經過幾次學運，隊伍比較齊，有幾個骨幹，所以我就把第一大隊設在那裡。不過，那天我在那裡等，卻一直沒有消息，說是3點會發信號彈。我很著急，那天又是滂沱大雨，於是我就暫時交給別人指揮，趕緊騎自行車從建中到台北橋林水旺家去打聽，他也不知道，於是我再趕到師範學院找郭琇琮，問他武裝起義到底幹不幹，他說一定要，有了這話我又回到建中。根據計劃，我們第一大隊負責先圍攻陸軍醫院，說裡面有軍火庫，有內線會幫我們開門，讓我們拿武器，拿了以後再去攻打警察大隊，然後再進攻軍營、憲兵司令部，最後各大隊聯合一起攻打佔領長官公署，成立人民政權。我主張一定要這麼幹，但也有幾個台大學生說不行，我怕是當局派進來搗蛋的，非常生氣，就說一定要幹。結果後來一位建中的體育教員勸我。他說，你想得很對，如果我們不進攻，敵人就會攻打我們的兄弟部隊，他們就遭殃了，不過你反過來想，如果別人沒有行動，光你行動有用嗎？我那時才19歲，心想這話也有道理，我只想如果我沒起義會影響其他的兄弟部隊。他一句話，我腦筋就清楚了，我就說還是不能莽動，實際上當時確實一把槍都沒有。

問：所以這個武裝行動最後流產了？
答：後來，我就帶著王子英（台大學生）到陸軍醫院的後門觀察，沒有任何動靜，再到警察大隊那裡，也沒有任何風吹草動，李中志還說過拂曉從桃園有兩輛卡車要上來支援我們戰鬥。車停在小南門，我也趕去看，結果沒有，看到這裡已經天亮了。我只好回去，取消武裝起義計劃，解散隊伍。後來才聽說，烏來高山族，他們下來是有條件的，要米、鹽、火柴、有肉，實際上就是要有軍需物資，不然沒這些人家怎麼打仗啊！

問：所以3月9日軍隊進入台北之前，你們沒有籌到武器糧餉？
答：沒有。3月4日武裝起義計劃失敗以後，葉紀東跑到我家裡說還是要繼續幹，繼續組織。由於前幾天我幾乎都沒睡，很累，所以我就先回家睡了一覺，然後再繼續幹，重新組織隊伍。3日當晚，我派中學時期一起反日的黃雨生去聯繫新店的指揮部，後來又派了兩、三個建中學生，但都有去無回，沒有任何消息，事後才證實建中被抓走了一批學生。所以，第一次武裝起義計劃失敗，第二次實際上也還沒準備就緒國民黨援軍就到台，因此就完了。聽說李中志和李登輝一樣留日的，也是當過日本軍官，不確定是砲兵還是見習士官，不過沒有實戰經驗。當時還說有很多武器，都是空的，王萬得也說當晚能拿到50支手槍，結果也沒有，我們只有酒瓶、木刀、鐵棍。現在回頭過來看，那位建中的體育教師救了我們的命。當時非常混亂，台北不像台中或別的地方，是黨政軍中心，特別是處理委員會很複雜，消息早就走漏，武裝起義根本不是那麼容易。聽說警察大隊的機關槍早就等著我們，我們拿木棍去，結果不堪設想。軍隊來了以後，我與黃雨生一起到台北二中的反日先輩林水旺家。就在台北橋附近，我家離那裡不遠，想去商量怎麼辦，吳克泰與周青兩人也不約而同地去林家，我們未商議好怎麼辦，軍隊在台北橋附近向行人亂打槍，從林水旺家都看得到，大家就趕緊跑。我先回家取一些衣服後先去找住附近的徐征（北京人，國語老師，日據時期的獄友），叫他趕緊跑。徐認為自己沒有參加任何的活動而不肯跑，然後，我就先到社子的台北二中同學陳廷旭家躲避約一周，最後李蒼降通知我說，李登輝叫我到他家躲。

問：李登輝在「二二八」事件中保護你？
答：是的，那是我躲藏的第三站，我在成子寮躲了一個多星期後，李蒼降來找我，說李登輝說我沒地方躲，他家在三芝鄉，可以躲在那裡。於是，約好以後，李登輝就到淡水的長途汽車站帶我去他家躲。他家是磚瓦蓋的，裡頭有一個木頭做的樓梯，李登輝住在閣樓裡，裡頭是他的書齋，平時他並不住在那裡，而是住在台北。他把我安置在那裡，裡面馬列主義的書很多，我拿了一本日文版「反杜林論」看，實在看不大懂。當時他家裡有他爸爸、嫂子、姪子三個

人住在那裡。平常我不出來，吃飯的時候才叫我。大約過了一個多禮拜，李登輝回來了，我看差不多了，要躲都是一個禮拜，頂多不超過 10 天，不然很快就有人會知道。於是，我離開李家又換了地方躲藏。後來我又到內湖，又到獅頭山等地躲，至 5 月間形勢比較穩以後，我又回到台北，在延平路上遇到郭琇琮。郭問我，你跑到哪裡去？廖瑞發找你，到處找不著。又說，廖瑞發要介紹我到高雄去躲，我以為是革命基地，第二天馬上去高雄，但迎接我的是葉紀東，而基地建設根本還沒有，久留葉家不是辦法。二、三天之後，我看到報上說有輪船到上海，我就回台北託劉英昌買船票，就這樣我就搭船到了上海，先去找暨南大學的公費生，因正在鬧學運不便居留，我就請一位公費生帶我去台灣同鄉會，在那裡就碰到吳克泰和周青。他們是在林水旺那裡碰面後就過來了，我不知道這個情況，我是自己跑。又聽說吳克泰可能來上海，我聽說復旦暨南大學的台灣留學生可以投靠，所以就去上海。

問：你是在上海正式加入中共的？
答：不是。上海正興起反內戰、反饑餓運動，吳克泰臨時在那裡當台灣同鄉會總幹事，加上幾個跑去那裡的台灣人，還有一些在樓下台光教書的進步外省老師，大家一起做飯吃，接著謝雪紅也過來了。大家等著要進入解放區，因為通過國民黨的封鎖線需要靠地下交通，所以必須排隊。後來，謝雪紅、楊克煌他們也沒進去，而是轉回香港成立台灣民主自治同盟，至於我呢，一個會講閩南話的福州人林昆來找吳克泰接頭。大概是 7 月中旬，林昆又來找吳後，吳就對我說，你就不要去解放區了。台灣那邊人少，你還是回台灣工作。當時我已下定決心，必須先建立新中國，才能建立新台灣，所以就欣然接受，放棄去解放區。回去之前，我們還辦了一份進步刊物，我走前已出了三期，我就帶了一堆刊物，還有受蘇新之託，順便帶他的老婆和一歲的女兒回台灣，我在船上抱著蘇慶黎逗她玩，為了幫他們搬行李，我的腰部都扭到了。

問：回台灣以後，你馬上就入黨了？
答：對。吳克泰問我，「二二八」中我主要是跟誰連繫？我說主要是跟李中志、葉紀東。吳說，你就找他們聯繫，於是回台灣以後，我先去找李中志，他人在台北，我說，我要入黨。他說，那你去找葉紀東，當時葉紀東已經回去了高雄，於是隔天早上我就想去高雄找葉紀東。「二二八」以前葉紀東就已經入黨了，是他自己跟我說的。結果我正要去找他的時候，楊廷椅來了，他就是「二二八」期間，我與李中志接頭時時常遇到的人，但我從沒跟他說過話，他說，你跑到哪裡去了？廖瑞發（編按，廖瑞發此時任中共台北市工委書記）到處找我找不到。他說，你現在趕緊寫自傳，辦入黨手續，我說好啊，於是一夜沒睡把自傳寫完，第二天就交給他，很快就批了。到了 1947 年 8 月，我們就先成立台灣省學生工作委員會籌委會，最初有四個，楊廷椅、劉沼光、陳水木和我。陳水木是師範學院、楊廷椅是日本留學回來的、劉沼光是台大醫學院的，後來又加入一個外省同志劉登民，他是台灣電力公司總經理劉晉鈺的兒子，於是 9 月就正式成立省學工委。廖瑞發告訴我，你認識他，因為我們反美遊行時在一起，他叫我去看看他，於是我就去了。他們全家請我吃中飯，我就跟他借了幾本書，一回去馬上向葉瑞發回報。沒多久，劉登民就正式入黨。

問：你實際參與地下黨的操作以後，面臨了什麼樣的局面？
答：「二二八」以後，我是最早入黨的一批。「二二八」期間，一些我領導的數名建國中學學生被抓，他們說帶頭的是陳炳基。另外，我已經被學校開除了，聽說把我列了十大罪狀，所以我的活動還是很受限制，隨時都會抓我，後來我就躲到林水旺繼父楊仁壽擔任院長的樂生療養院。那是一個好地方，警察不太敢進到醫院，當時我負責在台大工學院和法學院成立黨支部，後來成功中學的黨支部也是我發展的。

問：可不可以說，台灣大學是中共學生黨員最活躍的學校？
答：台灣大學當然黨員很多，其他像台南工學院、台中農學院都有相當的發展。這跟人脈也有關係，台北二中出身的參加黨的很多。因為台大工學院、法學院、成功中學是我負責的，所以後來被捕的、被槍斃的好多是我的同學，我們那學級的很多。不過，我待的不算長，因為不久我就又參加新民主同志會的工作，成員包括李蒼降、李薰山、林如堉、李登輝共五人。

問：你在台大發展黨支部以後，你和李登輝接觸的機會是否更多了？
答：上海回來以後，我就常去他的住所「普羅寮」。不久，李蒼降找我，說他們李薰山、林如堉、李登輝幾個人要組織一個進步團體，希望我參加。因為我已入黨了，便趕緊向廖瑞發請示，問這個怎麼辦，要不要參加？他說沒關係，你參加嘛！至於學工委這邊，我先發展了法學院黃雨生、工學院王子英、成功中學黃弘毅入黨，之後他們三人都各自發展了不少同學入黨。後來為了新民主同志會，1947 年底我就離開了學工委，擔任新民主同志會的工作。雖然如此，工學院、法學院和成功中學的黨支部是我打下的基礎。

問：新民主同志會的主要任務是什麼？在你印象中，李登輝的思想狀態如何？
答：我們每一個禮拜都開一次會，我記得李登輝發言不太活躍，不像我哇啦哇啦，好像他有這個習慣，就是歪著腦袋思考問題。我是實踐型的，他比較是學者型的。最初我們討論新組織的名稱，選了好多名字，最後定了新民主同志會，還搞了一個章程。第一件事便是翻譯新民主主義論，是毛主席寫的，因為當時台灣青年好多人中文都看不懂。主要由林如堉翻譯，他到上海學習過，中文日文都非常好，我負責印刷。至於李登輝的思想狀態，由於當時的環境是認為大家的目標是一致的，所以我不會特別去考究他的思想狀態，一碰面就是開會。譬如在這之前，我到他的宿舍，時常有好多人在那裡，包括後來成為法學院黨支部書記的葉城松。葉城松並不是李登輝發展入黨，李發展葉參加的是新民同志會。葉城松是我即將調離省工委時，楊廷椅叫我把葉介紹給他發展入黨的。

問：「二二八事件」當中，中共地下黨武裝行動失敗後，你們幾個人怎樣決定接下來的因應辦法？

答：每一個人泥菩薩過江，自身難保。不過，第一次失敗之後，我們還想幹第二次，又積極組織學生隊伍。國民黨軍隊一來，就不行了。我就跑到林水旺家，我和他家都住台北橋，很近。黃雨生到我家找我一起去的。不期而遇，周青、吳克泰也在那裡。我們光談一些局勢。有一個插曲，一個姓顏的人，後來也跑來林水旺家。1936年，林水旺、李沛霖、楊友川和顏等人台北二中先輩，曾組織驅逐日本為宗旨的"中國急進青年黨"，因為打日本人而暴露被捕。（註：又稱「紅毛巾事件」因每人腰間都掛紅毛巾）。台北二中在校學生有兩個事件，一個是林水旺他們被捕，另一個就是1944年我和黃雨生、郭宗清三人被捕。但是反日的仍然很多。這個顏呢，吳克泰認為他是特務，一聽到顏來林水旺家，他們都躲起來，我和黃雨生沒躲。林水旺的媽媽過去是舊台共的同情者。等到顏走了，我們看見國民黨兵在台北橋頭附近站崗在那兒砰！砰！看到人就射殺。

問：那是10號？

答：應該是9號。不是9號就是10號。8號是登陸。那個時候，我們在林水旺家沒談什麼，就各走各的。我都是自己跑的。回家以後，我馬上就跑了。先跑到社子，很近嘛！在這以前，我通知教國語的外省人徐征，徐也因受台大反日事件的牽連而被捕過。叫他跑，他不跑，他說我又沒做什麼壞事。後來他被抓犧牲了。我先到了社子，然後再到成仔寮我堂叔那兒，駱水源在那裡也有一間別墅。我躲藏第一站是社仔蘇廷旭同學家，第二站是成子寨，接著還在獅子頭山腰、三芝鄉（即李登輝家中）、大龍洞二姐結拜姐妹楊姐的米粉寮，後來又去楊姐內湖的小山地果園，還有基隆東町劉英昌處等，又回台北，在延平路上碰到郭琇琮。他說你跑哪裡去啦？廖瑞發老找你。他又說有一個地方可以躲，但是很艱苦。我以為是什麼礦山之類的基地，那我就要去。一去，到了高雄，葉紀東把我接到他家裡。實際上，他計劃在附近山上租一塊官地，另外找一些青年在山上燒木炭，做掩護，培養青年。呵呵，不過八字都沒一撇，就打消了。因為這件事情需要找一個高雄市議員向政府申請一塊地，根本沒辦法。葉紀東就叫我一起做生意，哈！我想做生意的話，這樣子搞，我不幹。然後他介紹我到九曲堂的小學教書，但是校長不敢收，因為我連台北二中的文憑也沒有，而且校長說當局已派青年軍出身的人進校工作了。葉家裏也不富裕，我待在那裡做食客不行。這種情況下，我一看報紙，有到上海的船，就自己去了。

問：這段逃亡過程大概多長時間？

答：約兩個半月。

問：你怎麼認識李蒼降的？

答：是在日據時期認識的。我們都被捕，我是「謝娥事件」被捕，他是「雷燦南、李蒼降」那個事件，另外還有一個台大「蔡忠恕、郭琇琮台大事件」，三個事件之間沒有組織聯繫。有些學者專家把它們分為兩個事件，不是這樣。

問：為什麼你需要逃跑，而李登輝不需要逃跑？他不是有參加反美的「沈崇事件」遊行嗎？

答：「沈崇事件」之中，李積極參加籌備會議，遊行時他站在台大隊伍前頭扛大旗，但有否被列入黑名單就不得而知了。「二二八事件」之中，我不知道李是否參加了鬥爭的行列？「二二八」失敗之後，從他可以繼續上學來看，他沒有被通緝。

問：你住在李登輝家裡的時候，曾文惠有過來他家嗎？

答：沒有。1996年我見李登輝的時候，他好像搞錯了。見面的時候，曾文惠在場，李登輝跟她說：「妳怎麼不認識他啊！」實際上我沒見過曾文惠，他記錯了。

問：李登輝在活動的時候，沒把曾文惠帶進來？

答：沒有。

問：當時在李登輝家，還有看到誰？

答：李金龍、李登輝的嫂子和李登輝的侄子。當時我住閣樓，那個房子相當大。

問：李登輝把你帶去後，他就走了？

答：他就走了。

問：你被安置的那個閣樓，也就是他的書房？

答：嗯，他的書房也可以住。

問：書房本來是誰住的？

答：就是他。那時他在台北啊，所以沒人住。

問：你在那裡待了多久？

答：起碼一個禮拜。一個禮拜多一、兩天。

問：「二二八」時期中，你躲在他家的時候，都做些什麼？
答：根本不敢出來。到吃飯的時候，他們叫我下去。

問：閣樓下就三個人？
答：三個人。

問：他們現在都過世了？
答：幾個都得了癌症。1996 年我與李登輝會見時，他跟我說：「三人都是得癌症，都死了，我的孩子也癌症，就我一個人沒有。」我 1994 年回去的時候，想要找李金龍，不知道怎麼找，後來就聽說他過世了。李說李金龍對我印象應該很深，因爲我在那裡躲著嘛！那個時候藏著我這種人，是要殺頭的，不然也會被抓去。那時候李登輝主動要我去他那兒躲，而不是我要求。這真不容易！

問：李登輝主動跟李蒼降講說要你去躲嗎？李蒼降曾對你說是李登輝主動的嗎？
答：當然說了！我之前就認識李登輝了。李登輝肯定跟他說可以去住。至於究竟是李登輝主動說的，還是李蒼降跟他提議的，這個不大清楚。不過李蒼降的口氣上是說，李登輝說你可以到他家裡來躲。

問：無論如何，那還是很義氣的、很勇敢的。
答：是啊！那時候他可能沒公開地參加「二二八」的活動，因爲他仍然上學。他帶我去閣樓，就去上學了。

問：你是在什麼考量之下，決定離開他家的？
答：那個時候是這樣的，任何地方，我大概躲一個禮拜、十來天，就不能待啦！那時候連保制度，附近的人馬上會知道我。後來躲在內湖山上的時候，我到那裡根本就不出來。那裡雇一個老頭兒幹活，我名義上就是幫工。老頭也不問我的來歷，一聲不吭。我每天早上起來就割草，哈哈！然後就吃飯、天黑睡覺，早上幹活。大概也待一個禮拜，就走了。聽說我走的第二天，馬上有人去抓老頭，問他有人躲著，跑哪去了。老頭什麼都不知道。

問：你離開李登輝家之前，有沒有特別的交談？
答：沒有。

問：你們談到外面的情勢？
答：記不住了。也許有問。應該外面還是緊。實際上一直緊。直至 5 月上旬我回台北，當時比較鬆了，我才看看市面上怎麼樣，就碰到郭琇琮了。那時候相對鬆了一點。

問：李金龍知道你是什麼原因住他那裡嗎？
答：那肯定是知道啦！當時整個大氣候是恐怖的，抓人嘛！他肯定知道我在「二二八」有參加活動，但是具體的情形，他不知道。

問：1996 你見李登輝的時候，兩人曾談到「二二八」躲在他家的事嗎？
答：有啊！他說那個時候是要殺頭的。我當然感謝他，他也感謝我這麼多年沒有說出他的新民主同志會那段歷史。我當然感謝他當時的照顧，李說，我們真是撿回一條狗命。他說你們幾位朋友真是保護我，沒有說出去。然後，他罵吳克泰和方生，說他們兩個「胡說八道」。李又說：「有人給我吳克泰最近寫的一分材料，此材料替我說好話。」我即乘機說，吳多次申請回台，台灣這邊都不批，應該讓吳克泰回台探親。李說：「不要用吳姓名，用原姓名申請嘛！（編按，吳的本名為詹世平，後因參加革命而改姓名。）」我說：「申請表，現名、原名都得填寫」。李說：「噢，今後申請就可以回來啦！」緊接著我又提到一個意見。我說：「『二二八事件』傷亡已經要賠償了，白色恐怖是否也應該依照「二二八」的規定賠償。」李說：「當前兩岸關係比較緊張，待比較緩和就要研究解決。」果然 1997 年間公布了白色恐怖賠償條例。
剛會面時是李登輝夫婦與我三人一起在沙發上敘舊。而用餐時另有幾位與我不相識的人也參加。中餐西吃，每人一分。可能是因剛當上「民選總統」，李興高采烈邊吃邊講了好幾個小時。李談了準備在總統就職典禮上演講的一些要點，也順口談了對大陸的一些評論和看法。我主要是傾聽，只在覺得李的大陸觀有偏時插幾句予以否認，而避免與他爭論。李卻笑著說：「你身在大陸但『燈台的下面反而黑暗不明』。我的情報來自四面八方各地，比你了解的更多。只要有錢，什麼情報都能拿到。」

問：回到「二二八」的主題，回台北後，風聲比較緩和了，那可以重新活動了嗎？沒有危險了嗎？

答：不能那麼說。總是鎮壓的血腥恐怖氣氛緩和一些。實際上很長時間人們都心有餘悸，怕禍隨時有可能降臨。這裡還有一個插曲。大概是五月上旬，我回到台北察看形勢，好不容易跑進中山堂看了一場電影，碰到建國中學學生武裝隊伍隊長陳炎陳。他是 3 月 3 日晚，我派去新店武裝起義總指揮部的聯絡員，他還另帶一個人。另外我還派好友、台大黃雨生去。但當時都沒有回來建中回報，又派兩個建中學生去聯絡，但都沒有回來。4 日，凌晨開始的起義計劃，因烏來原住民沒有下出來參戰等原因而未能執行。當晚派往新店的幾個建中學生都被國民黨駐軍抓走了。後來又有好幾建中的骨幹被抓，至少被抓了七、八個。我之所以把起義隊伍集結在建中，因為聽說校長陳文彬是開明人士。他對幾次學運都睜一隻眼閉一隻眼。陳也救出了學生，之後被關押一個多月的學生都放出來了。陳炎陳告訴我，關押期間被追問了我的姓名情況和下落。於是，沒有詳談我就趕緊離開了。

問：你從上海回台以後，社會情況方面，風聲平息了嗎？
答：表面上是。起初國民黨從大陸派軍隊，警備司令配合，憲兵也來一個營。這個亂殺、亂抓的武裝鎮壓階段，當然過去了。白崇禧去了以後，好像就沒有軍隊特務亂抓，比起來就比較平靜了。但是隨時被抓的恐怖，人人都有。

問：新民主同志會，一開始是誰發起組織的？
答：按照後來李薰山的講法，實際上他們已經有一段時間集會了。告訴我的是李蒼降，因爲我最熟的就是他。我去了之後才認識李薰山。林如堉是李蒼降台北二中的同學，他們都高我三班，過去也沒接觸過。李蒼降知道我認識李登輝，就告訴我說，我們四人要組織一個革命團體，你要不要參加。我就請示廖瑞發，他說可以，我就參加。我當時同時是省學工委委員，到了年底，上面才告訴我，你學工委不要幹了，專搞新民主同志會。新民主同志會起初可說是中共外圍組織，設有中央委員會，每個人都是中央委員。沒有什麼負責人，五個人都是。當時有討論章程，就在林如堉家開會。根據李薰山說，他們在李登輝家開過會，在台大普羅寮。有些地方，李薰山也可能記錯。後來看李薰山的判決書，發展他入黨的人好像是吳思漢，聯繫人是省學工委的劉沼光，他是台大的。李薰山是黨員，這是劉沼光告訴我的。我知道他是黨員，他不知道我是黨員。大概是在 1947 年 11 月間把李蒼降、林如堉、李登輝吸收入黨後，就成立中共黨支部直屬中共台灣省工委會領導，即派徐懋德來領導。

問：你回來以前，他們已經有構想了？
答：嗯，但是還沒成立組織，他們討論一些問題。我參加以後，大家搞了章程，正式成立。當時想了好多名字，最後叫新民主同志會。

問：組織的目的是什麼？
答：就以新民主主義的綱領爲綱領，打倒蔣介石、建立新中國，目標很清楚，跟大陸的鬥爭一致。

問：當時幾位中，理論水平比較強的是誰？
答：很難說啊，呵呵。理論高與否，應該看每人的實踐，看是否應用的好與否？當時大部分的時間就只開會，談怎麼工作、怎麼鬥爭。

問：開會都談些什麼？
答：談一談工作啊！我們開會第一項就是決定新民主主義翻譯成日文，以便讓看不懂中文的人傳閱。林如堉，中文、日文都好，他負責翻譯，我負責印刷，是在老前輩黃石岩家印刷的。創立黨支部後，有時就傳達、討論中共文件、決定研究如何開展工作。

問：其實你們沒有開過幾次會？
答：每個禮拜一次喔！平常因國民黨隨時都是會抓我，就躲在樂生療養院（註：痲瘋病醫院）工作，一般就只有星期六、日出來台北開會和活動。

問：有改名字？
答：我沒有。

問：用本名不是很危險嗎？
答：也是，但是當時國民黨控制也沒那麼厲害。因爲樂生療養院是政府編制，院長楊仁壽是林水旺的繼父，後來他在監獄裡病故犧牲。他當時想給我提高工資，但是我沒有文憑，如果有上過大學的證明也好。當時我就冒險，跑去台大法學院抗議，叫學校應該給我肄業證明，我上了一學期嘛！那個蔡教務長從日本回來的，我磨菇說不開證明就不走。後來，我發現體育教員在教務長的房子外面轉來轉去，當時體育教員一般都是特務。我說再見，就溜了，哈！有這個故事。

問：李薰山、林如堉是什麼時候被逮捕的？
答：原因是特務小組鑽進組織。起源是劉照枝，他是印刷工人、家貧，曾被日帝徵去菲律賓當過軍夫。他是我小學同學，我因多年當班長，他很尊重我。給他講勞動剝削，他很快就能理解而要表現積極，幫我印宣傳品等，就發展他入中共。劉在基層群眾中的連繫廣，不多久就聯絡了幾十個工作對象，大概

是在 1948 年夏，他把曾一起在菲律賓當軍夫的張清杉收為新民主同志會的成員。實際上張是特務分子，他又帶了三人進來，實際上是特務小組。我因 1947 年底就到郊區樂生療養院任職，就把劉照枝以及他發展的新民主同志會成員交給林如堉和李薰山連繫培訓。我雖然沒有接觸過這個特務小組，但他們逐漸知道了劉照枝、林如堉、李薰山以及我四人的政治身份。這件事最初是被我發現的，我很少回家，有一次回到家，有一個郵遞員來問陳炳基是不是住這兒。我說有啊，但是人不在。他說了就走了，也沒給信。我感到奇怪。另外在龍山寺，遇到台北二中高我一班的吳繼王，他是軍統的。他說陳炳基你不要大搖大擺逛遊。我說怎麼一回事啊？我幹了什麼？他說你不要跟林如堉、李薰山這樣的壞蛋一起。我心裏說壞了！我趕緊回報。後來台中有一個黨員說他在一個特務同學家的台曆上，看到他寫我、劉照枝、李薰山、林如堉的名字，另外還有三個不知姓名的即都打 XXX。所以我們開了會斷定張清杉小組是特務小組而李蒼降、蔡瑞欽及李潔（徐懋德三人沒有暴露。），就決定 1948 年 10 月 20 號以前，我們四個必須離開家裡躲避。

問：有包括李登輝嗎？
答：李登輝已經退出黨了，後來徐懋德告訴我們，他在 48 年春天就退了。10 月 25 號凌晨，國民黨同時去我、劉照枝、李薰山、林如堉四家抓人。他們三個沒跑，我這個怕死的躲避了，沒有抓到。至於李蒼降的被捕，是屬於另一個階段。他後來去當中共基隆市工委，幹了好多工作，一直到 50 年才被捕，慷慨就義，而蔡瑞欽轉地下工作後在嘉義的另案被捕，光榮犧牲。

問：林如堉被捕後，理論上是有可能供出李登輝吧？
答：他就沒這麼做啊！

問：他供你倒沒關係，因為你已經跑掉了。
答：特務早已知道我了，不存在供出與否問題。

問：所以林如堉和李薰山可以供出李登輝，卻都沒這麼做。
答：你看李薰山的判決書就知道，上面根本沒提到李登輝，也沒有供出新民主同志會的其他領導人。1996 年，李登輝跟我說感謝我們幾個朋友保護他，就是因為我們沒一個人說出李登輝，包括我、李薰山，和被槍斃的林如堉、李蒼降。所以，李登輝感謝的，不光是對我一個人，因為一批同志死的死、關的關。他說感謝你們保護我。

問：林如堉和李蒼降被槍決後，遺骸埋在什麼地方？
答：他們的墓，1994 年我都去祭拜了。林如堉是在六張犁。我去的時候，李薰山帶著我爬。林如堉的弟弟陪我們。李蒼降的骨灰是在大溪一個廟。他們幾個台北二中要好的同學，日據時期去那裏玩過，在那裏談過抱負。我和他太太和他女兒，一起去祭拜過。

問：李登輝後來跟國民黨辦自新手續的時候，可能沒提新民主同志會的事吧？
答：不清楚。

問：情治人員知道新民主同志會的組織嗎？李敖那兩本資料有提到嗎？
答：李蒼降、林如堉的判決書有提到新民主同志會，這是 1948 年的事件，戡亂條例以前的事，所以李敖那兩本沒有。有的地方是弄錯了。特務把我們弄成愛國青年會，這也是個外圍組織，發展學生方面。它並不是統一的組織，而由各黨支部自行領導，新民主同志會是發展社會青年。如果我們遇到學生，我們就轉給愛國青年會，入黨就轉給學工委。我為什麼離開台灣？兩個原因，因為台灣的「四六事件」抓很多學生，我的學生關係很多，另一個原因是法院貼出判決李薰山、林如堉的公告，裏頭提到了逃亡「匪首」陳炳基、劉沼光。

問：李登輝與你談了那麼長時間，他知道你是中共黨員，應該知道你一定會向上報告，他沒有顧忌嗎？
答：好像沒有什麼顧忌。我是先斬後奏。我探親去台，李知道後約我去會面，我要向北京請示也不便，就去赴約了。久別幾十年的老朋友見面主要就是敘舊。可是他剛當上「民選」總統，又是「就職典禮」前夕，另外還有他的幾個朋友在場，李就滔滔不絕，侃侃而談好像沒有什麼顧忌。直至我們將要分別時，我順便地問了一句：有什麼話要向北京說的嗎？李才說：對了，你們都得向上匯報才行。這樣吧，你就說，我李登輝在職期間不會搞台獨，放心好了。當然，我向北京「後奏」，把會見情況整理成幾條向主管對台的幾位領導人做了匯報。我對任何人包括吳克泰在內都沒有說過我與李登輝見面之事。只是逗著對吳說：「你送我大紅包，我就幫你，一定批準你赴台。」有意暗示他台灣要批准他了。

問：你的報告是否有可能使中共中央誤判形勢？
答：問題沒有那麼嚴重。我是返台探親，沒有任何任務，老朋友相會敘舊，沒有大驚小怪的。我只是如實地匯報了會見情況及一些談話，僅供上面了解和參考，沒有提什麼意見、建議。不存在「中共中央錯判形勢」問題。匯報後既沒有什麼批評也沒有什麼表揚，匯報完了就完了。

問：李登輝後來所做的跟他當時所說的一致嗎？
答：李登輝後來所做的跟他當時所說的差不多。

問：談到新民主同志會的種種，可以說，他對老同志很有感情的？
答：可以這麼說。我告訴李登輝，李蒼降結婚了，有一個女兒李素慧，在新光醫院當醫生，也在台大門診。他聽了說，是嗎？我要去看她。後來，他馬上去看她。李登輝離開新民主同志會的時候，李蒼降還沒結婚，後來結婚了，生了孩子，李登輝當然不知道。這個孩子真不容易啊！李蒼降被抓去以後，他的太太也被抓了。她根本不知道丈夫的身分，懷孕七個月，被吊打，孩子早產，在監獄生下來。聽說嬰兒皮膚太薄了，連內臟都看得到，國民黨多殘暴。後來獄友一起保護這個小孩，想辦法餵養小孩。我不清楚後來是不是小孩先被抱出去，或者是和李蒼降的太太一起關了一段時間才放出來。總之這個孩子活下來，漸漸長大，很痛苦，到了哪裡就被罵「共匪」，學校轉來轉去。李蒼降的太太真不容易啊，後來學習以後，當台大護士長，硬把這個孩子養大，她是很值得尊敬的一位女士。現在這個孩子是國際腎臟協會理事，醫學上很有成就。李登輝聽了以後，就去看她。我見李登輝的事曝露，就是因爲他去看她，不然，沒人知道我見過李登輝。

問：你跟李蒼降的女兒還有聯繫？
答：我 1994 年回去，找這些舊戰友。有犧牲的，就找家屬去掃墓。比如蔡瑞欽，當時沒有被抓，後來跑到南部才犧牲的。政治受難人都不知道他的家屬是誰，後來我在恆春找到省學工委系統的政治受難人鄭溪北。他說，師範學院出身的畫家涂炳榔是蔡瑞欽的親戚也被抓過，人在高雄，所以我才找到蔡瑞欽的太太和孩子。那個孩子也是受苦了。他本來成績很好，大學畢業時要保送他去軍隊醫院任職而受阻，才知道爸爸是所謂「共匪」被槍決。他媽媽以前根本沒跟他說，也沒再嫁。我們在花蓮發展的黨員，後來也被槍殺了，我也去找。我 94 年回去的時候就是去掃烈士墓，拜訪其家屬和找過去的同志。

問：李登輝和李蒼降的女兒見面的時候，當時是怎麼樣的情況？
答：李登輝競選的時候，可能去新光醫院拜過票。不知道是誰拍的照片，裡面有李素慧，站得很近。我到李素慧家看到這張照片，把照片給李登輝看了。李登輝就說要去看她。他公開的去新光醫院，說要拜訪李素慧。李素慧當時在台大醫院門診，醫院趕快打電話給她。李登輝請她陪他視察醫院，並問候其母，李蒼降夫人。也就是從這裡，曝露我和李登輝見面的事，不然沒有人知道。

問：李登輝和李蒼降的女兒見面的時候，當時是怎麼樣的情況？
答：李登輝競選的時候，可能去新光醫院拜過票。不知道是誰拍的照片，裡面有李素慧，站得很近。我到李素慧家看到這張照片，把照片給李登輝看了。李登輝就說要去看她。他公開的去新光醫院，說要拜訪李素慧。李素慧當時在台大醫院門診，醫院趕快打電話給她。李登輝請她陪他視察醫院，並問候其母，李蒼降夫人。也就是從這裡，曝露我和李登輝見面的事，不然沒有人知道。

問：你們見面之前，新華社的批李文章中，已經說他是共產黨了，你爲什麼仍然不願意跟外界談論你們見面的事？還有另外的考量嗎？
答：從根本上說，當時參加中共是有理想而勇敢的人，不能提供反共反統一的人們利用這一點攻擊他。會見問題也是從這個角度考慮的。我說李登輝不是叛徒，因爲他 1948 年初就離開了，如果他是叛徒，我們早就被抓了。我們明明是國民黨特務鑽進來破壞的，跟李登輝沒關係嘛！另外李敖搜集的那本提到的葉城松的部分，也不合事實。他不是李登輝發展入黨的，李登輝發展的是新民主同志會。我快離開學工委的時候，楊廷椅來找我，說你給我介紹葉城松，他要發展入黨。葉城松是跑了好多年後由線民告密才在嘉義被捕的。所以說他叛黨、叛徒、叛蔣經國，都是不符合事實。我是實事求是，不是爲他辯駁。你把蔣經國說成是正面人物，才說他叛變蔣經國啊！你如果說他過去信仰共產主義，以後不信仰了，從這個意義上來講是可以的，但是一般叛徒的意義，是出賣同志、出賣組織。他出賣什麼？他知道的組織方面的事也有限。我也知道得有限，每個地下黨都是有限。另外還有入黨問題，入黨是光榮事，蔣經國也入黨過，台灣爲什麼不給蔣經國興師問罪？應該看李登輝的政績如何、兩岸關係處理得好壞、有沒有爲台灣同胞的福祉服務，來作評論，才是正道。

問：1996 年見面的時候，你能預料幾年後的今天，李登輝越來越親日本右翼、越來越強烈的台獨色彩嗎？
答：我沒想到他會發展到今天如此荒謬的地步。我想，在答你的提問中談一談對李登輝變化過程的一些感受。個人認爲李登輝當政以後，順應和依靠民意的功績應予肯定。李在執政初期說，我是台灣人，也是中國人。他制訂國統綱領，還推行有利於兩岸關係發展的一些措施和工作。老朋友曾對他抱有希望。我更是期望李登輝在兩岸統一上能作出更大貢獻，成爲名垂青史的中華民族的一位偉人。實現統一能更有力地推薦振興中華的偉業。但事與願違，人們的希望逐漸走向破滅，但總是希望他回心轉意。我想，兩蔣向來依靠美國，李登輝依靠美國是繼承衣缽，不足爲奇。但是，經歷過日本軍國主義統治的台灣省籍人的李登輝，竟然變成和日本極右勢力相勾結到今天的地步，令人吃驚！是不可原諒的！1996 年會見李登輝之前，我已聽到李「背著美國」與日本親台議員等一些人物有秘密接觸的傳聞，但不知有沒有此事。因此我把剛寫成的「抗日末期台灣青年學生的反日鬥爭」文稿隨身帶去會見李，想能否找到機會送給他閱讀。文稿介紹多起反日事件，並寫明其共同宗旨是「回歸中國」。當天將要握手分別時，李登輝送給我及家屬三張「總統就職典禮」入場卷，我借機會拿出文稿問他有興趣看否？李答：「這些反日人士大部分我都認識，要看一看。」很遺憾，看來我的用意對他並沒有起到什麼作用。現在李登輝竟然公然地和「台灣論」作者小林善紀等日本極右勢力同流合污，竟說：釣魚台是日本領土、宣揚「武士道精神」等等。這些言行是完全喪失民族立場、傷害台胞的尊嚴、損害台胞的根本利益，令人氣憤。這是我萬萬沒有想到的。爲什麼會這樣呢？

台中清水人林麗韞：中共領袖毛澤東、周恩來的日文翻譯、中共中央對外聯絡部幹部、中共中央委員、中華人民共和國全國婦聯副主席、全國人大常委、第一屆全國台胞聯誼會會長

林麗韞，1933年出生於台中清水，是旅居大陸的台灣人中，唯一與中共領導人毛澤東、周恩來近身工作，並參與日中關係正常化歷史過程的，具有傳奇的人生經歷。

從台中清水的台灣女孩到毛澤東的日文翻譯，林麗韞：
一個台灣女孩，出生於台中清水，後來隨父母舉家遷居日本。中學畢業後前往北京讀大學，後來進入大陸政府部門，最後成為中共領導人毛潭東、周恩來的隨身日文翻譯，多次參與重大的歷史場合。她就是傳奇的林麗韞。

1933年，林麗韞生於台中清水，受到家庭教育影響，從小就有很強烈的民族意識。不久，家裡遷到台北，林麗韞就讀於台北永樂國小，九歲那年，父親又帶著全家遷居日本神戶。日本戰敗後，旅日台灣人恢復中國國籍，持中華民國證件，不過228事件後，台僑社會快速左傾，許多人期待於新興的中共能帶來好的改變，林麗韞所就讀的神戶中華同文學校正是社會主義思想盛行的學府。戰敗後的日本社會百廢待舉，各種思潮激盪，1949年中共建立社會主義中國，展現革命的蓬勃朝氣，對台灣人社群的心理產生莫大的衝擊，許多台籍知識青年萌生建設新中國的情懷，而中共也號召海外華人青年回到大陸，參加建設行列。此一階段，大約有3千多名旅日台灣青年男女響應號召，衝破外交障礙，成批束裝回到大陸。在滿懷憧憬之下，19歲的林麗韞也選擇了告別家人，前往中國大陸，並就讀於北京大學。不過一年後，偶然間她卻被中共中央負責對日工作的廖承志，挑中負責協助接待來自日本的團體。

1954 年，年方 22 歲的林麗韞進入中共中央對外聯絡部，因表現傑出，逐漸被賦予重任，一直到 1972 年田中首相來訪時，累積了近 20 年的對日工作經驗。此時，她已是中共首長毛澤東、周恩來的隨身翻譯。對於中日關係正常化談判的幕前幕後，今天各界已有不同的回述，日本政府也已經公佈雙方對談的內容。不過，作為周恩來貼身翻譯全程參與的林麗韞，仍在我的採訪中首次透露一些小細節。她說：「周總理是晚上工作，早上睡覺，中午起床就工作一整天的人。當時在迎接田中時，總理辦公室關照說「十點以後就不要再送簡報了」，意思是要配合田中早起早睡的習慣，要按田中的生活節奏來調整生活。不過實際上做不到，有時候三更半夜要材料的情況還是有，周總理在建交談判中很辛苦，因為在田中來之前，有些細節並沒有完全談妥，所以在談的時候總有一點交鋒，當時雙方交鋒最激烈的就是一個中國問題，後來這個問題的解決，是採取讓大平外相對外講話時廢除日台條約。」對於周恩來的外交風格，林麗韞也有細膩的描述。她說：「周總理在外交上兼顧堅持原則與靈活，他的外交風格最重要的一點是以理服人，不是那種霸道方式，即堅持原則，但是求同存異，透過不斷求同存異，累積共識消除異見，周總理在這方面真得非常出色。」至於談判桌外的小趣事，林麗韞則舉了實例來說明周恩來對於細節的敏銳。她說，談判結束後，田中首相他們回日本前，中方在上海舉行歡送宴會，大平外相因為大功告成，一高興，到各桌敬酒，周總理叫林麗韞陪著他過去，大平外相先是給日本客人比較集中的桌子敬酒，周恩來也是去給日本朋友敬酒，敬完酒後，很自然地就請大平外相一起回到座位。周恩來沒說，不過林麗韞的體會是，周恩來觀察到如果大平外相把所有的桌子都敬完，那會喝太多，容易失態。林麗韞覺得周恩來對人的關心和關愛，以他作為一個那麼高職位的領導人來講，確實比接待人員還細心，林麗韞自己甚至就受過批評。有一次社會黨的領袖淺沼稻次郎的夫人，在他去世十周年時到中國大陸來，周恩來在大會堂接見她。當時周恩來在大會堂的北門等著客人來，天氣很冷，他回頭問問林麗韞：「小林，你想淺沼夫人會穿什麼衣服來呢？」因為同一天林麗韞在北京飯店看見她，就像日本女性平常在大冷天，也是穿著褲子和暖和的上衣，所以林便說：「我看她是穿著褲子吧！這麼冷的天氣，應該不至於穿日本和服那麼不好穿的衣服來吧！」然而，那天淺沼夫人卻仍按日本禮節，完全是穿著和服盛裝而來。日本的和服是不好邁步的，她在北門那個台階一步一步往上邁，風還在那吹著，周總理回頭批評了一下林麗韞，「小林，看妳主觀主義！」然後馬上交代警衛，將淺沼夫人的車調到地下室，回去的時候由地下室走。當時林麗韞自覺慚愧，周恩來站在那裡思考事情，突然回頭問她淺沼夫人會穿什麼來，她自己想都沒有想到，周恩來是想問淺沼夫人會不會不太暖和，她卻沒有更多去考慮這些事情。林麗韞認為，周恩來是日理萬機的人，卻連這些細節都能觀察到，她從周身邊學到的事情之一，就是對人要細心去關照。北京與東京關係正常化後，林麗韞好幾次以中方代表團的身分前往日本，期間順便與神戶的家人團聚。神戶的台灣人社群對她感到十分親切，他們對於當年這位離開神戶的年輕台灣女孩，如今卻以北京高級外交官的身份回到日本，受到日本政府的高度禮遇，也感到與有榮焉。至於日本新聞界的反應也很微妙，不僅對林好奇，情感上甚至把她當成自己人，畢竟她也算是日本出去的。儘管林麗韞的工作個人必須保持低調，但由於在新聞照片中，林麗韞經常出現在毛澤東、周恩來身邊，自然引人注目。

1976 年，周恩來過世時，林麗韞說：「自己哭了好幾天，悲傷地跟自己的父母親過世一樣，瘦了兩公斤。群眾前來弔唁，我們輪流值班守靈，外面裡面哭成一團，值班回家也哭。」隨著周恩來的去世，林麗韞逐漸從外交工作上退下來，1981 年，林麗韞全力籌辦中華台灣同胞聯誼會，並成為第一任會長。由於文革期間，有海外關係的人士受到嚴重的衝擊，台灣省籍人士受到「國民黨特務嫌疑」的影響更是「重災區」，許多當年滿懷民族熱愛投奔祖國的台籍人士遭到迫害，林麗韞的工作首先便是確定全國台灣同胞的確實人數與狀況，並為冤假錯案進行平反，並協助台灣人恢復正常的工作與生活。另一方面，在鄧小平新的開放政策下，林也主持接待訪問大陸的海外台灣鄉親，包括政治上的各路人馬。

1989 年，在分隔了近 40 年以後，林麗韞首度在北京崑崙飯店，接待了來自台中清水的家族成員。這是一個台灣家族近半世紀後重新團圓的感人畫面。清水林氏家族的老人萬萬也想不到，當年家中的小女孩竟擔任了周恩來最倚重的日文翻譯，不僅繞了海峽兩岸一大圈，也在中日外交史上瀟灑地走了一回。這一家人在旅館房間內笑語不斷，正如其他成千上萬有著類似遭遇的台灣人。不過，林麗韞的故事並沒有畫上句點，由於身居中國大陸高層職務，林麗韞返鄉申請始終沒有獲得台灣方面批准入境。

1999 年，林麗韞終於得以少數民族訪問團團長的名義來台，並抽空匆匆到清水與林氏族親會面。半世紀的光景似乎一晃而過，林麗韞如同任何一個落葉歸根的中國人一般，拿著酒杯對著眾多喧鬧不拘的親友敬酒。短暫的重逢讓林麗韞百感交集，想不到分別了 50 多年，他們仍然將林麗韞當成清水的一份子。林麗韞回到北京之後，收到了清水鄉親的一封賀卡，似乎為這位台灣的女兒的兩岸傳奇故事下了最好的註腳。信中說：「……雖然離鄉背井已五十九載，我們仍然永繫思念。皜白之髮增長了鄉親大姊的智慧和毅力，您人生的奮鬥歷程和非凡成就，愛鄉、愛民的情懷，使我們無限景仰……。」

中華同文學校時期的林麗韞

二戰結束初期，神戶台灣人家庭女孩
林麗韞（右一）就讀神戶中華同文
學校時與同學合影。當時左翼思潮盛
行，同文學校有許多老師十分嚮往中
國共產黨所建立的新中國，林麗韞的
父母具有強烈的中華民族意識，加上
在校期間受到老師的影響，對中國大
陸十分景仰。

林麗韞擔任毛澤東會見田中的日文翻譯

1972 年 9 月 27 日，中共主席毛澤東與日本首相田中角榮會面，商討日中關係正常化，這項會面實際上促成了東京與北京建立正式邦交。兩人中間的即為擔任毛澤東日文翻譯的林麗韞，她不僅見證了這一個歷史事件，實際上在準備的過程中也參與了中共對日發展關係的實質工作。

林麗韞與蔡焜燦

1999 年，林麗韞訪台時與堂兄蔡焜燦並坐合影。

這張照片有很強的象徵性，因為林麗韞和蔡焜燦屬於同一個家族，可是政治立場上卻南轅北轍，甚至是對立的，但私底下他們仍然是親堂兄妹，有著不可割捨的家人感情。因此，這張照片也是近代台灣人歷史的某種縮影。

蔡焜燦，1927 年出生於台中清水，為著名企業家。年輕時，弟弟焜霖心向祖國，滿懷赤誠，參加中共外圍組識讀書會，被逮捕送到綠島，父親憂鬱自殺，家逢巨變，蒙上永遠陰影，從此遠離政治。儘管如此，40 年後因偶然因素，蔡焜燦政治上突然活躍起來。日本作家司馬遼太郎寫《台灣紀行》中，提到他採訪的「老台灣人」對日本殖民統治推崇備至，這位「老台灣人」便是蔡焜燦。此時期，李登輝大力推動肯定日本殖民的史觀，蔡焜燦全力呼應，擔任李登輝之友會會長，並自稱為「前日本人」。在日本出版日文著作《臺灣人和日本精神》，對於面對中國人和韓國人成天挨罵的日本人而言，當然很中聽，很解悶，所以此書也暢銷一時。

土地改革與養女保護

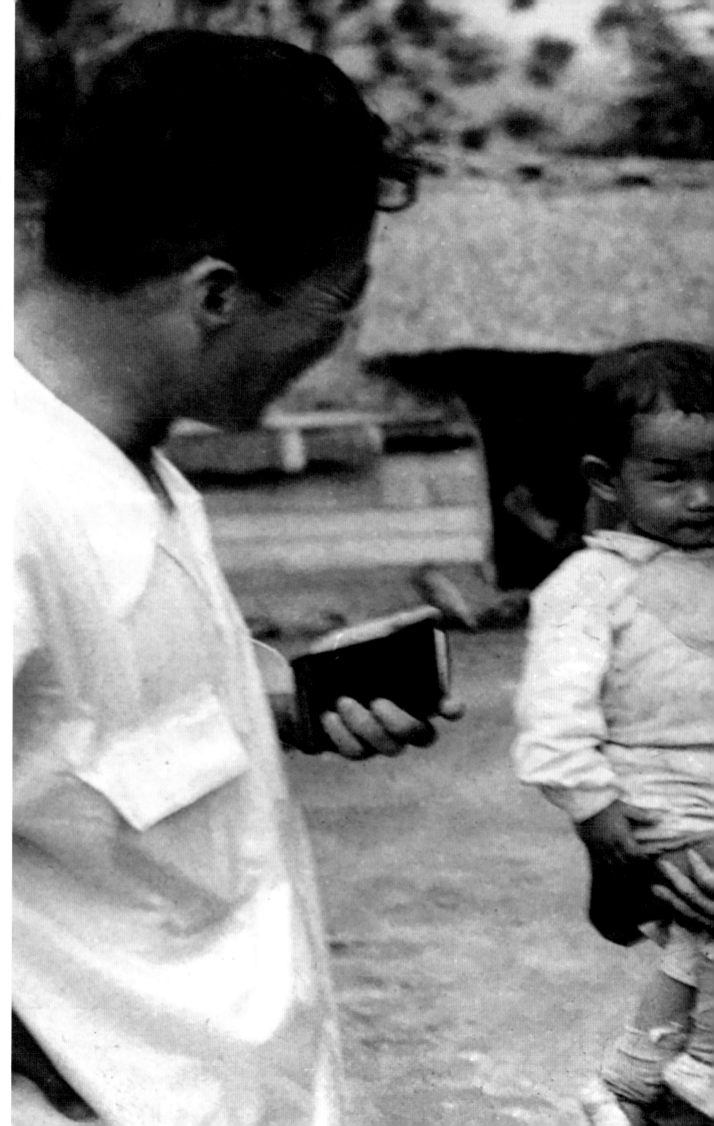

分到田地的佃農農婦

民國 42 年，耕者有其田政策全面實施，得到耕地的農婦抱著子笑逐顏開。

台灣土地改革的最後階段「耕者有其田」於民國 42 年 1 月正式實施。這項政策從根本上改變了台灣政治和社會的基本結構，使得經濟發展步上軌道，影響深遠。

在農業社會中，土地是主要的生產要素，農民養家糊口需要仰賴土地，有了土地才能從事基本耕種、畜養等生產活動。因此，土地的擁有與否將決定人民的生計問題。土地所有權的分配方式實質上就是社會資源的分配，它將決定社會和政治結構。如果這種分配嚴重不合理，農民受到無情的剝削，如此不僅生產力低落，甚至會因貧窮和飢餓造成社會與政治的動亂。

由農業社會化為工商業社會，首先面臨的就是土地分配的問題，這是政治現代化與民主化的關鍵。與中國大陸相比，台灣是差不多到了明末清初才形成較具規模的漢人社會。清代，台灣土地結構與中國歷代雷同，屬於地主財富壟斷的社會，在買賣兼併中形成大地主、小地主、佃農三個等級。又因地理位置偏離中央政權，大地主所組成的宗族勢力常形成實際的地方管理職能，擁有私人武力，維持宗族地域內的秩序。至於武裝力量的使用則視外在情勢而定，既可抵禦外侮，亦可保障自身利益。

1895 年日本統治之後，大力發展殖民經濟，主要是將台灣當成稻米生產地以及甘蔗經濟作物的種植和生產。為此，大規模測量農地，與建水利灌溉系統，引進優良的農產品種，改善生產技術，提升了台灣農業生產力。不過，在土地所有權結構上，基於日本帝國主義的政經權力生態，日本殖民政府並沒有碰觸基本的問題。相反地，殖民政府與地主階層形成統治的聯合體，在他們之外的基層佃農人口最多，但在經濟、教育和社會地位上卻最居弱勢。絕大多數台灣農民淪為遭受嚴重剝削、生活貧困的農奴。

隨著日本戰敗，台灣光復以及緊接而來的國共內戰。台灣的土地結構面臨了新時代的衝擊。共產黨的革命火苗在全世界燃燒。馬克思主義原來是要解決高度工業化後，所形成的富裕資本家和貧

窮勞工之間的階級矛盾，然而中國並非工業發達的國家，毛澤東看出中國基本的矛盾仍然是土地分配的嚴重不均，造成大批農民生活處於貧困狀況。這是歷來農民革命的社會病因。因此，中共打的就是窮人翻身的口號。具體實踐手段就是鼓動農民以殘酷的手段鬥爭地主，強分田地。中共所到的農村，就進行「批鬥地主大會」。由於善良的農民不敢批鬥地主，於是中共就唆使無產階級流氓出手打人殺人，然後強制將地主的田地和家產分配給佃農，迫使佃農成了共產黨殘忍手段的共犯。一旦地主的家屬組成還鄉團打回來，佃農們為了害怕報復別無選擇，只能跟著共產黨走而且讓自己的孩子參加共軍。這種人為製造階級相殺的革命手段十分殘忍，但它行得通，原因正在與土地分配的根本矛盾是真實存在的。

中國共產黨在大陸即以此方式鞏固農村政權，獲致充沛的兵員，也由於打著社會平等的理想旗幟，對知識分子產生相當的吸引力。這股共產主義思潮也蔓延至台灣，尤其自二二八事件之後，台灣民心對國民政府的施政普遍不滿，中共在台組織得以迅速擴張，在北、中部的佃農階層中具有愈來愈大的政治影響力，台灣也面臨了土地革命的風暴。

自民國37年開始，國共內戰出現戰略性轉折，解放軍節節勝利，東北、華北相繼喪失，解放軍進入北平。加上國民政府無法改善各種政治、經濟、社會問題，漸失人心。於是，蔣中正總統任命陳誠掌管台灣事務，先行整頓政經軍事佈署，作長期內戰的準備。

同時，這裡也必須說明二戰之後的世界情勢。德義日法西斯帝國被擊敗後，世界掀起了反殖民主義、資本主義的思想狂潮，共產革命成為下一階段的重大挑戰。在亞洲的中國、朝鮮半島、日本和東南亞等，都燃燒起共產革命的熊熊火焰，而火種正是土地分配不均的問題。中國大陸土地改革的失敗，是中共可以取得政權的關鍵性因素。朝鮮半島則爆發三年的內戰，印度支那的共產革命火焰燃燒了20年，最終以共產黨取獲勝為終。因此美國曾經在南韓、日本和台灣等，都大力協助土地改革政策，土改的成功是抑制共產革命最關鍵的因素。

民國38年，國民政府在大陸兵敗如山倒之際，陳誠卻已在台灣完成初步金融改革，壓制共黨勢力，穩住局面，為中華民國政府自大陸撤退提供一安全之地。接著，陳誠在台最重要的施政就是土地改革，目的在於吸取大陸失敗的教訓。儘管「平均地權」是孫中山學說中的基本主張，但由於既得利益者與派系勢力盤根錯節，內在阻力甚大，國民政府在大陸始終無法實施。不過等國民政府撤退來台後，內在牽絆較少，反而容易貫徹，順利完成了土地改革。

民國38年2月，陳誠上任台灣省主席的第二個月，即公佈實施「三七五減租」，規定自這一年第一期農作物收割繳租起，租額不得超過正產物收穫量的千分之三百七十五。這是第一階段的土地改革，目的在於降低佃農的負擔，拉低農地的價格，使得佃農得以累積資金購置農地。根據陳誠的報告，土地改革的第二階段是放領公有耕地，第三階段則是普遍實施耕者有其田。這一改革深刻衝擊了原有地主的既得利益，並對台灣社會結構影響深遠。但如此劇烈的土地改革卻沒有引發強烈的政治衝突，據分析除了由於陳誠集黨政軍大權於一身，能貫徹執行其政策，作風廉潔，杜絕貪污剝削之弊，以及台灣社會民情較單純。

民國40年3月，陳誠以行政院長的身分主持公地放領，放領範圍以耕地為限，全省出租公有耕地總計十萬六千九百五十九甲，放領對象以原承租耕農為主，還有為僱農、佃農、半自耕農以及轉業為農者。公共放領分為九期，時間長達十四年，共放領十三萬餘公頃公有耕地，承戶達二十三萬六千餘戶。

最後一階段土改則是最重要的「耕者有其田」政策，目的是將地主的田地以合理補償的方式分配到農民手中，使雙方各得其所，促成生產力的全面解放。民國41年12月，陳誠發表「耕者有其田」政策的主要內容，其中包括地主無論自耕與否，一律得保留其出租耕地七則至十二則，水田三甲。超過其出租耕地七則至十二則，水田三甲。超過此限的私有耕地，由政府以購買方式徵收；地價按耕地主要作物正產品全年收穫量的兩倍半計算，政府支付方式則是三成以水泥、紙業、農林、工礦四公司的公營事業股票，另外七成則搭發實物土地債券。政府用這種方式徵收土地，再以低價貸款的方式分售於農民，實現土地重新分配的最後目標。

這項政策推動的成果，共徵收放領了耕地十四萬三千多甲，占私有出租耕地的百分之五十五，被徵收土地的地主有十六萬六千多戶，占全部登記地主的百分之六十，受領耕地農戶計十九萬四千多戶，占承租私有耕地佃農的百分之六十五。結果，佃農的比例大降為全體農民的百分之十七，成為少數。

「耕者有其田」政策之成效無疑是巨大的，它改變了台灣的社會結構，奠定了經濟和社會平等的基礎，避免了流血革命在台灣發生。至於政治上，無論是大地主轉化為日後的工商業者，或是獲益的農民組成的地方農會組織，皆成為日後政治穩定的重要社會基礎。而台灣民間對陳誠亦抱懷深厚的感情，即使在陳誠過世後，亦未嘗稍減。這場於民國40年代初成功完成的土地改革，在台灣社會發展史上無疑是具有無比轉折意義的里程碑。

放領耕地通知

民國 42 年，政府工作人員登門拜訪，將放領耕地通知發送到民間各個農戶之手。

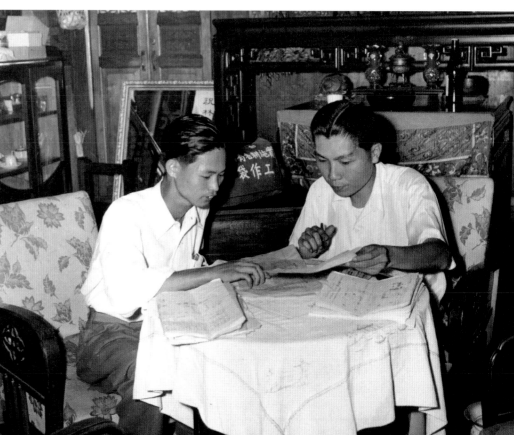

地主領取實物債券

民國 42 年，政府命令土地銀行以土地實物券及公營公司股票調換憑證發給地主們，作為補償被徵收土地的地價。圖為台北一名地主在土地銀行領到土地實物債券。

領取土地所有狀

民國 42 年，手續辦完後，農民向地政機關領取土地所有權狀，喜上眉梢。

向地主解釋土改政策

民國 42 年，地政工作人員訪問地主，並與之溝通耕者有其田的政策施行。

兩名養女尋求保護

民國42，兩名養女至保護養女委員會請求保護，
工作人員正為他們辦理手續。

民國40年7月，「台灣省保護養女運動委員會」
在台北市中山堂光復廳舉行成立大會，計劃運用
政府的機制和資源，協助命運悲戚的養女改變生
活，同時喚起社會大眾有關婦女人權的意識。

養女制度是台灣傳統社會的陋習，由於極端重男
輕女的觀念使然，一些貧窮家庭生了女兒之後不
願扶養，把女兒送給其他人家。除了少數的例
外，大部分的養父母對收養女孩並不是基於愛心
與關懷，而是當成一樁買賣。雖然他們提供養女
簡單的吃穿，但卻不給她們受教育的機會，而是
當成童養媳，從小就逼迫他們勞動，一旦長大了
則當她們是買賣婚姻的貨品，索取高額的嫁妝，
不少養父母甚至將養女賣到酒家或妓女戶。因此
養女制度無疑是不合時宜的社會習俗，並且成為
不平等和破壞人權的象徵。

台灣的養女制度主要源於大陸福建，日本占領台灣以後，雖然將現代的教育制度和觀念植入台灣，但是日本本身也是男尊女卑鮮明的社會，女性的地位並無高於中國人社會。日本作家山崎朋子寫的小說「望鄉」即描述戰前日本貧窮人家將女兒賣至南洋為娼的真實悲慘故事。因此，台灣社會在日本殖民統治下出現基礎設施和城市教育的進展，但是養女制度不僅沒有任何改變，反而因資本主義的興起，使得養女商品化的程度更高，造成的悲劇更多，成為嚴重的社會問題。

中華民國政府遷台的第二年，國民黨中央婦女運動委員會開始調查養女陋俗的相關資料，並邀請有關的社團機關舉行座談會，其主要成果如下：（一）請各縣市清查全省養女數字，經統計為十一萬九千五百四十六人。關於養女糾紛問題，請各界熱心人士函告，當事人將代為守密。（二）關於保護養女意見之徵集與整理及有關法令的研究與建議，一旦收養關係終止後，婦女的職業訓練與救濟方案。（三）發動輿論以引起社會的關注，經常提供養女被害實況材料給報社、通訊社、雜誌社、廣播電台、劇團、文化團體，以進行養女人權的社會宣傳工作。（四）在養女關係存續期間，協助保障養女的權益，對於苦難養女的就業和婚配，將提供安排。

保護養女運動委員會成立當天，有各機關首長、台北市各區里鄰長太太、各界婦女代表、各校女學生等一千餘人出席。大會主席任培道致詞時說：「本省之養女，數達十一萬九千餘，其中絕大多數是受養父母的逼迫，做著奴隸婢妾童養媳，乃至娼妓，以致養女制度變成極殘酷而無人性的一種制度。許多不屈服、不甘墮落的養女們，雖然起來反抗養父母的迫害，跳出養父母設下的陷阱，可是有的由於本身能力不夠，或是沒有社會關係，茫茫人海中，畢竟找不到一枝之棲，有許多因為養父母防範甚嚴，或者身分證被養父母扣留，以致縱有自力更生的志願，亦卒難逃養父母的魔掌……。」

此外，大會也安排了三位養女親身訴說她們淒涼的身世，聞者無不動容。第一位是鄭惜梅，桃園人，二十歲，已經做了兩個孩子的媽媽，可是因為她的丈夫交不出巨額的聘禮，到了現在不但不能正式結婚，她的養父母還時時逼迫她改嫁，把兩個孩子給他們做「養孫女」，繼續他們母親的悲苦命運。第二位是吳秀玉，稍早曾遭養父母刊報「警告」，五歲就被生父母賣到妓院，一年後又被輾轉出賣，如今落到一個叫吳玉清的女人手上，被迫出來作下女，勞力所獲全部繳給養母，但是養母並不滿足，不斷設法迫使她以不正當的手段賺取更多的錢。最後一位是溫秋桂，北投人，十九歲，自幼受到養母的虐待，她一再逃回生母家，生母不敢收留，年紀稍大才逃出來讀書，現在就讀台北女師，暑假中留校服務，不敢回家。

以上三位是接受保護養女運動委員會協助的案例，透過她們現身說法，不僅感動了社會大眾，也鼓舞了更多的悲苦養女站出來為自己爭取權益。保護養女運動透過大量的社會宣傳，逐漸成為社會的共同認知。保護養女委員會隨後數年直接協助救濟了上萬名的養女，其中包括就業與婚配的安排。民國44年8月，台灣省議會通過改善養女習俗的法令，正式將保護養女法制化，其中主要內容是確立養女的法律地位，規定養女有繼承權，有婚姻自由，以及地方警政單位有保護區內養女人權的義務，以及各公私立救濟機構有義務收容苦難養女等。

隨著保護養女運動委員會以及社會大眾的共同努力，有關養女人權的問題逐步獲得改善。此外，經濟的繁榮與教育水準的提高，亦使得收養習俗不復從前，到了民國50年代中期，養女制度大抵上已成歷史名詞。總之，民國40年由政府組織發動的保護養女運動，且有推動時代進步的意義。其過程也出現許多感人的故事，後來幾年主持保護養女運動的呂錦花成為養女心目中共同的母親。此外，由於養女出身卑微，在安排對象中常介紹給大陸來台單身軍人，保護養女委員會則贈送棉被、戒指等禮品。這種社會基層本省與外省的通婚，生活雖然清苦，卻因有著共同的命運，而享有幸福溫馨的家庭生活，為台灣社會留下了感人的見證。

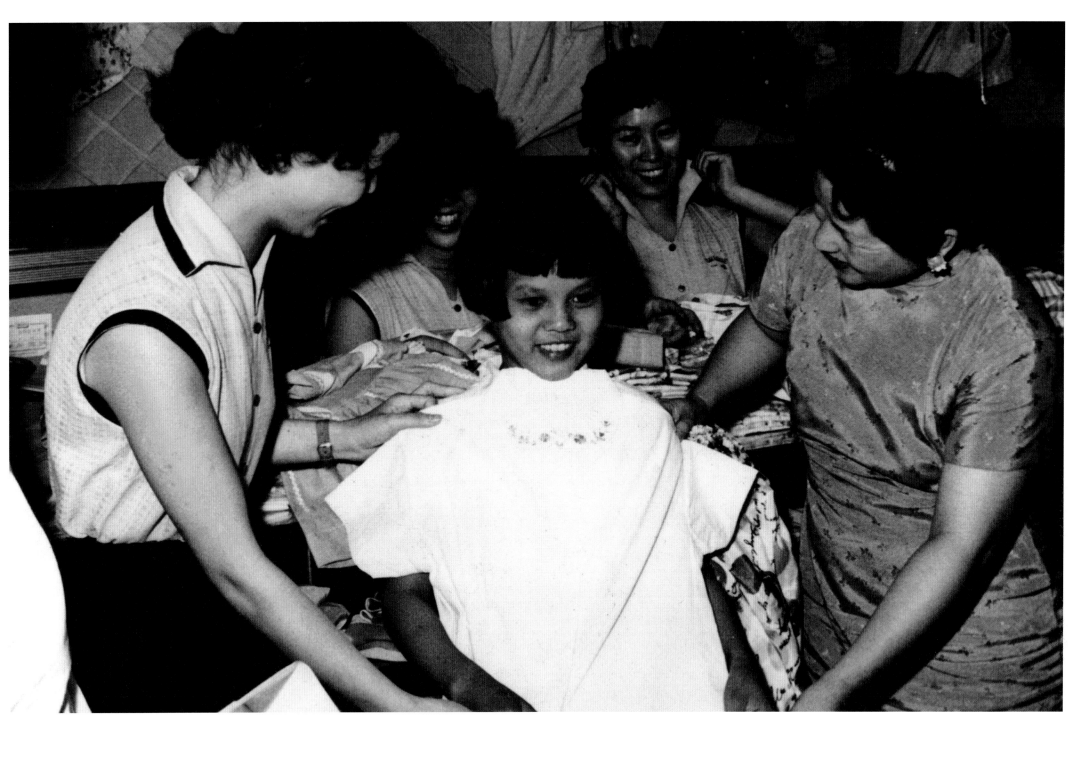

一位年幼養女量製新衣

民國 42 年，保護養女委員會為一位年幼養女量製新衣服。許多養女年紀尚小，還不懂得保護自我。根據新通過的法律，地方警政單位有義務了解管區內養女的具體情況，一旦發現問題，必須通報，各公立救濟單位有收容受難養女的義務。養女保護協會根據各地的通報，也會主動介入苦難養女的具體個案問題。

養女們的集團婚禮

民國 42 年，保護養女委員會舉行第三屆集團結婚，證婚人上官業佑、主婚人鄭品聰、呂錦花為八對新人主持婚禮。養女們都是出生於貧窮的家庭，沒有能力負擔嫁妝，而許多從大陸來台的外省軍人，也是一人在台，兩袖清風，沒有能力提供聘金。養女和軍人透過介紹認識而結婚，成為台灣本省和外省底層人士通婚的最早型態之一。對於軍人而言，在台灣娶妻生子，安身立命，有了完整的人生。對於養女而言，軍人雖然生活清苦，但疼老婆、呵護老婆，又省卻了大家族人丁眾多無形的壓力，加上軍中也有基本的生活保障，比起原來遭到打罵悲慘的童年，養女們可以在這裡找到單純安全的幸福。至於他們的下一代，在更公平的經濟和社會條件下，接受良好的教育，也有更有機會出人頭地，翻轉上一代的命運。

「養女之母」呂錦花贈送結婚禮物熱水瓶

民國 42 年，「養女之母」呂錦花（右）在養女集團婚禮中，將各界致送的禮物開水瓶發給七對新人。各界贈送給養女的禮物主要是餐具等用品，其中熱水瓶經常是作為婚禮禮物。

兩岸的戰爭與和平

第一批台灣役男搭火車趕往集訓基地

民國 40 年，因應兩岸戰事，台灣省徵兵令頒佈，第一批被召集的役男在台北車站搭乘火車，前往集訓基地，家人親友們在站台上歡送。從此也展現了台灣的義務兵役制度，當兵也成為台灣男性必經的磨練以及日後特殊的人生回憶。

民國 40 年 7 月，中華民國國防部頒佈徵兵令，首度在台灣省進行徵兵工作，凡是民國 17、18、19 年（自 1928 至 1930）出生的男丁，經體格檢查列入甲級者，均須應召入營。國防部計劃徵集士兵一萬四千人，汽車司機一千名，共計一萬五千名。

這是中華民國政府民國 38 年底遷台後，在兵役制度上的重要決定。這段時期，島內外的局面仍然充滿著危機，國共兩軍在大陸沿海島嶼的戰爭頻仍，雖然中共因韓戰暫時擱置著大規模的渡海攻台計劃，但仍然在福建沿海與國軍爆發激烈的海空戰事，而蔣中正總統也亟思運用韓戰說服美國政府協助國軍反攻大陸。因此，不是國軍打過去，就是共軍攻過來。台灣實行徵兵制已成勢在必行。民國 39 年 3 月，蔣中正總統在台北復行視事，重建領導中心，政府體制也開始有效地操作，這一年即募集了四千五百名男丁入伍，隔年大規模的徵兵制即正式實施。《中央日報》在社論中說：「就外省籍的人來說，他們的家鄉已完全陷於匪共之手，親屬、鄰里及戚友，或已被匪共屠殺，或正被匪共鬥爭。無論基於愛國的忠誠，或基於愛鄉的義憤，都必滿懷復仇之念，而視入營為酬壯志的大好機會，欣然應召。何況台灣這民族復興基地，實為匪共所日夜不忘想攻擊到手的……。就本省籍的人來說，台灣本有愛國的深厚傳統，過去三百年間仁人義士反清抗日的壯烈事蹟將在中國歷史上永占光榮的一頁。每一個有志氣的本省籍同胞，當這反共抗俄期間，必以發揚愛國傳統為宏願。」

《中央日報》還說：「也許台灣社會還有少數認識不清之徒，以為匪共在大陸血洗和奴役的殘暴，自己尚未親眼看見，因而敵愾之情未能提高。我們必須懇切的告訴他們，過去大陸千千萬萬的人們，也曾懷過同樣的心理，甚至有些人還以向匪共靠攏為得計。當北方的逃難者，到中部訴說匪共的殘暴時，中部有些人並不十分置信。接著匪共勢力伸到了中部，中部人民才知道匪共的狠毒，然而禍已臨頭。那些從中部逃到南部或西南部的人，在那裡又訴說匪共的殘暴，南部及西南部也有些人仍不十分置信，後來領受了匪共的虐害，才知道人家的訴說，還嫌描畫不夠。為了拒絕毒蛇猛獸來傷害自己，唯一有效的辦法，就是大家拿起利器來打死它。同樣，為了避免匪共來血洗和蹂躪台灣，也只有服兵役，荷起槍來和他們決鬥！」

在濃厚的戰爭氣氛中，反共教育強化了，尤其關於共產黨鬥爭清洗的宣傳更無時不有，光復以來的備戰情緒達到高峰。國防部下達徵兵令之後，台灣省政府立刻執行，向全省二十一縣市及陽明山管理局轉達此令，配額如下：台北市九○九名、陽明山一二四名、台北縣九二三名、基隆市二七七名、桃園縣六三○名、新竹縣六四四名、苗栗縣六二二名、台中市三七八名、台中縣八五六名、南投縣五四九名、彰化縣一二八○名、雲林縣九四六名、嘉義縣九七一名、台南縣一一二八名、台南市四一五名、高雄縣八二三名、高雄市五一三名、屏東縣八六○名、台東縣二一三名、宜蘭縣四七○名、花蓮縣三二二名、澎湖縣一四七名。至於徵調汽車司機一千名，年齡由二十四歲至三十四歲，待遇為每月新台幣三百元，較一般汽車司機待禪為優，主要是為美軍顧問團工作。

無黨籍的台北市長吳三連就省政府頒佈徵兵令一事發表談話，他說：「此次徵兵最主要的目的乃是保衛台灣，也就是保衛自己的家鄉，我希望本省青年踴躍參加這報國的隊伍，共同保衛家鄉台灣……。反共抗俄是我們的精神，反攻大陸是行動對象，我相信反攻大陸必定成功，台灣青年將來的出路也是在大陸，所以為了台灣青年將來的發展之計，台灣青年必須參加這個行動，打到大陸去。」

8 月 12 日，全省各縣市新兵陸續報到入伍，各縣市府均舉行歡送大會，場面十分熱烈。台南市役男和駐軍五千人在忠烈祠舉行大會，會後遊行市區，家家戶戶懸掛國旗，爆竹齊鳴，車站擠滿了歡送人群。宜蘭新兵入伍日，市內理髮店、浴室、電影戲院均免費招待壯士。桃園新兵在市區遊行，商店均懸旗鳴炮。基隆市新兵入伍，市民們熱情地圍繞著遊行列車。台北市民亦盛大歡送役男入伍，家家戶戶揮著五彩繽紛的旗幟。全省各地均洋溢著高昂的情緒士氣。為了進一步振奮新兵的士氣，國防部頒佈了幾首出征歌曲，提供入伍役男於報到當天晚上集體練習。

其一為蔣中正總統親自編訂之「反共復興歌」，歌詞如下：

打倒俄寇，反共產，反共產，消滅朱毛，殺漢奸，殺漢奸。收復大陸解救同胞，服從領袖、完成革命，三民主義實行，中華民國復興，中華復興，民國萬歲，中華民國萬萬歲！

另有「出征進行曲」，歌詞：

乾坤轉，宇宙變，舉世皆騷然，砲聲緊，槍聲酣，除暴吾當先，蘇俄逞強，屢寇鄰邊，貪心終不饜。病夫已癒，睡獅已醒，散沙已成團，悠久歷史五千年，豈容爾摧殘。帝俄夢，南下心，莫讓再實現，看我等振臂起，重整舊河山，號角頻吹，戰鼓正急，地動山河撼，蘇俄不滅，共匪不平，出征誓不還，熱血濺、矢志堅，奠我中華萬萬年！

這兩首軍歌不僅在部隊中教練，後來亦向學校和社會推廣，在學校以及各個國家慶典場合中演唱，廣播反覆向民眾播出，以致後來幾乎人人均能琅琅上口，成為反共抗俄時代的象徵歌曲。

此外，徵兵制的實施代表台灣步入長期的戰備狀況，深遠地影響了政治與社會的組織運作形態。隨著政局的鞏固，徵兵制度的運作日趨熟練，徵兵的範圍擴大，服役的時間也加以延長。同時為了防止逃避兵役，也制定了許多規定，諸如役男不得出國、不得考夜大等等，形成了特殊的社會現象，直到民國 80 年代之後才逐漸予以解除。

徵兵制的長期實施，當兵成了台灣男子成長的必經之路，對社會的一體感具有正面的效果。而當兵也成為一種檢視公平與否的象徵，尤其權貴子弟設法逃避兵役或在軍中行使特權，每當揭露之時必定引起輿論大譁。雖然到了民國 80 年代以後，台灣的軍事戰略轉為海空軍的防禦，陸軍兵員的需求大幅降低，以募兵制取代徵兵制的呼聲時而可聞，然而面臨中共持續不斷的軍事壓力，徵兵制對內對外均具有高度的政治象徵作用，所以即使社會承平多年仍無法輕言改變。但已逐步減少徵兵員額，並實施替代役，使兵役制度產生了不小的變化，以適應更新的社會局勢。

一江山殉國王生明將軍遺孀柳淑輝女士　　（275 頁）

民國 44 年，堅守一江山壯烈犧牲的王生明將軍遺孀柳淑輝女士，接下台北市中山區公所致贈的「榮譽之家」門牌，臉上仍難掩一絲黯然。一江山和大陳島位於浙江省外海，為中華民國領有最後的浙江島嶼。由於離台灣甚遠，補給線長，難以防守。

王生明，湖南人，少年投筆從戎，曾經參與中原大戰、勦共和抗戰，作戰英勇。此時，臨危受命，被派為一江山防衛司令，民國 44 年 1 月 18 日，中共對大陳島的門戶一江山島發動共軍史上首次陸海空軍協同作戰，激戰三天後，王生明以下近 700 名國軍防衛官兵大多數陣亡。此役，國軍雖然戰敗，但寧死不降的忠烈精神，仍然震撼國際社會，更激勵了國軍士氣與台灣人心。隨後，美國派出軍艦，協助中華民國政府將約兩萬名大陳島軍民全部撤至台灣。共軍亦未予攻擊。

王生明陣亡後，蔣中正總統在台北親臨致祭，追晉為陸軍少將，並入祀忠烈祠，蔣夫人為一江山陣亡官兵孤兒與大陳島撤退來台的孤兒，在台北設立了華興育幼院。王生明將軍的獨子王應文畢業於國防部政戰學校，近年為一江山戰役協會榮譽理事長，畢生致力宣揚先父的壯烈的英勇事蹟，於 2020 年過世。

歡送新兵入營餐會

民國40年，台灣省徵兵令頒佈，各地都有新兵入伍，有關單位也紛紛舉行歡送儀式。圖為台北市各界歡送第一期新兵入營餐會。

「孤軍」女兵呼喊反共口號

民國42年，由滇緬邊界撤回台灣的李彌部隊女兵高呼反共口號，這支部隊日後又被稱為「異域孤軍」。民國38年，李彌率領的餘部進入緬北，與緬共作戰，佔領大片土地，並試圖發起反攻大陸作戰。後來，緬甸政府向聯合國控訴中華民國侵略，造成複雜的國際政治。最後，部隊主力進入泰國北部，一部分前來台灣，造就國共內戰後期的一段傳奇。

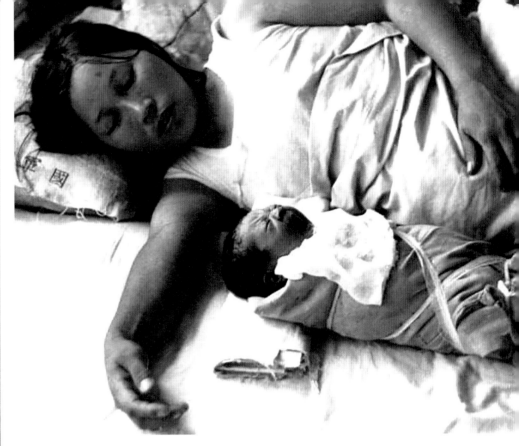

告別家園的大陳島居民

民國 44 年,大陳島大撤退,居民離開家園的一剎那。由於一江山陷落,大陳島難以堅守,為了避免無謂的犧牲。中華民國政府決定將大陳島兩萬多名軍隊與居民,全部撤到台灣。照片中離開家園的居民,在牆壁上寫上反共口號。

富台部隊眷屬的出生嬰兒

民國 42 年,黃杰將軍率部隊和眷屬由越南富國島撤來台灣,照片為初抵台灣的一名婦女產下嬰兒,在台灣迎接未來的人生。民國 38 年底,黃杰將軍由華中率部一路敗退,輾轉退至中越邊界。後來放下武器,進入越南境內,接著被法國殖民當局安排安置在富國島三年,本擬由中華民國政府進行再武裝,作為反攻大陸的先頭部隊。然而,此計畫由於可能導致解放軍進入越南境內,於是遭到法國政府的強烈反對。最後,蔣中正總統決定李彌部隊留在緬北,黃杰部隊和眷屬則全部撤到台灣,充實國軍的戰力。

駐台美軍政治顧問視察綠島政治犯監獄

民國 43 年，駐台美軍政治顧問參觀綠島，此為視察女性政治犯的情景。在冷戰期間，美國情報單位亦曾參與亞洲各國的反共偵防工作，美國亦協助台灣壓抑島內社會主義革命的思想。

事實上，美國政府在美國本土掀起了麥卡錫主義的反共狂潮，無情打壓美國內部的傾向社會主義思想的知識份子，並在無證據的情況下，指控他們為蘇聯或者中共的間諜。

綠島，日據時代又稱為火燒島，專門用來放逐重大流氓犯之用，距離台東 18 浬，與蘭嶼相隔 40 浬。冬春季節，西北風強烈，海面上的波浪被強風颳起，變成小雨點，降落在島上西北向的草木上，使之受鹽分的侵襲而致乾枯。從台東遠看這個島，整個山區像是發生火災，燒得寸草不留，故稱「火燒島」。

中華民國政府改其名為「綠島」，取其夏初，雨季過去，草木重生，漫山遍野又成綠色之故。綠島島民多以捕魚為生，人口有數千人。民國40年，在綠島設「新生訓導處」，導因國軍在登步島俘虜共軍百餘人，運來台灣，安置在台北近郊的內湖看守所。後來在南日、東山、大陳島等戰役中又俘虜大批共俘，內湖看守所太小，不夠容納，於是遷到綠島。「新生訓導處」的主要工作就是思想改造，故稱為「新生」。在戰爭歲月中，因實施戒嚴、壓抑異議，不少知識分子因言獲罪，也有許多人因黨派勢力傾軋暗鬥，或以莫須有的罪名遭致陷構，以致被判刑送到綠島來。

高峰時期，新生訓導處包含三個大隊，一大隊又包含四個中隊，一個中隊又分二個分隊；另外還有一女生分隊，最多時有一千七百多人，平均年齡在三十歲以下。犯人刑期不一，依其被認定案情的輕重。1951年初來綠島的犯人多在十年內被釋放，送回台灣本島謀生。由於是政治犯，屬思想和信仰問題，管訓者和被管訓者實際上始終處於意識和情緒的對立狀態，綠島對雙方而言都成為一特殊的人生經歷，也是現代台灣政治、社會、甚至文學的特殊議題。

有關於早期綠島政治犯的生活，李鎮州在《火燒島第一期新生》中寫道：「每天早飯後，都有一小時的『小組討論會』，討論的題目由訓導處統一提出，大部分是由上課的課程中抽出，小組以班為組，設組長一人，討論時主席一人，由新生輪流擔當，每一題換一次主席，記錄一人，也和主席一樣輪流，每一組有一個經過政工訓練的長官幹事做旁聽，隨時注意每一個人的發言，沒有沈默的自由。」此外，秦漢光在《我在綠島三二一二天》一書中寫道：「唱歌，除了早點名時，必須要張口大聲唱《新生之歌》，集合時是練習新歌以及複習已經學會的老歌。這是件令我們痛苦但必須忍耐的事。加上唱的就是那幾首，真是要命。我記得《新生之歌》的歌詞是這樣的：『三民主義的洪流，粉碎了我們的迷夢，我們不做共產黨的奴隸，我們要做反共的英雄，起來，新生同志們！起來，新生同志們！』」

由於大多數新生皆值盛年，卻被囚禁在一座海島上，終年與海天為伴，人生的七情六慾遭到扭曲，秦漢光對此有一段生動的描述：「在這樣的環境裡，當然是不被允許談戀愛。可是戀愛這玩意，禁止和鼓勵差不多有同樣的效果，只可惜單戀者多，彼此心心相印而不敢透露的也不少。不論單行道還是雙行道，幾乎都沒有結果。原因無他，女人青春有限，失去了自由，卻有飯碗，一旦有了自由，便忙不迭地要抓牢救生圈，迫不及待找一張長期飯票。有好幾對，同案、同囚、同學、同時出來，十多年椎心泣血的苦愛，原以為一定成為眷屬。不料，因被抓而相戀，因被釋放卻分了手。試想一個三十出頭又坐過牢的女人，還有什麼指望？還有什麼可選擇的？民國50年左右，『女強人』名詞還沒出現，『單身貴族』的想法尚未形成，不結婚而可以生孩子的觀念根本沒有。只要有人要，何況有人愛，還不嫁了算了。而男新生剛出獄，泥菩薩過江，有的不是本省人，上了台東陸地，東西南北何處落腳都茫茫然，遑論成家。女新生不得不遷就現實，碰到第一個向她示好的男人便嫁人。」

「就在兩年前，我在國外遇見了在綠島被稱為『新生之花』的伍玖，她在海外很有成就，已經拿到了『終身教授』資格。那次我們在一次學術會議上不期而遇，同住七十二層高的『桃樹園酒店』，晚間在頂樓咖啡座裡，眺望遠處閃閃光點，在星星燈火難辨的夜色中，兩個都屬花甲的人，雙雙陷入囚年往事。她轉往窗外，壓低了嗓子，但刻意把歌詞唱得特別清楚：『日落西山滿天霞，對面來個俏冤家，眉兒彎彎眼兒大，頭上插了朵小茶花。那個山上沒有樹？那個田裡沒有花？那個男子心中沒有伊？那個妞兒心中沒有他？』」

就是這樣五味雜陳的回憶，使綠島紀事也有丁點的甜蜜點綴。但失去了自由，喪失了對生活的掌握，所謂的甜蜜僅只是回頭探望時的幽思罷了，綠島生涯絕大部分是苦澀的，尤其長時期內，社會廣用歧視和恐懼的眼光看待在綠島被關過的人，親屬子女也絕口不敢多提。直到1980年代，台灣反對運動日趨成熟，政治與社會價值也跟著改變，綠島的政治犯由過去的負面形象逐漸出現抗爭以及爭取自由的光彩，並隨著反對運動成為政治英雄。許多前政治犯有關綠島生活的文章和書籍也陸續出現，原來在人們心目中充滿神祕色彩的綠島終於揭開其真實的面目，一段曾被視為禁忌的歷史終得公諸於世。

民國80年代中期以後，政治犯成為歷史名詞，綠島的囚室也成了歷史古蹟。曾在綠島坐監的作家柏楊努力奔走，希望能促成在綠島豎立「垂淚碑」，追念這一段黑暗的歲月，並衷心期盼母親們永遠不需要在暗夜中為兒子哭泣。民國87年，這座「垂淚碑」以「人權紀念碑」之名坐落在綠島，不過因當局的疏忽，許多有歷史意義的囚牢已經改建，面目全非，未能保留原始的面貌。

至今台灣民間流行的「綠島小夜曲」曲調優美，人人能唱，不過它原來是抒情歌曲，與政治犯的思緒情懷無關。倒是1960年代中，流行於綠島的詩歌《閃耀的島》出自政治犯之手，勾起大自然、生命和靈魂的遐想，足為這一段歷史的註腳：
閃耀的島，怡然地—被一片蔚藍緊緊擁抱。生命的韻律，隨時光流長；時時閃耀，閃耀著銀白的圈，灑遍了綠色的香料。潔白的披肩在風中舞蹈；這—閃耀的島，自然的眩耀，愛心的祈禱。

綠島小組會議的討論題目

民國43年，綠島的政治犯正在進行小組會議。他們大部分是原解放軍戰俘，被送到綠島進行思想改造，也有台灣的左翼青年，為中共宣傳，甚至將反政府活動組織化，被安全人員查獲逮捕。在冷戰的結構下，被送到綠島服刑改造。

照片前方的黑板上詳列了討論題目：「為何漢奸必亡、侵略必敗？其中第三條：根據歷史的例證，說明朱毛漢奸滅亡的必然性。」這個題目充分顯示了政治教化的核心內容。

綠島政治課批判「新民主主義」

民國43年，綠島政治犯正在政治課聽講，黑板上的題目是「匪黨理論批判」、「杜撰新民主主義」。由於新民主主義是毛澤東於國共內戰期間所發表的文章，作為中共國內鬥爭的指導綱領，政治課的主要內容就是在批判毛澤東的思想。

金門國軍向「八二三砲戰」中陣亡的同袍獻花

民國 47 年底，金門國軍向「八二三砲戰」中陣亡了同袍獻花。這場大規模的砲戰震撼國際，也牽動了台灣、中國大陸和美國等三者之間的權力角力。

民國 47 年 8 月 23 日，國軍四十七師駐守小金門師長郝柏村，在日記中寫著：「下午六時赴湖下晚餐甫畢，正在桌上閒談時，十八時三十分傳來砲聲，敵準備已久之攻擊動作開始矣。今日敵砲襲擊，從圍頭以迄煙墩山，全面向我大小金門及大二膽瘋狂射擊九十分鐘。」
鎮守小金門的郝柏村事隔多年之後，公佈了當年砲戰期間的日記，詳述當年的景況。另外一位駐守金門三獅山的一五五榴彈砲第一砲手，事後獲頒「戰鬥英雄」頭銜的郭仕山回憶說：「我聽到『咻』一聲，知道有砲彈要落下，立即閃身，砲彈落在距我一公尺處，我整個人被彈起來，帽子不見，眉毛被燒，三件上衣的鈕扣也全不見，左腿也被砲彈碎片擊中，整個人已昏迷不醒。」儘管郭仕山受了重傷，後被同袍救活，不過他說共軍的情況不會比他更好：「由於擔任第一砲手，我可以用望遠鏡看共軍損傷的情形，看見共軍開腸破肚，斷手截肢的情況，實在很不忍，但駐在金門守軍，對共軍不斷砲轟金門，已積了一肚子怨氣，單我駐守的碉堡，就至少落下兩千發砲彈，離開碉堡時，腳都踩不到土，因為已全覆蓋砲彈碎片。」

回溯民國 46 年 7 月，台海戰雲密佈，金門與廈門之間一場規模空前的砲戰即將爆發，這場戰役不僅是國共內戰的延續，也牽涉到複雜的國際背景。由於中華民國政府已與美國簽署共同防禦條約，戰爭的規模將考驗華府對台灣的承諾，以及中共與美國武裝衝突的底線。至於台灣本身的防衛力量以及人民意志的強弱，也在這場砲戰中受到考驗。其中不僅留下許多生死血淚的戰鬥故事，也留下了一些尚待解開的歷史之謎。

8 月間，中共米格十七戰鬥機大舉進駐大陸東南沿海機場，大批部隊亦集結在福建，尤其福建軍區副司令員葉飛，直接指揮三十二個砲兵營聯合組成蓮河及廈門地區砲兵群，負責打擊大小金門國軍守軍。另六個海岸砲兵連配置在圍頭、蓮河、廈門一線前沿，負責打擊大金門的料羅灣國軍船艦。由於共軍調動頻繁，國軍亦積極備戰，同時為了因應即將爆發的戰爭，華府將一批響尾蛇飛彈運交中華民國政府，第七艦隊亦駛近台海做武力展示，華府並且表明，如果台灣和澎湖遭受攻擊，華府與台北的共同防禦條約將自動生效，不過對於金門、馬祖地位的立場，華府並不明確。

8 月 14 日，國共兩軍在馬祖海域進行了激烈的海空戰，拉開了戰事的序幕。8 月 23 日下午五點三十分，共軍前線指揮員正式發出「開始突擊」的命令，頓時金門陷入一片火海之中。此時國防部長俞大維、金門防衛司令官胡璉正在張湖公路的山下漫步，俞大維被砲彈碎片所傷，由心戰指揮所主任廖光華背負進入作戰指揮所。不過在翠谷湖岸的副司令官趙家驤、吉星文和章杰等三人卻遭砲火擊中，犧牲殉職。由於事出突然，而且電話線炸掉，指揮中斷，國軍在二十分鐘之後才開始發砲還擊。根據國軍的紀錄，八二三當天共軍打了四萬七千多發砲彈，國軍反擊了十二萬發。儘管國軍被動還擊，但因使用美式臣砲，共軍也付出慘重的代價。

民國 47 年 9 月 9 日，大陸《光明日報》刊登「福建前線通訊」，內文寫道「金門蔣軍就集中幾個陣地的砲火，向我陣地轟襲，壓制我們的砲火。敵人的穿甲彈、空爆彈和燃燒彈不斷地在陣地周圍爆炸，臣大的爆炸聲震聾了戰士們的耳朵，黑色的煙塵迷住了戰士的眼睛。突然，彈片飛進了火砲附近的彈藥庫，打中了彈包，燃起了一團烈火。熾熱的火舌沖出了彈藥庫噴到了火砲上，噴到了戰鬥中的砲手們的身上。火砲起火了，戰士的衣服、頭髮、眉毛一起燃燒了。……小敵人的砲彈繼續不斷地在周圍爆炸，砸長的腳又被彈片打傷了，裝填手的兩條腿不能動了，瞄準手背上的皮被燒得全部脫落，運彈手在彈藥庫門口又被一發敵人打來的砲彈炸倒。」

這些描述生動反映了雙方砲火的猛烈，傷亡慘重。不過函府和美茵對於主動發動砲戰的中共究竟有何戰略和戰術的意圖，並不十分確定。8 月 24 日，共軍一方面繼續砲擊金門，另一方面又出動海軍打擊國軍的運輸部隊，同時又砲擊金門機場的設施以及正擬起降的飛機，金門實際上已遭到封鎖。在砲戰的前十天，共軍已發射十萬發以上的砲彈。9 月 3 日，中共主動宣佈自 4 日起停止砲擊三天，以觀各方動態，國軍則藉此空檔對金門進行了空投補給。7 日起，中共與華府進行了一場政治角力，互探虛實。國軍補給艦受到美軍軍艦的護送，繼續對金門補給，共軍未予攻擊。不過 8 日，當台美混合艦隊又到金門卸貨時，共軍接獲指示集中砲擊國軍軍艦，此時美艦未予護航，反而迅速駛離。此時雙方均清楚彼此避免正面交戰的戰略底線，不過共軍仍然維持著「打而不登、封而不死」的特殊形式，似乎有意讓國軍繼續留守金門，並維持某種戰鬥的形式。

9 月 30 日，美國國務卿杜勒斯發表聲明，直言「蔣介石應退出金門，以台灣海峽為界實行停人」，不過卻遭蔣介石總統嚴拒，表示國軍將堅守金門陣地。由於中華民國政府遷守台灣，中共建立新政權之後，美國政府內一直有主張「台灣地位未定論」的聲音，意圖將台灣由中國主權中分割出去，作為協助台灣圍堵共產中國的合法依據，因此杜勒斯的聲明被解讀為華府要求蔣介石放棄福建沿海島嶼，以為兩岸政治上完全切斷做準備。此時金門砲戰摻入了國際政治的因素，國共雙方均明顯抗拒華府此一立場。

10 月初，中共中央軍委對共軍下達指示：「我們目前以收復金馬還是仍由蔣軍占領金馬，兩者對今後鬥爭孰較有利，是我們當前必須考慮和決定的問題。當然，早日收復金門、馬祖，對解除福建沿海地區的威脅，對打開海上交通，發展福建沿海的經濟建設，對於鼓舞全國人民和我軍的士氣有很大的好處。

但是，把這個勝利和暫時利用金馬把敵人套在絞索上，把占領金馬和占領台灣統一來解決的長遠利益比較起來，則不如讓金馬暫緩占領，仍由蔣軍占領似乎較為有利。」10月6日，由毛澤東起草，以國防部長彭德懷名義發表了「告台灣同胞書」，暫以七天為期，停止砲擊，並提議舉行談判，不過遭到中華民國政府拒絕。這段時間，共軍砲火打打停停。10月21日，杜勒斯訪問台灣，與國府達成共識，即華府增加對台灣的協助，不再要求國軍由金馬撤退；同時，國府則減少在金門的駐軍，並不再對大陸使用武力。美國對國府在軍事和政治上的限制也引發一股反彈情緒，外交部長葉公超公開表示：「沒有一個國家保有軍隊而又『放棄使用武力』的，有的報紙說，我們已經『放棄使用武力』了，這是不對的。」

在中共、國際府和華府等三方面，透過砲戰進行一番政治試探以後，自10月起，砲戰進入了尾聲。中共提議就砲戰進行停火談判，美國則希望國共實現永久的和平，以對兩岸進行其國際戰略架構下的政治安排，國府則既不願意與中共做任何的接觸和談判，也嚴拒華府可能的「兩個中國」或「一中一台」的計畫。在這種情況下，中共決定維持某種戰爭的形式。10月31日，宣佈對金門單日打砲，雙日休息，而且要求砲擊盡量不造成傷亡。

民國49年起，金廈國共守軍的砲擊都打到無人地帶，成了純粹象徵性質，國軍也停止派遣戰鬥機進入大陸，台灣海峽硝煙漸息。民國50年12月，中共中央再命令福建守軍停止實彈攻擊，只打宣傳彈。直到民國68年，北京與華府建交，並確定其掌握了「一個中國」的原則後，原有的砲擊已失去政治意義，因此，民國68年元旦中共人大常委員長葉劍英發表「告台灣同胞書」的同時，由國防部長徐向前發佈「關於停止砲擊大小金門等島嶼的聲明」，以配合其和平統一、一國兩制的政策。

根據統計，在八二三金門砲戰近兩個月多的時間內，中共總計向金門列島射擊五十六萬發砲彈，創下現代戰史的紀錄。至於這場砲戰的來龍去脈，尤其是國際政治的層面，後來陸續地加以披露。1990年中共出版了葉飛的《征戰紀事》，對戰爭前後有內幕性的描述。中共自認為在砲戰

中掌握了完全的主動，而且「金門唾手可得」，至於砲戰的戰略目的是，毛澤東把金門、馬祖視為套住台灣脖子的「絞索」，不讓台灣在美國的鼓動下獨立。毛澤東私人醫生李志綏在回憶錄中也談到，毛澤東曾說：「一個人有兩隻手，金門和馬祖就是我們的兩隻手，用來拉住台灣，不讓它跑掉！」台灣方面對於中共的政治動機未予置評，不過對中共有關砲戰勝利的說法卻直接駁斥。

事實上，從民國47年以後，八二三金門砲戰變成中華民國反共必勝、建國必成的象徵，國民黨政府認為，由於這場砲戰的勝利，台灣和澎湖的安全得以確保，數十年來，政治領袖、軍事首長、戰鬥英雄乃至金門百姓的歷史證言不斷刊出或出版，代表著奮鬥不懈，捨己為國的精神，鼓舞著人心士氣。金門和馬祖也成了反共教育的中心堡壘。每年，各界經常組織勞軍團到金馬，大專生則參加金門暑訓團。至於役男當兵駐守金馬，在海岸線站衛兵，面對廈門島，夜裡聽見對岸間歇性的砲擊聲，留下許多特殊的當兵記憶，日後點綴在軍旅文學中。國軍軍官陳進寶在一篇文章中留下了感性的文字：「登陸艇的引擎聲在黑夜的海上響個不停的時候，我懷疑『我』是不是在這艇上，我更懷疑是不是將登陸大陸，況且登陸大陸和登陸大擔有什麼不同？迎頭一看，夜空的星星像鑽石一樣點綴著，而有些人類就在這種美麗的景色下，進行著戰爭……。」

總之，透過特殊歷史命運的契合，一般台灣人對金門和馬祖有著深厚的感情，金馬生活的點點滴滴日後亦成為台灣集體記憶的重要組成。而這一場八二三砲戰，也深刻影響了之後台海情勢的發展，改變了兩岸無數人民的命運，永遠鮮活地存在這一代台灣人的腦海之中。

高中生武裝競走領先的女學生

民國43年，高中生武裝競走女生組，競爭激烈，一位取得領先的女學生。高中生武裝競走分為男生組和女生組，路程穿越台北市區，各個學校都派出了大批同學，高舉校旗，為自己學校競走的同學沿途打氣加油。

民國40年代，台灣屬於高度戰備狀態，此照片的時代背景，韓戰停火不久，中南半島的戰火更為熾烈。越共在奠邊府殲滅法國軍隊，至於中華民國的局勢也是高度緊張，福建沿海地區經常爆發激烈的海空軍戰事，李彌部隊在緬北英勇作戰，一江山和大陳島恐難以守住，大規模的軍民撤退行動已在規劃中。

在這種時代環境中，台灣社會屬於高度組織化的戰備狀態，思想集中、行動一致、犧牲自我，成全集體利益。高中開始有軍訓課，不僅有基本操練，還有實彈射擊、武裝競走、軍歌教唱等軍事訓練。這一代年輕人被訓練成嚴守紀律、吃苦耐勞、承擔責任、奮戰不懈、孝順父母、保持禮貌、具有團隊精神等基本道德。他們刻苦耐勞的特點到了民國60年代，得以充分發揮，成了台灣各項建設的中間骨幹，也是實現從貧窮到富裕社會的世代力量。

背雙槍步行返校的高中女生：團體生活的青春

民國43年，高中生武裝競走完成後，一位女學生雙肩背著槍枝，準備和同學們一起步行返校。

在戰備的時代環境中，年輕人也過著緊張的生活，沒有太多休閒娛樂，女孩子也沒有什麼打扮。平日課業繁重，還要準備升學考試。大學畢業後，到國外打工留學，或者直接就業，承擔家計。這是沒有紅花綠葉的青春，卻滿懷理想熱情，努力將目標付諸行動，有著強烈的榮譽感和羞恥心。這種團體生活和自我自律，也萌生了歸屬和幸福。

到了晚年後，回想許多年前的青春歲月，彷彿一下子又回到曾有澎湃的心思，以及克服各種難關的自豪和欣悅。

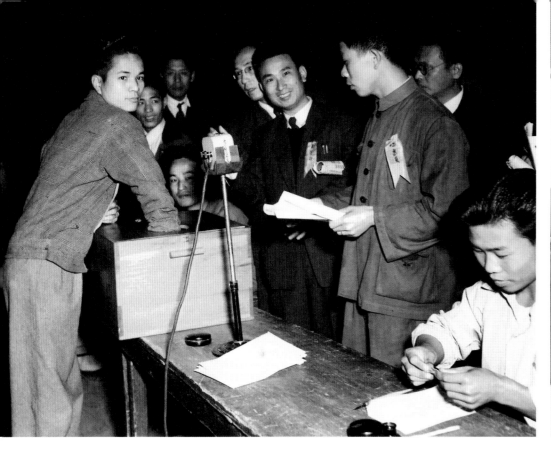

西湖商工校長趙筱梅為保送軍校的同學們送行

民國 72 年，保送升學軍校的高中畢業生搭乘專車，前往各軍校報到。學校師長和父母們前來車站送行，希望孩子們順利踏上軍旅的生涯。

高中三年級時，有個軍校代表到學校裡做招生說明，鼓勵同學們從軍報國。就讀軍校不只是當兵，也有各種學習新知和出國留學的機會，而且軍人的待遇和福利也每年提升。因此也有相當多優秀的學生選擇就讀軍校。

役男抽籤入伍的儀式

民國 40 年，役男抽籤入伍，並根據抽到的兵種前往不同訓練基地報到。抽籤的儀式成為役男入伍必經步驟，抽到不同的兵種和當兵的地方，都會引發排隊抽籤者的各種反應，也成為茶餘飯後的話題。

成功嶺大專集訓的汗水和歡笑

民國 50 年 8 月，成功嶺的大專生集訓，接受為期 12 週的軍事訓練，以鍛鍊文武合一的現代青年。

民國 47 年，大規模金門砲戰爆發，台海局勢緊張。蔣中正總統指示培養文武合一的現代青年。國防部會合教育部、救國團、省政府等單位，研擬訂定「大專學生暑期集訓」辦法，由陸軍各訓練中心實施。一般大學生入學前即接受 12 週的軍事訓練，由於訓練地點在台中成功嶺，所以又稱為成功嶺大專生集訓。

這項訓練計劃共實施了 47 年，於民國 88 年結束，總共約有 133 萬大學生走過成功嶺的訓練歲月，成為四、五、六年級的共同回憶。儘管訓練時間並不長，但是成功嶺的點點滴滴，包括連上的弟兄、連長、排長、班長、操練、打靶、震撼教育、喊口令唱軍歌、假日回營後收心操，甚至入睡前播放「今宵多珍重」輕柔歌聲等等，種種汗水和歡笑，一輩子都深深留在腦海裡。

不少人進入晚年後，仍然可以唱出成功嶺之歌：
國旗在飛揚，聲威浩壯，我們在成功嶺上，鐵的紀律使我們鍛鍊成鋼，愛的教育給我們心靈滋養，驚奇、震撼、緊張，替生命開創，團結、合作、創造、讓智慧發光……。

駐越大使胡璉視察堤岸戰況 （右上）

1968 年，越戰形勢升高，越共發動「春節攻勢」，戰火燒遍越南全境，尤其在順化與美軍與南越軍進行了一個月的巷戰，戰情激烈。照片為中華民國駐越南大使胡璉將軍視察堤岸的情形。

山東半島突擊隊凱旋歡迎會　（288 頁）

民國 53 年，山東半島突擊隊勝利凱旋歡迎會，突擊英雄們接受各界群眾的歡呼。這次從台灣到山東遠距離突擊行動的成功鼓舞了台灣人心士氣。

民國 53 年 6 月 11 日，《中央日報》頭版頭條新聞標題是「奇襲山東半島成功，傷斃匪軍三十餘人」，此外還有一張在奇襲行動中喪生的李秉銘烈士的遺照。

在全國矚目下，李秉銘的公祭獲頒蔣中正總統所書「成功成仁」輓額，公祭當天，前往極樂殯儀館瞻仰遺容者絡繹不絕，一般團體之外，五院和所屬部會多達六十幾個單位，政府首長皆前往上香致敬。這次突擊行動一共十六人參加，李秉銘烈士獲立銅像，蔣中正總統親自召見嘉勉其餘的 15 人，頒發勳章、獎狀和獎金。同時在媒體的大幅報導下，掀起了青年投效反共救國軍的熱潮。

民國 44 年，隨著韓戰的結束，美國與蘇聯、中共之間的熱戰逐漸轉為冷戰，彼此間大規模軍事衝突的可能性大幅降低。加上中共在近海作戰的機動性增加，國軍在東山島戰役中損失慘重，國民政府軍事反攻大陸的計畫，無論在國際條件或登陸作戰的優勢上，都逐漸走下坡。如何重新推動反攻的事業，成為政治、軍事首長面臨的問題。此時，國防部情報局偵防組組長谷正文以明代的倭寇為例，同時又舉後來的鄭成功父子在海上建立堡壘揮軍大陸的史實，說明沿海武裝騷擾行動可以對中共造成重大威脅。情報局長毛人鳳接受此議，向蔣中正總統報告武裝人員突擊大陸的計畫，蔣表示同意此案。

層峰意向清楚之後，情報局開始在社會各階層招兵買馬，同時在日本神戶設立一個據點，藉國際轉運港吸收大陸船員，蒐集有關大陸沿海港口的情報。不過，這一年 10 月，毛人鳳過世，新任情報局長張炎元對此案不感興趣，以致計畫停擺了五年，直到民國 49 年葉翔之接任情報局長之後，對此計畫又轉趨積極。情報局延聘技術專材，成立了船艇技術研發部門，再由海軍總部情報署調來擅長水中爆破、曾任全國蛙人大隊隊長的劉醒華擔任海上突擊部隊總教官，積極展開組訓工作。

訓練完成，一切就緒後，海上突擊行動隨即展開，突擊範圍北至山東萊陽，南至廣東陽江。隨著突擊的頻率增加、範圍擴大，中共反擊也變得強烈積極，尤其 1962 年中國大陸出現大飢荒，大批難民湧至廣東與香港交界處，震動國際社會，中共高層政爭亦暗潮洶湧，所以毛澤東對於國軍在沿海的武裝突擊行動，加倍提高警覺。中共中央軍委下令，北自渤海灣、南至東京灣六千公里的沿海城鎮，解放軍與民兵須夜間輪流巡視，出海漁船受到嚴格控管，力求將國軍的海上突擊隊殲滅在海上或沿岸。中國大陸沿海草木皆兵，自然使得海上突擊行動的困難度提高，民國 51 年 11 月底，30 餘名武裝突擊人員喪生於廣東台山外海，無一生還；雖然如此，國軍仍繼續進行突擊行動。到了民國 53 年，海上突擊行動達到了高峰。這一年的「海虎專案」與「立功專案」獲得成功。「海虎」是情報局第一次奇襲山東的長程遠征計劃，登陸地點選在山東省榮城縣龍山前。情報局挑了 16 名野戰部隊出身的好手，組成一支「山東省反共救國軍」，先到韓國，由韓國出海，6 月 1 日晚上八點左右抵達龍山前海域。儘管那天颳著大風，起著大浪，但是 16 人仍分乘兩艘突擊快艇向目標區挺進。任務中擔任副隊長的是于東岱，時年已五十六歲，本來離開部隊已有二十年，但因是山東榮城人，一口山東土腔，為了這個突擊案又被找回來。

凌晨二點，突擊隊兩路人馬分別上了岸，于東岱這一隊走不到二十公尺就被哨兵發現，雙方開起火來。大約同時，另一支隊伍趁亂潛入了營房，將存放檔案的櫃子整個搬走，本來他們想喬裝漁民離去，但因另一邊已經打得很激烈，於是他們只好拿出卡賓槍加入戰局。儘管寡不敵眾，但因反共救國軍攻其不備，準備充裕，長達十個小時的激戰過後，解放軍被擊斃三十餘人，反共救國軍中則有李秉銘和劉翰德兩人掛彩。此時登陸行動宣告中止，兩組人馬分別登上小艇，奮力駛回母船，其中于東岱那船八人幾經波折後，終於找到母船。另外載著李秉銘和劉翰德等人的小艇則不見蹤影。

事後了解，原來他們的小艇機器故障，在風雨交加中迷航，只好在黃海中隨波逐流。漂流期間，為了不讓小艇飄回大陸，他們在槳上綁上青布條，豎在船頭，作為克難的風向儀，同時用手腳代替搖槳，與狂風巨浪博鬥。在飢寒交迫之餘，甚至飲尿解渴止飢。歷經四晝夜，直到 6 月 6 日才在全州島上被一艘韓國漁船救起。此時，李秉銘已經死亡，劉翰德則被送到醫院開刀急救，取出子彈。為了讓死者入土為安，本來李秉銘的屍體打算在韓國火化，不過劉翰德卻堅持帶他回來，因為兩人都隻身由大陸來台，兄弟一場，他不忍獨留李的屍骨成為異鄉孤魂，於是和第一組的八人先乘漁船返回台灣，第二組剩下的六個人隨後搭機返台。

這次山東半島突擊行動鼓舞了台灣社會的人心士氣，蔣中正總統似乎同時對北京和華府示威，表示不管國際環境如何改變，國民黨政府反攻大陸的政策和決心絕不改變。至於另一「立功專案」則是同年間對福建沿海的心理作戰計畫，總共進行了四十五天，主要是利用遙控快艇誘使解放軍快艇出海，再予以炸毀。在十一次的突擊行動中，總共犧牲了總隊長陳介民等十餘人，卻使解放軍沿海部隊疲於奔命。

儘管民國 53 年是大陸沿海突擊行動的高峰，但中共的防禦力量也提高許多，加上北京在華沙會議中向華府施壓，使得台灣的軍事突擊行動未獲國際社會的認同。民國 54 年 7、8 月，國軍進行「田單作戰」的蓬萊一號、蓬萊二號計畫，由兩棲特種部隊取代反共救國軍，祕密突擊大陸。海軍則出動「劍門」與「章江」兩艘軍艦擔任護送工作。8 月 5 日清晨六點，這兩艘軍艦尚未穿過海峽中線，即被中共雷達網截獲，指揮官不知敵方已有了充分準備，結果被中共的快速砲艇和魚雷艇層層包圍。在激戰四個小時後，「劍門」和「章江」皆遭擊沉，官兵三百餘人犧牲。在這場著名的「八一六」海戰中，國軍大敗，海軍總司令劉廣凱引咎辭職，蔣中正總統的反攻計畫遭到重大的挫敗。

在內外條件皆不利的情況下，國防部長蔣經國開始降低「海威計畫」的重要性，很多人由於這項計畫失敗多，成功少，開始懷疑其價值。民國 60 代初，蔣中正總統身體衰弱，蔣經國掌握大權，政策由反攻大陸轉變為建設台灣，「海威計畫」喪失其存在的基礎。情報局悄然地收起這項計畫，那些曾風光一時的船艇最後棄置在澎湖漁翁島，經風吹日曬之後，終成一堆廢鐵，只留下當年英雄氣概和記憶。

在情報局寫下這段海上傳奇中，約有兩千人參與。整體損失狀況為死亡、失蹤者過半，約四分之一被俘，不是遭到槍決就是被送去勞改。其餘活下來的人分別散居台灣、香港、美國等地，到了民國 80 年代，已凋零大半。

民國 64 年，中共為了對台統戰，宣布釋放一批「美蔣特務」，共有 56 名前反共救國軍人員被送到香港，之後兩岸環境出現巨大的變化，許多被俘人員陸續回到台灣。

此外，曾任「海虎行動」副隊長的于東岱，於民國 79 年返回山東老家探親。當地縣政府派車接他到公安局作客，態度十分殷勤，鄉親們戲稱他是「反共司令」。至於曾任海上突擊隊總教官的劉醒華則於民國 84 年首度回南京掃墓。在大陸期間，處處被奉為上賓，彷彿重溫英雄舊夢，不過這一次卻是在當年他所領導突擊的大陸。

親人盼望你們早歸來

蔣軍金門防衛部副司令張星源的女她。現在國營上海生化樂廠工作。蔣軍攻打金門的緊要關頭，為祖國立功，張星源選擇投誠起義的生路，同大陸來與親人團聚。

蔣軍軍官們：你們的命運已到最後關頭了！希望你們當機立斷，率部起義，為祖國立功！

在三民主义制度下的
台湾省青年真幸福！

上图为：
台湾大学毕业生孙翠玉（中）孙瑞琴（左），这一对姊妹花和为她庆贺的妈妈，在校园里合影。
左图为：台湾大学毕业生陈东江，他的兄姊特地来向他祝贺。

我回到了自由祖

一九七七年七月
一大队第一中队中
飞来台湾，在台南

邵希彥、高佑宗接受
□國頒贈"漢城榮譽市民"
□書。

從山東駕機起義的中共飛行員
□希彥、高佑宗，九月十五日到達
□後，受到韓國軍民親切的接待
□月二日當他們將回台灣的前夕
□國政府尹泰日少將特在漢城市
□大廈前面廣場的數千市民面前，
□「漢城榮譽市民」的證書，頒贈
□邵希彥和高佑宗兩人。（見右圖）

反共起义作英雄，
受人崇敬多光荣！

中共空军独立侦察第二团第
□团焱，驾歼六型战斗机起义
□地降落后的愉快表情。

293

兩岸空標傳單　（292 至 293 頁圖組 ）

1950 至 1960 年代，兩岸空標傳單，內容都是對彼此領導人的激烈攻擊，同時宣揚己方人民生活的幸福安樂。這些空標傳單通常是由高空氣球飄送，印製量龐大，充滿了時代的特色。

鄧麗君在金門遙望廈門

民國 70 年代初，知名女歌星鄧麗君在金門島遙望廈門島。鄧麗君出生於台灣，父親是河北人，從小就懷有深厚的民族情感。她至童年就表現出傑出的歌藝，成年後主唱的歌曲紅遍海外華人世界，後來進軍日本歌壇，成為家喻戶曉的台灣女歌手。民國 70 年代初，鄧麗君的歌曲甚至紅到大陸去，成為大陸人最熟悉的台灣女藝人。這張照片代表兩岸深厚的民族情感。

國際局勢與外交風雲

本特使河田烈與中華民國外交部長葉公超簽署「中日和約」（日華和約）

民國 41 年 4 月 28 日，日本特使河田烈和中華民國外交部長葉公超，在台北賓館簽署了「中日和約」（日華和約）正式建立中華民國與日本國的正式外交關係，即日起雙方在東京和台北互相設置大使館。

1945 年 8 月 15 日，日本宣布無條件投降。9 月 3 日，日本代表在密蘇里艦上向盟軍代表投降。9 月 3 日在華日軍總司令岡村寧次在南京向中國陸軍總司令何應欽呈遞降書。日本亡國，成為盟軍佔領軍統治下的土地，並接受遠東盟軍司令麥克阿瑟將軍改造日本國家體制。

1951 年 9 月，因為美國為首的同盟國與日本簽訂舊金山和約，日本恢復主權。由於此時中華民國政府已經退守台灣，中共在大陸建立中華人民共和國，對台灣形成武力威脅，台灣有陷入中共之手的危險。因此美國就施展外交上的兩手策略，安排日本在合約中放棄台灣，但沒有明言將台灣交給誰。

儘管如此，舊金山和約於 1952 年 4 月 28 日生效，就在同一天日本與中華民國簽署了「中日和約」。
以下是中華民國外交部網站的解釋：
「中日和約」與「舊金山和約」的密切關係如下：
（一）「中日和約」第 2 條遵循「舊金山和約」的規定：「日本國業已放棄對於台灣及澎湖群島以及南沙群島及西沙群島之一切權利、權利名義與要求。」
（二）「舊金山和約」第 4 條規定日本與放棄各領土之行政當局商訂特別處理辦法；第 26 條規定日本準備與對其作戰但非該和約簽字國的國家訂立一與該和約相同或大致相同的雙邊條約。「中日和約」就是依據前述「舊金山和約」規定所簽署之雙邊條約。

亦即，日本在舊金山和約中放棄台灣、澎湖同時合約也賦予日本自行與當事國簽署雙邊的合約。因此，日本在舊金山和約中放棄了台灣、澎湖後，立即與中華民國簽訂和約，承認將台灣、澎湖交還中華民國，雙方建立正式邦交，並且在東京和台北互相設置大使館。

日本恢復主權後，迅速與中華民國重新建立邦交，雙方關係水乳交融。日本政府極端親中華民國政府，原因之一在於日本政壇對於蔣中正總統戰後善待日本人居民恩德的概念，日本人有報恩的觀念，中日重建邦交後，日本政府對中華民國做了許多正面回報。相較之下，日本與大韓民國在處理歷史問題上，面對許多分歧和難題，雙方經過 13 年的談判，才於 1965 年建立邦交關係。

日本駐台北大使館正式掛牌

民國 41 年 8 月 5 日，「中日和約」簽署約半年後，日本大使館在台北正式開館掛牌，對外經營外事業務，館址位於中山北路。日本與中華民國政府正式建立邦交，台灣和日本兩地官方和民間的交流活動頓時大幅增加。

首任日本駐台北大使芳澤謙吉赴總統府呈遞國書

民國 41 年 10 月，首任日本駐台北大使芳澤謙吉（右邊背對者）赴總統府呈遞國書，芳澤大使是在日本大使館開館後約兩個月後，正式到台北履新。

有關芳澤大使的背景，旅台日本作家本田善彥寫道：「芳澤曾爲犬養毅內閣外相，戰前任駐華使節頗久，在回憶錄裏寫道：抵達台北後，見到不少北京時代以來的老友（張群、何應欽、陳誠、以及北洋政府交通總長葉恭綽的侄子葉公超等人），在執行職務時頗有幫助。國府方面也任命董顯光爲駐日大使。」

簡言之，原來擔任日本駐華外交官的芳澤謙吉，如今來到原屬於日本殖民地而如今已歸還中華民國的台灣擔任大使。無論從任何角度而言，都是熟悉的人物和環境。短短不過七年間，日本由龐大的海外占領地，退回明治以前的日本四島，如今面對的則是重新出發的新國際社會。

蔣總統會見日本前首相吉田茂

民國 52 年 2 月，前日本首相吉田茂訪問台灣，並拜會蔣中正總統，雙方握手合影。吉田茂是日本戰後第一任首相，是日本與東京遠東盟軍司令部協調戰後日本體制重建的重要人物。日本戰前的政治人物基於歷史對中華民國均十分熟悉，他們對於蔣總統對日以德報怨的政策亦十分感念，這種情感奠定了戰後二十年中華民國與日本關係的基礎。

美國政府首長訪問台灣

1950 年代，美國政府首長訪問台灣，中華民國參謀總長彭孟緝到松山機場迎接。美國承認中華民國政府為代表中國的唯一合法政府，機場豎起兩國國旗。

中美共同防禦條約正式簽屬

民國 43 年 12 月，美國國務卿杜勒斯與中華民國外交部長葉公超，在華府簽屬中美共同防禦條約。這項條約使得台灣納入美國西太平洋軍事防衛圈，中美兩國具有軍事同盟的性質，但在解釋條約內容時，美國小心翼翼，避免自己介入蔣中正總統反攻大陸的軍事行動。

中華民國軍事訪問團飛抵美國

民國 45 年，中華民國軍事訪問團。地點，美國某空軍基地。中華民國高級軍事訪問團應邀訪問美國，這是中美兩國軍事合作走向高峰的象徵。照片中的中華民國高級將領，均是赫赫有名的軍事首長。

石覺　　胡璉　　胡宗南

TARY R TRANSPORT SERVICE

劉玉章　　唐君鉑　　宋達

球　　周至柔　　黃杰　　羅列　　　　　劉安祺　　蔣堅忍

中美兩軍反登陸作戰演習

1950 年代，駐台美軍與國軍舉行聯合軍
事演習，地點在淡水河岸。當時作戰主
要的目標是防止中共軍隊由北台灣登陸，
由中美兩軍進行反登陸作戰。

美國西點軍校戶外歡迎會

民國45年，中華民國軍事訪問團訪問美國西點軍校，照片為美國西點軍校戶外歡迎會。西點軍校和維吉尼亞軍校為美國最重要的兩所軍事學校，產生了美國最重要的軍事將領。

美軍軍官指導地獄貓坦克兵

1950年代，美軍顧問團軍官指導國軍坦克兵使用無線電，照片中的坦克是美援M18地獄貓坦克，這是美國主力坦克，提供國軍使用。

開懷大笑的美國官兵 （306頁）

1955年，美國勞軍組織（USO）來台慰勞駐台士兵，當時林口駐有不少美國士兵，他們開心地觀賞著台上表演。

蔣總統與岸信介首相晤談

民國 46 年 6 月 3 日，蔣中正總統與來訪的日本首相岸信介會晤。這是岸信介首相對亞洲六國親善訪問途中的一站，他由泰國飛到台北。在蔣總統的晤談中，岸信介首相充分支持蔣總統反攻大陸的政策。在中華民國友邦中，持這種鮮明立場的國家首腦十分罕見。岸信介首相對蔣總統戰後以德報怨的政策十分感念，全力支持中華民國的國家政策。

葉公超外長拜訪岸信介首相

民國 46 年 6 月 3 日，中華民國外交部長葉公超，拜訪來訪的日本首相岸信介先生（右），雙方茶敘，氣氛平易輕鬆。

劉自然事件成功高中學生陳映真高舉抗議標語　（310頁）

民國46年5月24日，美軍射殺劉自然判無罪案，激發台灣強烈民憤。大批台北民眾包圍美國大使館，衝入館內，搗毀辦公室設備，高掛抗議標語。照片為一群成功高中學生趕來現場抗議，右邊為日後成為知名作家的陳映真。他後來回憶說：「我臨時找了一塊紙板，寫上抗議美軍違反人權，沒想到卻留下了歷史照片。」

民國46年5月24日，大批台北民眾前往美國大使館抗議「劉自然案件」審判不公，群眾愈聚愈多，情緒高昂，終於造成砸館毆人的暴動行為。這時是在中美共同防禦條約簽署的三年後，台北竟發生如此大規模的反美暴動示威，令支持台灣的美國政府感到憤怒與疑惑，但在圍堵中共的戰略考量下，這場暴動衍生的外交風波迅速平息。

事件的起源是在這一年3月20日，美軍上士雷諾在陽明山住所前，將服務於革命實踐研究院的劉自然擊斃。陽明山警察分局獲報後，派員前往現場調查。警方以雷諾是現行犯，要將他帶走，可是卻被美方憲兵阻止，理由是駐台美軍享有治外法權，一旦犯案只能由美方調查審理，不能由台方處理。此案發生極可能刺激台灣人民的感情，可是台北官方並未阻止新聞界大幅報導，尤其在美軍法庭審判期間，有關事件的報導連篇累牘，而且多半對劉自然抱著同情的態度，一些評論勾起了帝國主義侵略中國的傷痕，社會上開始醞釀一股反美排外的情緒，政治不安的氣氛開始蔓延開來。

根據雷諾的說法，劉自然偷看他的妻子洗澡，他取槍衝出門外時，誤以為劉自然拿的是木條，而且要傷害他，驚慌中，雷諾向劉自然開了第一槍。劉向竹林邊逃去，雷諾趕緊回到屋裡，叫妻子通知憲兵，之後再回到門外，看見劉屈膝走來，擔心劉手中有槍，於是再朝他開了第二槍，擊中了要害。根據雷諾的說法，他是「自衛殺人」。根據美國法律，如果雷諾的證詞被採信，將是無罪的。然而台灣社會一般人並不接受雷諾的說法，因為從命案現場來看，無論是屍體的位置、方向、距離、血跡，都與雷諾所說有很大的出入。一般人相信雷諾沒有說真話，至於真相如何？由於沒有目擊證人，可能永遠無從證實。儘管如此，面對台灣社會被挑起的不滿情緒，美方保證案子沒解決以前，雷諾不得離開台灣，而且審判將持公平公開的原則。

5月20日，美軍駐台司令部組織軍事法庭，正式審理劉自然案，陪審員共列十二名，其中四人請求迴避，實際出席陪審的有八名。審判中，雷諾的辯護律師刻意閃避不利的證據，卻請來一些雷諾的友人，尤其辯護律師不斷宣揚雷諾過去輝煌的戰鬥史，說他在韓戰中一路由釜山打到鴨綠江。陪審團彷彿在聽一段愛國戰鬥英雄的故事，而不是一件殺人案件。23日上午，辯論終結，陪審團經過磋商決議，獲致結論。法官根據陪審團投票表決結果，宣判無罪，在法庭旁邊的美軍人員及眷屬立刻報以熱烈的掌聲，不過同樣在現場的劉自然的妻子奧特華卻已泣不成聲。

隔天報紙皆大幅報導，而且幾乎一律指責美方審判不公，奧特華發表公開信「我向社會哭訴」，各報多以刊載，社會不滿情緒達到頂點。這一天，奧特華背著中英文抗議標語「殺人者無罪？我控訴！我抗議！」走到美國大使館門前抗議，並吸引人群圍觀。十點四十分，大批警員趕到，人群則愈來愈多，並開始呈現騷動的態勢。下午一點十分，一些人試著翻越使館圍牆，群眾開始投擲石塊攻擊使館。一點四十分，數百人衝進使館，砸爛汽車、玻璃、卓椅，圍觀群眾不斷鼓掌叫好。此時，大批帶著「救國團」臂章的青年學生進入使館區，高呼口號。四點多，群眾在地下室發現有躲藏的使館人員並憤怒地施加拳腳。五點整，警方宣佈戒嚴，並用水柱沖擊群眾，但不久群眾又衝破警戒線，再度進入使館，翻箱倒櫃。事後美國大使館發現保險櫃被撬開，祕密檔案文件被拿走。一小時後，第一批武裝部隊趕到，驅散人群，然而群眾並不甘休，一部分人衝進台北市警察局，與警方發生衝突，結果槍聲響起，一人死亡，警民多人受傷。入夜大批武裝部隊趕到，情勢完全受到控制。

事發後，美國政府向中華民國政府提出措詞強烈的抗議聲明，要求懲凶賠償。美方並質疑台灣當局幕後指使這場反美暴動，美國媒體更進一步直指台灣總政戰部主任蔣經國是暴動實際的指揮者，不僅由於蔣經國掌管情報組織，而且暴動現場來了許多他所領導的救國團團員。對於美方的抗議與指控，外交部長葉公超亦發表道歉聲明，同意賠償損失。他同時也否認中華民國政府幕後主使這場暴動，並針對美方提出的疑點逐一澄清解釋。

在此同時，蔣中正總統下令撤除衛戍司令黃珍吾、憲兵司令部劉煒以及警務處處長樂幹的職務。在雙方不願擴大矛盾的共識下，這場外交風波迅速平息。儘管如此，劉自然事件顯露的台美關係矛盾面卻仍然存在，美國向台灣提供了大量的軍事和經濟援助，但交往姿態亦高，常有干預台灣向外政策之舉，招致蔣中正總統的不滿，並傷害台灣人民的自尊心。劉自然事件正是將此種心結浮上檯面，雖無直接證據指明國民政府在背後鼓動此事，但在處理方式上似乎相當寬容，更令人覺得國民政府欲藉此群眾運動向美國施壓，以伸張自己的主權地位。

從抗議美軍特權的觀點來看，劉自然事件確實促成美方重視美軍駐在地人民的自尊心，檢討其政策是否得宜，最終通盤修正其政策。雖然雷諾仍獲釋返回美國，但幾年後美國與中華民國簽署新協議，同意今後美軍人員一般刑案，將由台灣本地法庭審理。從整個中美關係來看，劉自然事件無疑影響重大。

示威群眾把美國比成俄國帝國主義

民國 46 年 5 月，台北示威群眾爬上美國大使館二樓，拉出抗議布條，上面寫著「朋友不殺人，殺人償命！美國不能學俄帝。」抗議群眾把美國與俄國帝國主義相比，實際上是中國人反帝國主義的延續。

台北民眾湧入美國大使館

民國 46 年 5 月，台北民眾湧入美國大使館，進入辦公室進行破壞的情況。這次台北返美事件造成美國與中華民國關係的緊張。

美國副總統尼克森訪問台灣

民國 42 年，美國副總統尼克森訪問台灣，在街上與民眾親切的交談。尼克森副總統代表艾森豪總統，表達對中華民國堅定的支持。

美國副總統詹森訪問台灣

民國 50 年，美國副總統詹森訪問台灣，他是代表新當選的美國總統甘迺迪，前來台灣重申美國對中華民國的支持。詹森副總統搭乘禮車行經台北街頭，接受台北民眾的歡迎，以表達雙方堅定的友誼。

台北群眾抗議日本特使椎名悅三郎

民國 61 年 9 月 17 日，日本政府特使椎名悅三郎前來台北，向中華民國政府解釋日本政府決定與北京建交，並與台北斷交。大批民眾湧往松山機場，向椎名悅三郎進行抗議，圖為群眾所舉的日文抗議標語。

民國 61 年 9 月，日本政府派遣自民黨副總裁椎名悅三郎做為特使，來台灣向中華民國政府解釋日本政府決定與中共建交，並希望雙方妥善處理後續事宜。當椎名悅三郎抵達台北松山機場時，迎接他的是大批憤怒的群眾，由於中華民國在日本戰敗後，採取寬大的政策，由蔣委員長指示安排將近三百萬的日俘和日僑優先遣送回國，對戰敗的日本也亦未施以嚴苛的求償，協助日本快速地回復戰後的重建工作。

日本棄中華民國，遷就中共的外交轉變，實為忘恩負義之舉，激起了我國民眾強烈的憤慨，自發性地聚集到松山機場外圍，同時在椎名悅三郎搭乘座車駛離機場的道路兩旁，高舉著寫有漢字及日文的舉牌、布條，大聲地怒罵日本政府背棄盟友的行為，場面相當混亂，政府不得不派出憲兵維持現場秩序。

1960 年代末期，國際政治面臨巨大的轉折，儘管 1949 年中共建立新政權，並在毛澤東極左政策的國際路線中積極結交亞非拉開發中國家，但是美國仍然堅持強硬的反共政策，在亞洲聯合日本、韓國、中華民國以及東協國家，對中共採取圍堵的政策。1953 年史達林過世，赫魯雪夫接掌蘇共總書記一職，開始採取修正路線，中蘇共遂產生路線之摩擦，裂痕日益擴大，甚至爆發輿論互相攻擊的現象。

1969 年初，中蘇共爆發珍寶島邊境武裝衝突事件，中蘇共公然交惡，提供西方戰略調整的想像空間。1971 年 10 月中共聯合第三世界國家，在聯合國取代了中華民國的席位，國際地位大幅提升，美國也擬聯合中共對抗蘇聯。1972 年 2 月尼克森總統訪問中國大陸，確定雙方關係正常化的外交議程。在這種情況下，一向追隨美國外交步伐的日本擬搶先在美國之前與中共建交，在國際政治詭譎的氣氛下，椎名悅三郎以特使身分來台解釋日本的政策。大約一週後，日本首相田中角榮偕同外相大平正芳訪問中國大陸，會見了毛澤東與周恩來。當月 29 日，雙方即正式宣布關係正常化，日本同時斷絕與中華民國的外交關係，並廢除民國 41 年雙方簽署的《中華民國與日本國間和平條約》。

民國 41 年 4 月 28 日，日本與我國簽署了《中華民國與日本國間和平條約》，我國與日本正式建交。民國 34 年 8 月 15 日日本宣布無條件投降，9 月 9 日在華日軍總司令岡村寧次在南京向中國陸軍總司令何應欽投降，結束對華侵略。此後日本處於同盟國占領的狀態，直到 1951 年 9 月《舊金山和約》簽署後，日本恢復主權，隔年《舊金山和約》生效的同一天，即與我國簽署中日和約，確認日本放棄了台灣的主權歸還予中華民國。隨後於 8 月在台北、東京兩地設大使館，雙方互派使節。此後，十多年間，日本和台灣朝野往來關係密切，台灣仍然延續日本殖民時代的許多文化形式，包括電影、流行音樂，以及日本的時尚飲食文化，雙方的表演團體也經常交流互訪。

儘管椎名悅三郎的解釋無法平息台灣民眾的憤怒之情，然而很快地，雙方又找到維持實質關係的方法，包括成立「亞東關係協會（今台灣日本關係協會）」，日本設立「財團法人交流協會（今公益財團法人日本台灣交流協會）」，並也互設了駐外辦事處，維繫兩國間的文化、經濟等交流。日本與中華民國斷交也象徵了中華民國進入外交的寒冬期，在整個民國 60 年代，重要的邦交國一個一個離去，接任行政院長的蔣經國提出了「莊敬自強，處變不驚」的口號，在外交上採取低姿態，對內則積極投入經濟建設，厚植國力，以改善生活方式來與中共統治下的中國大陸展開長期的競爭。

台北示威群眾高舉國旗

民國 61 年 9 月，台北群眾湧向松山機場，抗議日本特使椎名悅三郎，群眾高舉抗議標語，與中華民國國旗，表達了高度的愛國心。

日本特使座車匆匆駛離

民國 61 年 9 月，日本特使椎名悅三郎離開台北松山機場時，受到示威群眾包圍，在警察的保護下，椎名悅三郎特使的座車匆匆駛離。

群眾繼續留在現場高呼口號

民國 61 年 9 月，日本特使椎名悅三郎的座車駛離後，仍有部分示威群眾留在現場，高呼愛國口號，抗議日本忘恩負義。

警察保護日本特使的安全

民國 61 年 9 月，日本特使椎名悅三郎的座車被包圍的混亂情況，為了保護座車的安全，荷槍實彈的警察將群眾與座車進行隔離。

中華民國最後一任駐日本大使彭孟緝

民國 61 年 9 月，中華民國最後一任駐日本大使彭孟緝在駐日東京大使館最後的影像，站在左後方的是政務參事林金莖。儘管彭孟緝大使動用了所有的人際關係，包括請出日本政壇元老岸信介阻止東京與北京建交，但在國際環境的感變下，所有努力都功敗垂成。

鄧小平訪美

1979 年 2 月，中華人民共和國副總理鄧小平訪問華府，由美國總統卡特夫婦舉行盛大的歡迎會，兩國建立正式邦交，同時美國也斷絕與中華民國的正式邦交，撤出美軍，改以民間機構維持雙方的實質交流。中美建交代表世界局勢重大的變化，這是中共 1972 年加入聯合國之後，又一項重大的外交勝利。

美國代表克里斯多福座車遭蛋襲

民國 67 年 12 月 27 日，美國副國務卿克里斯多福率領美國代表團前來台灣，說明美國政府將與中華人民共和國建交，並與中華民國斷交。克里斯多福等人的座車離開松山機場時，遭到台北群眾的包圍，並且以雞蛋攻擊克里斯多福的座車。繼日本之後，中華民國最重要的邦交國家美國也迫於國際現實，與中共政府建立邦交，共同抵制蘇聯的擴張。從此，中華民國進入了外交孤立的困難階段。

三冠王美夢成真

電視前觀看少棒球賽的家人和鄰居：台灣人奮發與甜蜜的棒球運動之夢 （326頁）

民國 59 年 7 月，一群熱心觀眾在一個家庭客廳中，圍觀電視上直播中華七虎少棒隊與日本和歌山隊爭奪遠東區冠軍。此時，很多人家裡尚無電視，都是聚集到鄰居家看電視轉播球賽，所以一旦出現緊張情況，會瞬間爆發歡呼或哀嘆的集體反應。

事實上，這個小小的電視螢幕裝載了中華民國全民的夢想、激情，以及力爭上游的奮鬥。民國 60 年，中華民國被迫退出聯合國，剛好這一年也是中華巨人少棒隊在艱苦的延長賽中奪回世界少棒錦標賽冠軍榮銜。接下來 10 年外交挫敗帶來了壓抑、苦悶和不平，同時卻也是連續三冠王佳績激勵人心士氣，鼓舞人們衝破逆流的決心與信心。不僅如此，同一時期，重大基礎設施的十大建設陸續完工，台灣經濟起飛，人民生活水準大幅提高。民國 68 年，開放一般民眾出國觀光，此時相較於金龍少棒首次奪冠的 10 年前，已經是不一樣的台灣了，更富裕、也更有自信。伴隨快速進步成長的，則是非共的中國人民族歷史、文化意識所形成的強大社會凝聚力。

至於棒球運動，從中華少棒隊勇奪世界少棒錦標賽冠軍，開啟了少棒、青少棒、青棒三冠王以及成棒、職棒運動的全民棒球運動。最高峰是 1992 年巴塞隆納奧運，中華隊擊敗日本和韓國國家隊，勇奪亞軍。歷經 30 年全民共同的奮鬥努力，中華成棒已與日本為同一水準。

台灣的棒球始於日本殖民時代，最高峰是 1931 年嘉農獲得日本高校甲子園的亞軍。嘉農棒球隊有三分之一是日本人，三分之一本島人，三分之一原住民，教練是日本人，贏得甲子園亞軍一次，此後就沒有更好的成績。原因是，日本殖民時代，台灣野球始終停留在學校體育這一個層級，而且最多到高校。然而，真正國家級的運動競賽則屬於成年人體育，甚至大學隊都還不算，畢竟世界大學運動會和奧運仍然有很大差距。日本時代，台灣唯一大學台北帝國大學沒有棒球隊，所以沒有大學棒球隊，亦無成棒。亦即，成人級的正式棒球運動並不存在。嘉農主投吳明捷後來成為早稻田大學棒球隊員，畢業後就沒有打球了，他沒機會。同一時期，日本已經有了成棒，1936 年，日本仿照美國成立了「日本職業野球聯盟」，開始推動職棒。日本在台灣並沒有成年棒球的投資，因為那涉及到國家財政、教育、運動的整體配合。殖民政府一向歧視台灣人，視為海外殖民地的二等公民，自然不會花錢和力氣去培養台灣一流的運動人才。日本時代台灣的棒球一直停留在「學校體育活動」。

台灣光復後，告別了殖民政府，台灣有了成年棒球隊。在勇奪三冠王前後，政府撥款在各級學校廣設球隊，購買球具，興建球場，設立優秀選手保送升學和獎學金制度，最後協助球員出路。也就是國家財政、體育和教育制度全力配合，加上龐大球迷的支持加油。累積 20 載始有所成。只有運動員畢業後有好的收入前景，才會不斷有優秀的年輕運動好手投入，形成源源不斷的運動發展體系。這是整體的國家體育建設工程。

縱合觀之，三冠王代表台灣棒球運動崛起的新起點，激發全民齊心努力、奮鬥不懈的精神，並表現在所有領域的飛躍進步。它不僅是棒球運動而已，而是中華民國全民拼搏逆轉勝的史詩，於國家將永載史冊。於個人，則是難忘的甜蜜夢幻的歲月。

胡武漢和胡勇輝的紅葉傳奇：三冠王與台灣棒球運動夢幻之旅的出發點

民國 57 年，中華少棒聯隊以 5A 比 1 擊敗日本少棒明星隊，球迷歡欣鼓舞。兩位獲勝的功臣投手胡武漢（左）和強打胡勇輝被高高舉起，右為著名體育記者傅達仁。

有關西地區選拔出來的日本上班明星隊來台灣進行友誼賽，一共與嘉義市垂楊隊、台東紅葉隊，以及中華少棒明星隊進行的三場比賽。結果只贏了垂楊，卻連續輸給了紅葉隊和中華少棒明星隊。中華少報明星隊中，紅葉占七名，垂楊六名，立人一名。教練楊吉川、主投手是紅葉的胡武漢。最後，中華隊以 5A 比 1 擊敗日本隊，投手胡武漢投出了 11 次三振，只讓日本隊打出一支安打，封住日本隊的打擊；反之中華隊的胡勇輝擊出一支滿壘全壘打，胡武漢最後又擊出一支外野全壘打。儘管日本隊將輸球的原因歸咎於他們所不習慣的軟式棒球，並表示明年他們會攜帶硬式棒球來台灣，再與中華少棒隊舉行世界少棒聯盟所規定的硬式棒球比賽。儘管中華少棒以軟式棒球取勝，留下了真正實力的疑問，但並不妨礙球迷們歡喜若狂。

紅葉少棒隊的球員都來自台東家境困難的家庭，他們來台北比賽的經費都是靠學校師長和朋友辛苦湊出來。畢業後前景如何，仍然不確定。然而，也正是因為這股克服難關的精神造就強大的球隊，成為一則永遠流傳後世的棒球傳奇。

這一場比賽猶如大地驚雷，喚起了台灣民眾對棒球的巨大熱情，沒想到中華少棒的水準如此高，竟然能擊敗曾經獲得世界少棒冠軍的日本少棒明星隊，從此在全民的付出和努力之下，台灣開啟了三冠王以及棒球運動的夢幻之旅。

榮獲世界冠軍的金龍少棒隊搭車接受台北市民熱烈歡呼

民國58年9月，榮獲世界少棒錦標賽冠軍的中華少棒隊搭乘吉普車穿越市區，接受市民的熱烈歡呼，照片為隊員莊凱評的座車駛入夾道歡迎的市民中。

在世界上棒賽過程中，中華少棒隊第一場以5比0擊敗了加拿大隊。第二場4比3擊敗了美北隊。第三場冠亞軍爭奪戰以5A比0擊敗了美西隊而榮獲冠軍。其中出現了一個小插曲，即上一屆世界少棒冠軍的日本，今年也派人前來觀摩。其中以翻譯員身分隨行的日本關西少棒聯盟總幹事山崎五朗，向世界少棒聯盟抗議說中華少棒所使用的球棒「太粗」，不合規定。不過，日本少棒聯盟會長吉倉利夫隨後打電話給中華少棒理事長謝國城，說明如果山崎五朗在美國有失態之舉，他願向中華隊致最深的歉意。由於棒球是日本的國球，少棒也是十分普及的學校體育，日本少捧獨霸遠東區被視為理所當然。因此，中華少棒異軍突起令人錯愕不解，日本少棒界一些人士頗有微詞，二、三年間牢騷不斷。

中華少棒隊榮獲世界冠軍的消息傳來，台灣民眾欣喜若狂，許多地方都放鞭炮慶祝。小將們返國後，隨即搭著吉普車遊行台北市區，穿越廣寬的中華路時，萬人空巷，國人爭睹小將們的風采，舉國歡騰。

洛杉磯假日酒店歡迎金龍少棒隊

民國 58 年，中華金龍少棒隊榮獲世界少棒錦標賽冠軍，經洛杉磯返國時下榻假日酒店。少棒隊員在酒店歡迎字牌上留影，上面寫著「歡迎中華民國金龍隊冠軍隊員」，留下頗具時代感的畫面。

此一時期，美國與台灣兩地生活水準相差懸殊，美國代表著進步與富裕，是台灣人求學、工作和發展最嚮往的國家。小朋友們能去美國比賽是一件「不得了的事情」。由於中華少棒隊首度在美國榮獲冠軍，國人欣喜若狂，已經準備好在選手們返國時，舉行嘉年華般的盛大歡迎儀式。

威廉波特球場上揮舞的中華民國國旗

民國 58 年，金龍少棒隊在美國賓州威廉波特棒球上比賽，台灣留學生趕來替中華隊加油，他們在內野看台上揮舞著中華民國國旗。每年此時，留學生們都把趕來威廉波特加油當成一件大事。其實，此時台灣留學生的生活十分清苦。很多人是靠借貸買機票來美國留學。在美國還要利用放假時間到處打工，生活省吃儉用，但是很多人仍然盡量趕來威廉波特加油。一些朋友相約輪流開了十幾個小時的車，趕到威廉波特，當成一場中華民國在美國的嘉年華，充滿了緊張歡樂的氣氛。而且，在中華少棒隊取得世界冠軍後，又各自舉行慶功宴，開心地不得了，成為留學美國的一段甜蜜的回憶。

蔣中正總統夫婦接見中華少棒隊員

民國 58 年，中華少棒隊接受蔣中正夫婦的接見，由田徑名將紀政陪同。蔣中正總統稱許小球員們表現優秀，做了很成功的國民外交。總統同時勉勵他們再接再厲，並強調走向成功的路必然是透過失敗，這才是真正的成功。

王貞治對中華少棒球員示範「金雞獨立式」打擊姿式 （335 頁右下）

民國 58 年 12 月，王貞治訪台，順便探視中華少棒球隊。王貞治向少棒球員示範他著名的「金雞獨立式」打擊姿勢。小朋友們看見心目中的棒球偶像親自指點，無不興奮不已。此時，王貞治已躍升為日本職棒球界的全壘打王，但他為人平易近人，毫無架子，經常應邀到台灣訪問，無論是官方拜會、指導棒球，以及私人旅遊，王貞治成為親切的常客。這一年夏季，中華少棒球首度贏得世界冠軍，並揭起全民棒球熱潮。王貞治帶著中華民國旅日棒球明星的光環來台，與台灣的棒球熱潮有了完美的結合。

金龍少棒選手郭源治的打擊英姿

民國 58 年，榮獲美國威廉波特世界少棒錦標賽冠軍的金龍少棒選手郭源治，戴譽歸國後，在記者會上擺出打擊的英姿。

郭源治，阿美族，台中金龍少棒隊投手。榮獲世界冠軍後，金龍隊在蔣夫人宋美齡女士的協助下全部保送華興中學，繼續組成華興青少棒隊，然後升到華興高中，又組成的華興高中棒球隊；至於隔年在世界錦標賽輸球的七虎隊，則進入屏東美和中學，組成美和青少棒隊，然後再升至美和高中，又組成了美和高中棒球隊。從此，中華少棒最優秀的隊員分別到華興和美和中學、高中就讀，組織棒球隊爭取世界冠軍，繪出了台灣實現三冠王之夢的路線圖。

郭源治到華興中學、華興高中就讀，繼續打青少棒、青棒，並且繼續勇奪冠軍，為國爭光。

郭源治主要是擔任後援投手，或許，他的光芒不如同時期的先發投手，如陳智源、劉秋農，或徐生明那般閃耀。然而，郭源治卻是棒球界的長青樹，屹立不搖。高中畢業後，他就讀輔大體育系，在輔大棒球隊擔任投手。

服完兵役後，郭源治就到日本打職棒球。他加入中日龍隊，打了 15 年的球，創下了「百勝百救援」的佳績，成為日本著名的職棒投手。1997 年，從日本職棒退休的郭源治回到台灣，在統一獅隊與和信鯨隊打了三年的中華職棒。後來，郭源治住在名古屋，曾經營台南擔仔麵店。2013 年決定返台定居，出任中華職棒首席顧問。

最後，在台灣持續約三十年的棒球運動中，幾乎沒有一個人像郭源治那般強大的持續力。從三級棒球世界錦標賽，全體國民深夜電視緊張觀賽，到天方破曉時四處響起歡慶贏球的鞭炮聲，郭源治的身影始終在那裡，從少年、青少年、青年、成年，直到上了年紀。郭源治的名字伴隨著一段不斷攻克難關、超越顛峰的夢幻歲月，也成為台灣棒運的代名詞。

榮獲世界青少棒賽冠軍的美和強投徐生明和強打李居明 （右上）

民國 63 年 8 月，榮獲世界青少年棒冠軍的美和青少年棒隊的兩大功臣強投徐生明和強打李居明。這也是中華民國第一次榮獲少棒、青少年、青棒世界冠軍之三冠王榮銜。

中華青少棒隊先後擊敗了加拿大、美南、美西後，獲得冠軍。由於採取雙敗淘汰制，即勝部冠軍最後必須接受敗部冠軍的挑戰。因此，最後的冠亞軍賽通常連續舉行兩場。中華青少棒的主力投手徐生明是第一代巨人隊的投手，不過，當時主力投手是許金木，徐生明是救援投手。升到青少棒時，徐生明已經成為主力投手，而且在世界青少年棒賽中表現傑出，完全封住了對手的打擊。李居明也是第一代巨人隊的球員，少棒時已表現出強大的打擊能力。到青少棒時更為發揮，在對加拿大一場比賽中，李居明創下了連擊兩支全壘打的紀錄。徐生明和李居明兩位在巨人少棒隊時並肩作戰的隊友，獲得了世界少棒冠軍。到了青少棒時又共同登上巔峰，為台灣爭取到世界青少棒冠軍的寶座。

李居明，台南縣新營市人，打完巨人少棒之後，李居明就讀於美和中學、美和高中，以及文化大學。1984 年，加入兄弟飯店棒球隊，曾多次代表中華成棒國家隊參加國際棒球比賽，以強大的打擊能力立下了汗馬功勞，成為中華隊的標誌性球員。曾有一種說法「沒有李居明的中華隊就是不完整的中華隊」。中華職棒成立後，李居明成為兄弟象隊創隊員元老和靈魂人物。此後長年在職棒工作。由於資歷完整，有「棒球先生」美譽。從三級棒、成棒，到職棒，李居明無役不與，伴隨台灣棒球運動的黃金歲月，成為主要代表性人物之一。

巨人少棒投手徐生明實現「完全比賽」震撼全場

民國 60 年，台南巨人少棒隊投手徐生明在全國少棒賽首場比賽對台中金龍少棒時，演出「完全比賽」，即完全沒有讓對方選手有上壘的機會，震撼全場。這一場比賽是巨人隊徐生明與金龍隊劉宗富之間名符其實的投手戰，最後雙方以 0 比 0 平手。金龍隊的打擊完全被封住，巨人隊則有兩支安打，並且曾經攻占三壘。

金龍隊贏得世界少棒錦標賽冠軍後，國內初賽爭霸戰大體上即為南部和中部代表隊這兩支最強的球隊對決。徐生明在對上最強勁的對手時，竟然實現了完全比賽，這種投球的功力讓全國球迷大開眼界，也預示了徐生明未來不凡的棒球生涯。

徐生明，高雄縣美濃客家人，第一代台南巨人少棒球員，並勇奪威廉波特世界少棒賽冠軍。接著，也代表中華青少棒、青棒榮獲世界冠軍，具有完整的三級棒資歷。他投打俱佳，尤其擅投「蝴蝶球」變化球，球路彎度大，初遇的打者難以捉摸，因此三振率很高。民國 63 年，徐生明在世界青少年棒賽對美西比賽中，演出 15 次三振。隔年，在羅德岱堡世界青棒賽對羅德岱堡地主隊中，則創下 16 次三振的新紀錄。

徐生明隨後就讀文化大學，畢業後在味全成棒打球，民國 73 年，徐生明到韓國打業餘棒球隊，隨後在韓國完成了他的碩士學位。民國 77 年徐生明返回台灣，三年後擔任中華職棒味全龍隊的總教練。時年 33 歲的他展現了教練的才幹，他帶隊以嚴格聞名。此後，曾任時報鷹、年代雷公、第一金剛、中信鯨、興農牛、義大犀牛的總教練。同時，他也是 2004 年雅典奧運棒球賽中華隊的總教練。徐生明曾三度連續取得最佳總教練榮銜，職棒教練生涯共計 715 勝。2013 年，徐生明因心臟病突發驟逝，享有 55 歲，後在高雄美濃家鄉設有徐生明紀念館。

綜合觀之，徐生明是少數貫穿三級棒球的球員之一。作為比賽中靈魂人物的投手，他的變化球令人眩目驚嘆，彷彿日本野球漫畫裡的奇幻投手。擔任中華職棒教練後，他在訓練球員、擬定策略、球賽現場調度，以及鼓舞球隊士氣上，展現了指揮領導的才幹。貢獻職棒二十多年，為台灣棒球運動的指標性人物，伴隨著台灣社會成長奮鬥的美好記憶。唯英年早逝，令人懷念不已。

台北火車站觀看七虎隊球賽的熱情民眾

民國 59 年，台北火車站候車大廳的準備搭火車的乘客們，站著聚精會神地觀看上方電視上，直播中華七虎隊與日本和歌山隊的遠東區冠亞軍決賽。每當七虎擊出全壘打、安打和得分時，現場都會揚起歡呼聲，洋溢著緊張和歡樂的氣氛。由於球賽深深吸引觀眾，許多人等到火車駛進車站後，才匆匆剪票進站趕火車。這場比賽最後七虎隊以 12A 比 0 大勝和歌山，榮獲世界少棒賽遠東區冠軍。

蔣經國雨中迎接輸球返國的七虎少棒隊　（337 頁右上）

民國 59 年 9 月，中華七虎少棒隊衛冕世界冠軍失敗返國，救國團主任蔣經國特別冒雨到機場迎接七虎隊，勉勵小國手們不要氣餒。由於前一年金龍少棒隊在美國威廉波特世界少棒賽上榮獲冠軍，如大地春雷，激發台灣少棒熱潮。今年中華少棒是由南部七縣市合組的「七虎隊」，打擊和防守實力均強。出征衛冕世界冠軍，受到國人高度的期待。每一場比賽都有電視直播，每一個小將的表現都受到報紙大篇幅詳盡的報導。

在遠東區初賽中，七虎隊以 12-0 輕取日本和歌山少棒隊，看似接下來遠征美國應勝利在望。然而，世界大賽第一場遭遇中美洲尼加拉瓜少棒隊，對方出現一名左投手巴茲，球路快速跪異，難以捉摸，在三壞球後仍然可連三好球將我方打者三振。七虎隊原本強大的打擊完全被封住，眼見我方選手逐一遭到三振，遠在太平洋此岸的台灣，凌晨起守在電視機和收音機旁的觀眾聽眾幾乎喘不過氣來。

終場七虎隊以 2-3 落敗，激起國人同聲一哭，同時也摻著憤怒和責罵，教練吳敏添面對了極大的壓力。然而，也正在失敗的當頭，蔣經國更特別冒雨到機場接機，並勉勵小將們不要氣餒，希望他們再接再厲。他表示：「沒有經過失敗的成功不是真正的成功。」

果不其然，再隔一年，中華少棒代表隊巨人隊在遠東區預賽擊敗日本調布少棒賽，以及威廉波特世界少棒冠亞軍決賽中擊敗美北隊，均為永載台灣棒球史冊的經典球賽。至於七虎隊的一批優秀球員隨後進入華興和美和中學、高中，並且在後來的世界青少棒、青棒賽中，連年榮獲冠軍，一雪當年輸球之恥。

謝國城先生帶回台灣第一支鋁製球棒

民國 60 年 4 月，中華民國棒球委員會總幹事謝國城先生，從美國帶回台灣第一支鋁製球棒。這是世界少棒聯盟最新要求的標準球棒，不同於過去的木質球棒，鋁球棒不會折斷，而且擊球時會產生清脆的聲音，有如打擊出球的慶祝音響，成為新的聽覺效果，連在收音機直播時都可以清楚聽到。

在加入世界少棒聯盟之前，台灣少棒屬於軟式棒球，直到日本少棒明星隊來到台灣進行表演賽後，才告知世界少棒聯盟所使用比賽規則和硬式棒球的標準裝備，台灣少棒才逐步修正和改進原有的規則與棒球裝備，跟上世界的腳步。

謝國城，1912 年，台南學甲人。早年進入日本早稻田大學就讀，1935 年，進入日本《時事新報》工作。不久，到《讀賣新聞》擔任記者，卻因批評日本政府遭到解職。

光復後，謝國城回到台灣，擔任台灣省體育會總幹事。民國 38 年，台灣省棒球委員會成立，由謝東閔擔任理事長，謝國城出任總幹事。民國 58 年，謝國城先生首次帶領金龍少棒隊赴美國威廉波特比賽，榮獲世界少棒錦標賽冠軍。同年，謝國城以國民黨籍身分在第一屆立法委員增補選舉中台北市選區中當選立委。具有立委身分後，謝國城更能夠在棒球運動的發展過程中，發揮更大的力量，包括敦促球場設備的改善、以及球員升學和未來出路的安排。這些均涉及到台灣棒球運動發展所需要的運動和教育制度性的配合，謝國城作出了巨大的貢獻。民國 62 年，中華全國棒球委員會改組成為中華民國棒球協會，謝國城當選理事長，每年帶領中華少棒、青少棒和青棒代表隊遠征美國。站在第一線與全民同甘共苦，實現了三冠王的榮耀，並持續推動台灣成棒運動的蓬勃發展。

民國 69 年謝國城過世，中華職棒九年後成立。謝理事長未能夠親眼目睹他大半生努力開花結果，然而，播下的棒球種子已經遍地開花，成為台灣精神靈魂的一部分。謝理事長也是所有台灣棒球教練和選手們永遠的大家長，被尊稱為「台灣少棒之父」或「台灣棒球之父」，而他那溫文儒雅的棒球大家長形象已經成為所有台灣人心目中永遠的典範。

中華北市少棒隊：以短打觸擊登上世界冠軍寶座的少棒奇譚

民國 61 年，北市少棒隊獲得全國少棒冠軍，成為競爭激烈的全國少棒賽中最大的爆冷門，右為北市少棒隊教練林信彰先生。

這一年，全國少棒錦標賽共有紅葉、北市、大鵬、新明、巨人、垂楊、金門、金龍等八隊參加。由於中華少棒隊在威廉波特的傑出表現，樹大招風，今年少棒組隊的限制和比賽規則都比過去嚴格，無形中不利於明星球員的集中，形成各隊實力伯仲之間的現象，各隊也沒有像過去明顯的強投強大搶眼的隊員。比賽結果大出一般人意料之外，原本被當成「弱隊」的台北市隊，竟然在第一場輸給紅葉之後，一路過關斬將連贏五場，積分領先各隊。最後是以 4 比 3 擊敗垂楊隊而獲得冠軍。由於北市隊投打都不十分顯眼，每一場贏的都很險，而且似乎都是靠對手的失誤。因此，北市隊贏球被不少人說成是靠運氣。北市隊代表中華隊出國比賽，讓全國觀眾捏一把冷汗。

在遠東區少棒賽中，中華北市隊第一場以 2A 比 1 勝菲律賓。第二場以 20 比 0 勝香港，第三場以 3A 比 0 勝韓國。第四場以 1A 比 0 勝關島，其中對菲律賓和關島都贏得有點驚險。最後一場冠亞軍爭奪賽中，北市對以 3 比 0 擊敗了日本隊。日本隊輸球以後，教練鈴木秀俊總結說，中華隊有一位高明的教練。現場看球賽的專家也說，林信彰是一位神機妙算的教練。鈴木去年曾率領日本調布隊來台灣比賽，以 0 比 5 輸給了巨人隊。今年，他帶隊捲土重來，但還是輸給北市隊。鈴木認為日本隊輸得無話可說。北市隊充分發揮了戰鬥力，完全以技術取勝。

的確，林信彰是一位鬼才教練，他訓練球員用短打觸擊方式，讓對手措手不及，失誤連連，用這種打擊風格取得冠軍，確實罕見。在威廉波特，北市隊這種瞬間短打的技術讓美國觀眾大開眼界。而且，在世界少棒賽中，北市隊的表現比在國內和遠東區更為出色，連續以 9A 比 2 贏美東隊，以 9 比 0 贏美西隊。最後冠軍賽中以 6A 比 0 擊敗了美北隊，做了完美演出。事實上，這是中華少棒隊連續四年獲得世界少棒冠軍賽中，最順利輕鬆的一次。這一年也是中華青少棒隊第一次參加比賽，由美和青少棒代表出賽，投手劉秋農表現優異。因此，這一年台灣觀眾有少棒和青少棒兩場大賽觀賞，這是中華民國首次獲得二冠王的榮銜。

至於鬼才教練林信彰本行是一位經營西藥小額批發的藥商，自從擔任北市隊教練後，每天忙著訓練球隊，自己的生意根本沒有時間照顧。林信彰教練一家六口，他太太要照顧家庭，沒有時間顧西藥的生意。林信彰又把全部的時間放在球隊上，因此有一個多月根本沒做生意。收了人家的訂金卻沒時間送貨，受到了一些抱怨。這一段小插曲也算是台灣少棒球史上一段趣聞。

蔣夫人招待華興青少年棒和巨人少棒隊員

民國 62 年 9 月，蔣夫人以茶會招待甫獲世界青少年棒冠軍華興隊和世界少棒冠軍巨人隊。這是中華民國第二次獲得二冠王榮銜。今年世界少棒冠軍屬於第二代台南巨人，他們畢業後也直升華興中學，而兩年前的第一代巨人也到華興就讀。因此兩屆巨人少棒許多球員均集中在華興。

蔣夫人的支持對三級棒運動的發展至關重要，不僅在於提供優秀選手升學的地位，更在於以她的地位帶頭示範，使得政府財政、教育、體育等各級單位在推動棒球運動重要措施中，配合度和效率更高。對華興隊球員們而言，蔣夫人是他們的大家長，過往時光則是一段受大家照顧的溫馨歲月。

美國總統福特與中華立德少棒隊員歡聚合影

民國 63 年，美國總統福特接見甫榮獲世界少棒冠軍的中華立德少棒隊，並由隊長林文祥與福特總統合影。林文祥也是立德少棒隊的主力投手，在取得世界少棒賽冠軍的過程中，立下了很大的功勞。這是美國總統首次，也是唯一一次接見中華少棒隊員，中華少棒隊連年獲勝，引起美國人的注意。最後，中華少棒隊員被安排與美國總統見面，達成了成功的國民外交。

這一年是中華民國首次獲得少棒、青少棒，與青棒三冠王榮銜。少棒由高雄立德隊以黑馬之姿擊敗了原本呼聲最高的超級強隊台南府城隊，而取得了代表權。接著，在遠東區比賽中，則順利地擊敗了韓國、關島、菲律賓、日本、香港。最後在威廉波特世界少棒賽中，立德隊以 12 A 比 0 勝美東隊，11 A 比 0 勝美中隊，最後再以 12 A 比 0 勝美西隊，而五度登上世界冠軍寶座。

由於中華少棒隊連年獲勝，而且比數不斷拉大，引起美國人的注意。儘管美國人將少棒當成學校和社區體育活動，聯誼多過競賽，但棒球畢竟是美國人的國球，少棒也是非常熱門的體育項目。每當有少棒比賽時，大批家長學生們仍然會去加油，氣氛熱烈。優秀的少棒選手也成為親友和學校的榮譽。因此，美國少棒隊連年大敗於中華少棒現象引起美國人的好奇和關心。總的來說，美國輿論仍然給予中華少棒隊優秀的表現最大的肯定。如此也促成了美國總統福特接見中華少棒隊的國民外交美事。

美和隊「鐵血教練」曾紀恩

民國 63 年，美和青少棒教練曾紀恩，神情堅毅，催生出美和青少棒和青棒強隊，成為台灣棒球運動的主要推手之一。

曾紀恩，1922 年生，屏東內埔客家人。童年時期對武術就很有興趣，年長後就讀於日本海軍廣島航空學校，在校期間由於見到日本人打棒球，自己也迷上了棒球運動。畢業後曾經擔任零式戰機維修員，在呂宋島工作。

光復後，曾紀恩加入中華民國空軍，擔任空軍機械維修兵。民國 37 年，第七屆全國運動會在上海舉行，曾紀恩曾擔任棒球隊的投手。後來，由於工作表現優異，被送到空軍機械學校受訓，成為中尉軍官。他以體育教官的身分教導空軍弟兄們棒球，成為空軍棒球隊的創隊教練。接著，從空軍退役後應邀擔任空軍虎風棒球隊的教練。由於他要求嚴格，訓練要求一絲不苟，被稱為「鐵血教練」。民國 59 年，美和中學創辦人徐傍興先生計劃成立棒球隊，經過引荐，邀請曾紀恩先生擔任美和中學棒球隊的創的教練，首先吸收由於未能奪得世界冠軍，依規定無法保送華興中學的七虎隊球員。此後，每年吸收優秀的少棒球員，快速壯大，形成青少棒和青棒南部美和、北部華興的鼎盛局面。在曾紀恩的掌舵下，美和青少棒和青棒曾經勇奪 11 次的世界冠軍。

1984 年，曾紀恩受邀擔任兄弟飯店棒球隊教練。1990 年，進入中華職棒時代，則擔任兄弟隊的總教練。隔年，宣布退休。2012 年，曾紀恩因病過世，享年 90 歲，留下的輝煌的棒球人生，以及許許多多對他懷著感恩之情的棒球子弟。這位對於台灣棒球運動具有不可磨滅的貢獻台灣棒球前輩，人稱「鐵血教頭」、「棒壇老教頭」、「曾教官」，永遠活在台灣人的心中。

中華青棒投手高英傑和補手李來發的燦爛勝利笑容　（342 頁右）

民國 63 年，中華青棒代表隊贏得羅德岱堡世界青棒錦標賽的冠軍，載譽返國後，投手高英傑和捕手李來發露出了勝利的笑容。這是中華民國首次在少棒、青少棒、青棒三級棒球中都榮獲冠軍。由於青棒選手的體型、體力和耐力已經接近成年人。實際上，青棒已經是成棒的預備隊伍。強勁的青棒隊伍幾乎保證可以發展出強勁的成棒隊伍。美國與日本的例子均證明如此。因此，中華青棒獲得世界冠軍，加上持續不斷的三冠王的佳績，必將鋪出中華成棒的光明之路。

由於青棒隊是成棒隊的預備隊伍，不同於少棒和青少棒比較接近社區活動，美國當地報紙對世界青棒隊更為重視。羅德岱堡當地報紙曾經以四欄篇幅稱讚中華青棒的表現無懈可擊。這篇由克寧漢撰寫的報導對高英傑的評價很高，也特別欣賞劉秋農是不可多得的投手，在打擊方面他特別欣賞李來發與陳進財。這一年，中華青棒和中華青少棒幾乎同一時間獲得世界冠軍，兩支隊伍隨後在華盛頓會合。然後立刻趕到賓州威廉波特，替三冠王最後一關的高雄立德少棒隊加油，並且親睹了三冠王最後的實現的一刻。

至與高英傑和李來發這一組被譽為最佳的投捕組合，後來仍有二部曲。高英傑隨後上了台北體專，1980 年兩人在退役後，一起前往日本，加盟日本職棒南海鷹隊，在日本待了四年後返國，並在中華職棒擔任教練和總教練，對台灣的棒球運動做出了很大的貢獻。

此張照片中，高英傑和李來發的燦爛笑容代表了台灣首度獲得了三冠王桂冠，不僅是他們個人和球隊的勝利，也是全體國民推動棒球運動的勝利，象徵台灣棒球史上嶄新的一頁。

蔣經國施政與影響

蔣經國的財經內閣團隊　（346頁）

民國63年9月，行政院長蔣經國(右)內閣閣員在立法院進行施政報告，並接受立法委員的質詢。其主要閣員：(第一排從右二至左)行政院副院長徐慶鐘、內政部長林金生、外交部長沈昌煥以及財政部長李國鼎(第二排右一)。

民國61年，蔣經國就任行政院長時，台灣面臨極為艱困的國際環境。中華民國被迫退出聯合國，日本轉而承認中共，其他大國陸續跟進。民國64年，印支三邦赤化，局勢動盪，人心不安。蔣經國提出「莊敬自強，處變不驚，慎謀能斷」口號，穩定人心士氣。同時，工作重點放在內政，推動行政十大革新，以發展經濟為施政重點，實現十大建設。

此外，蔣經國內閣首重操守和財經專業，因此產生了一批貢獻卓著的財經人才。台灣外交最艱困的時期也成為經濟騰飛的黃金十年。在這一段風雨飄搖、逆水行舟成長的這一代台灣人，均刻骨銘心，終生難忘。

蔣經國與桃園縣長許信良的工作餐　（349頁左上）

民國67年9月，行政院長蔣經國巡視桃園縣，與桃園縣長許信良共同用餐，並指示縣政工作重點。

許信良，新竹中學、政大政治系畢業。民國56年獲中山獎學金赴英國留學兩年，為中國國民黨重點培養的黨內青年菁英，返國後當選省議員。民國66年，脫黨參選桃園縣長，後因爆發「中壢事件」高票當選，從此走上政治反對之路。民國78年，開始一段海外流亡、偷渡回台、入獄、自由，以及參選總統的政治路。儘管如此，許信良在英國吸收左翼革命的浪漫主義，加上客籍背景，在民選政治必然形成的族群部落主義中，難以成為台灣反對運動的權力主流。這點在後來民進黨總統初選許信良和彭明敏、陳水扁的競爭中，顯露無遺，許只能在客家區取得優勢。儘管如此，在台灣反對運動歷史中，許信良仍然有一席之地。他的「大膽西進」主張，以及對強大中國的憧憬，也與台灣歷史的主流相去不遠。

最後，這張照片也顯示蔣經國在親民表現之外，對於部屬工作要求嚴厲的一面，非常生動。

蔣經國主持「克難運動」報告會　（349頁右上）

民國43年1月，國防部總政戰部主任蔣經國主持「克難運動」報告會。這運動強調在艱困的環境中勤儉節約，以廢物利用的方式發揮最大的生產與工作效能。

克難運動是民國39年由陸軍四六一七部隊發起的一項運動。旨在鼓舞士氣，發揮雙手萬能的精神，不久即發展為全國三軍的熱烈運動。這一年韓戰爆發，美軍介入朝鮮半島和台海，中華民國度過最危險的關鍵時刻；儘管如此，遠遠還不到平穩安全的狀態。接下來數年間，台灣本島共產黨武裝革命組織仍蠢蠢欲動，海南島失陷、一江山失陷、大陳島撤退、韓戰反共義士來台、留越南國軍來台、泰緬國軍來台、福建沿海激烈的海空戰事，一直到大規模的金門砲戰，台灣實際上處於隨時準備全民動員的戰時狀態，「克難運動」即為其中的社會動員之一。

尼古拉與芬娜（蔣經國與蔣方良）婚後與同事們郊遊　（左下）

1935 年，尼古拉與芬娜（左）（蔣經國與蔣方良）婚後與工廠同事們踏青郊遊。1933 年初，蔣經國被派到阿爾泰金礦區工作，冰天雪地中飢寒交迫，九個月後被轉到史瓦多夫斯基烏拉重機製造廠，一開始做機器搬運和修路的粗工，後來升技師，再升副廠長。他認識了美麗單純的女工芬娜。1935 年 3 月 15 日結婚，此時蔣經國 25 歲，芬娜 18 歲，這一年 12 月 14 日長子蔣孝文出生。

蔣經國與救國團成立　（右下）

民國 41 年，國防部政戰部主任蔣經國在救國團成立大會上，帶頭全國青年代表們高呼口號，矢志完成中興大業。救國團全名為中國青年反共救國團，成立的目的是培養忠貞反共思想，鍛鍊身體、服務社會以及團體合作精神，仍遵守以下青年守則 12 條：
一、忠勇為愛國之本。
二、孝順為齊家之本。
三、仁愛為接物之本。
四、信義為立業之本。
五、和平為處世之本。
六、禮節為治事之本。
七、服從為負責之本。
八、勤儉為服務之本。
九、整潔為強身之本。
十、助人為快樂之本。
十一、學問為濟世之本。
十二、有恆為成功之本。

1950 年代，世界性的左翼思潮依然蓬勃發展，在日本、韓國、東南亞等地，共產主義思想對年輕世代仍然極具吸引力。處於危亡之秋的中華民國政府除了以土地改革去除本土共產勢力發展的社會土壤外，首要工作就是培養反共青年，以避免青年受左翼思想影響。此即為救國團成立的目的。最重要的是，鍛鍊青年們不畏險阻衝破難關的奮戰精神，作為台灣克服各種艱困挑戰的意志力量。其精神主體則是非共的中國人民族歷史、文化意識所形成的強大凝聚力。

初期活動方式是舉行各種戰鬥營，讓青年男女體驗軍旅生活。民國 60 年代，救國團降低政治色彩，在全台灣各地興建青年活動中心，轉換為青年團康活動組織，並向一般社會大眾開放。由於活動有益身心健康，品質好，價格低廉，很受歡迎，逐漸成為各級學校和國民旅遊的一部份。將近兩代的台灣人在參加救國團的戰鬥營、山海道縱走、露營等團體活動中，留下了一生美好的回憶。

蔣經國乘坐機槍艇的珍貴歷史照片

民國 49 年，行政院政務委員蔣經國和警備總司令黃杰巡視金門，他們搭乘機槍艇沿金門海岸線前往目的地時，由警總攝影師拍下了這張珍貴的歷史照片。此時，金門剛從兩年前大規模砲戰的重大破壞中，逐漸展現重建工作，不過戰地氣氛仍然十分緊張，雙方仍有間歇性的砲戰，兩邊的蛙人特戰人員仍會潛至對方陣地，並發生血流實戰。因此，金門各方面的管制仍然十分嚴格，高層軍政首長巡視金門的行程屬於高度機密。1990年代，蔣經國與黃杰視察金門的照片，由黃杰家中流出，由徐宗懋圖文館收藏製作。

蔣經國家人與高層政軍首長私人照

民國 49 年，高層首長私人家庭派對，這是慶祝黃杰將軍六十大壽的家宴合影，照片中包含當時最重要的政軍首長，以及蔣經國家庭成員，是十分珍貴的私人合影照。

劉安祺　黃杰　　　　　　　　　馬紀壯　　　徐煥昇　　　劉安祺夫人

唐縱　　　黃杰夫人

徐夫人

黎夫人

彭夫人　蔣方良

袁守謙　　　蔣經國　　　蔣孝文　　　徐乃錦　　　黎玉璽　　　陳大慶

馬紀壯　彭孟緝　袁守謙　黃杰

三位最重要的保安首長

民國 49 年，高層首長私人家庭聚會合影，這是黃杰將軍六十大壽的家庭餐宴。左至右：蔣經國、彭孟緝、黃杰，風雨飄搖年代最重要的三位保安首長。三人原任軍職，後來蔣出任最高行政首長，黃任台灣省主席，彭出任駐日大使。

高級將領私人合影

民國 49 年，高層首長私人家庭聚會合影，黃杰將軍家庭餐會的合影照，出席者均為中華民國高級將領。

蔣經國示範幫老婆洗頭

民國 40 年代，在一場家庭聚會中，蔣經國示範如何幫蔣方良洗頭，讓老婆直皺眉頭。儘管蔣經國長年從政，處理國政大事，即使親民，仍然是正經的，但私底下他頑皮好動，經常喜歡搞笑，尤其是在家人面前。他曾經說政治讓他「苦不堪言」。

宗南　蔣經國　石覺

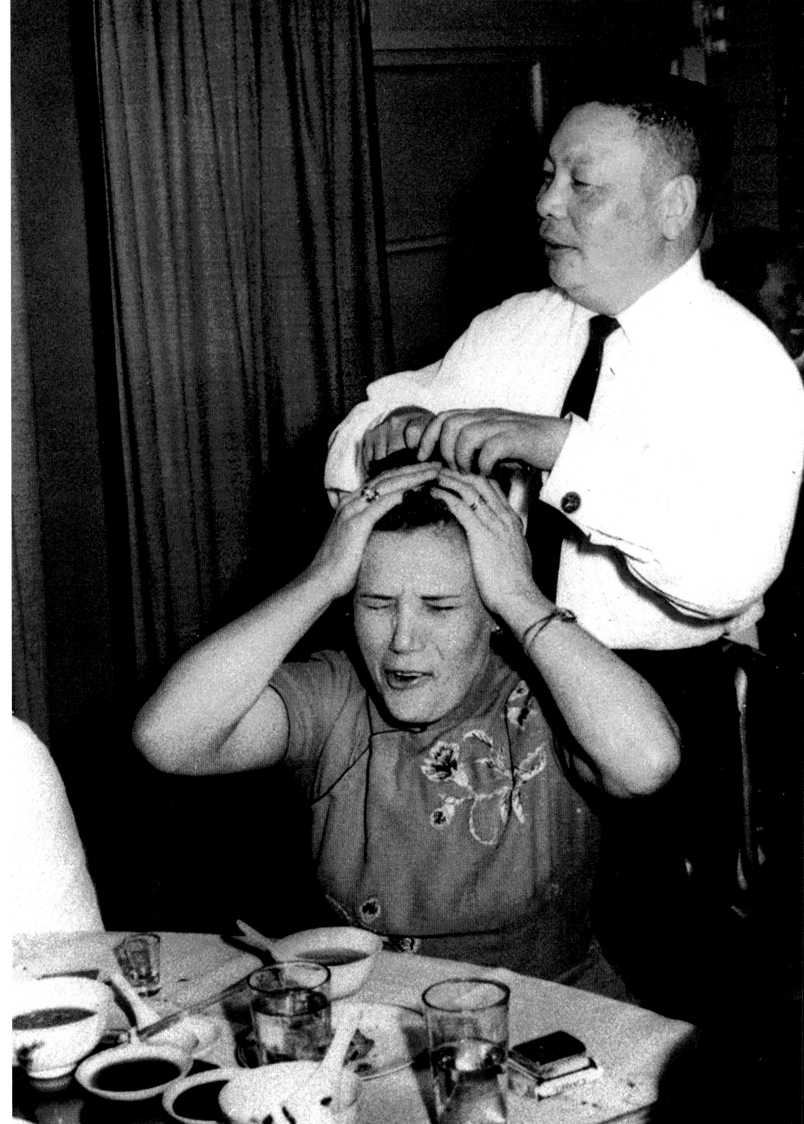

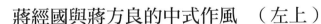

蔣經國與蔣方良的中式作風 （左上）

民國 40 年代，蔣經國與蔣方良在自宅家庭餐宴中划拳，樂不可支。俄文名字芬娜的蔣方良此時隨著夫婿回到中國已近 20 年，不僅會說國語，也一口寧波話，相夫教子不亞於傳統中國媳婦，甚至划拳也有模有樣，顯得幾分老道。

蔣經國幫妻子切生日蛋糕 （右上）

民國 40 年代，蔣經國幫妻子蔣方良慶生，照片為他一邊為妻子切蛋糕，一邊親她，十分親暱，也十分洋式的作風。

尼古拉與芬娜的洋派作風（蔣經國與蔣方良） （左下）

民國 40 年代，蔣經國與蔣方良在自宅的家庭餐會中，表現出西方公開式的夫婦恩愛，旁人亦視若無睹。蔣經國 15 歲到 27 歲在蘇聯，計 13 年，也是人生身體和心理成長的關鍵期。他俄文名字是尼古拉，妻子芬娜，大部分都跟俄羅斯人一起工作和生活。俄羅斯也屬於歐洲文化的一部份，因此尼古拉自然有西化的一面。這張家庭私人照片反映蔣經國的私下的「洋派作風」，是相關照片最具視覺代表性的，十分珍貴。

官場家宴的私人照片 （右下）

民國 40 年代，黃杰將軍六十大壽家宴，出席的蔣經國跟與會的來賓夫人敬酒，這是極為珍貴的官場家宴的私人照片。

蔣經國與甘迺迪總統會晤

民國 52 年 9 月 11 日，行政院政務委員蔣經國訪問美國期間，拜會甘迺迪總統。蔣經國此時雖然只是政務委員，但因身份特殊，可以直接代表蔣中正總統發言，因此得以與甘迺迪總統會商兩國之事。此時，由於豬灣事件、古巴飛彈危機、越戰逐漸升高等問題，美蘇超級衝突陷入嚴重危機，甘迺迪總統必須做出重大的決策。這張照片拍攝後的兩月多，甘迺迪總統訪問德州達拉斯市，乘坐一輛敞篷汽車遊街時，遭槍手暗殺身亡，震撼國際。

據事後外交文件透露，蔣經國此行中曾代表蔣中正總統尋求華盛頓協助國軍反攻大陸。

旅日棒球名將王貞治向蔣經國展示他著名的「金雞獨立式」的打擊姿勢

民國 54 年 12 月，旅日棒球名將王貞治先生拜會救國團主任蔣經國先生。王貞治應邀當眾展示他著名的「金雞獨立式」（又稱「稻草人式」打擊姿勢，現場大家笑開懷，呈現了輕鬆平易的氣氛。

王貞治，原籍浙江青田人，父親王仕福於 1920 年代由浙江移居日本，後娶日本女子為妻，依習俗從夫姓成為王登美。王貞治為中日混血，生於 1940 年，屬於華僑第二代。他從小接觸棒球，表現出打擊的天賦，尤其是長打的能力。同時，也是出色的投手。後來，他加入早稻田實業高中棒球校隊，出賽甲子園，並曾勇奪佳績。

1959 年，王貞治加入日本職棒讀賣巨人隊，擔任一壘打，一開始打擊成績欠佳，陷入低潮。後來經過指點，改進打擊技巧，發展出「金雞獨立式」打擊姿勢後，全壘打數大增。1964 年，王貞治創下單季打出 55 支全壘打的日本職棒紀錄，震撼日本職棒界，頓時成為日本棒球的超級巨星，時年僅 25 歲。

王貞治另一引人注意的是他的國籍，王仕福是中華民國忠貞華僑，中國人意識強烈。王貞治繼承父親的作法，並且沒有歸化日本籍，也沒有改為日本姓氏，而是繼續持中華民國護照，以外籍身份定居在日本。在這種情況下，日本人將王貞治視為自己人，中華民國更將王貞治當成「中華民國旅日棒球名將」，從國籍法來看，毫無懸念。日本的華僑組織了聲勢浩大的王貞治後援會。在他低潮的時候，給予溫暖堅定的支持；在他登上高峰時，更為他搖旗吶喊，讓王貞治感受到同胞的溫暖。民國 54 年，王貞治在成為日本全壘打王的隔年，應邀訪問台灣。進行了一場表演賽，吸收了大批市民圍觀，為之著迷不已，也視為中國人莫大的榮耀。本地報紙還自作主張替王貞治與一位女明星撮合，繪影繪聲，結果事後證明人家內心早有所屬。

由於彼此相互強烈的認同感，王貞治與台灣關係十分密切。民國 55 年，王貞治與新婚妻子小八重恭子來台灣渡蜜月，5 天的蜜月行程還是僑委會協助安排的。王貞治夫婦行至日月潭的時候，剛好也在日月潭的蔣中正總統夫婦聽到了，立即臨時約見了他們，雙方留下了著名的紀念照。此後，王貞治經常來台灣，尤其台灣發展三級棒球的過程中，王貞治經常應邀來指導訓練工作，他也不吝於貢獻自己所能。

最後，仔細看，不同於翁倩玉、林海峰等人，王貞治家族與台灣並沒有直接關係，他與台灣的血濃於水親情是經由中華民國的中國人血脈和文化傳承而來的。這種傳承代表了豐富資產，吸引了大批海外華人，不管是否已入籍當地，都熱情地支持台灣，成為台灣衝破艱困時期的一股強大的外在支持力量。在諸多「華僑支援祖國」的故事中，王貞治無疑是非常感人的一則，代表著專業極致、奮鬥不懈、個人風采，以及春風化雨的典範力量。

蔣經國部長接待越南總統阮文紹

民國 58 年 5 月，越南共和國總統阮文紹訪問台灣，由國防部部長蔣經國舉行歡宴，兩人舉杯互敬，期待中華民國與越南共和國在反共行動上密切合作。在冷戰的結構中，越南與中華民國關係熱絡，台北派有許多商業和農業的代表團在越南工作。

蔣經國副院長訪問越南戰略村

民國 59 年，行政院副院長蔣經國訪問越南，在越南戰略村參觀南越軍人演習的情形。戰略村是美國規劃對越共作戰的形式，以村莊為單位，進行民防訓練，並派駐軍隊，隨時對抗越共的滲透。

副總統嚴家淦與行政院副院長蔣經國

民國 60 年 11 月，副總統兼行政院長嚴家淦訪問越南歸國，行政院副院長蔣經國到機場迎接，嚴家淦擔任行政院長時期，蔣經國擔任副院長。後來嚴家淦升任副總統，蔣經國則接任行政院長的職務，雙方有長年行政隸屬的關係，合作密切，因此後來蔣經國接替嚴家淦出任中華民國總統，權力交接十分順暢。

蔣經國偕部屬訪問馬祖前線

民國 64 年，行政院長蔣經國偕部屬訪問馬祖，留下此珍貴的私人照片。蔣的右邊為海軍總司令宋長志，左邊為政務委員周書楷，左一為政務委員李登輝。
蔣經國掌理政戰和國防事務時期，曾經多次走訪金門、馬祖前線，尤其局勢緊張的時候，蔣經國必會親臨第一線指揮防務，協助配置人力資源，穩定民心。
民國 61 年，蔣經國出任行政院長，邀請農業經濟專才李登輝擔任政務委員，協助農業改革工作。然而，在此訪問馬祖前線的行程，蔣經國卻安排李登輝見
習，反映出蔣長期培養的想法。

行政院長蔣經國與新聞界聯歡

民國 63 年 1 月，行政院長蔣經國在台北賓館與新聞界友人舉行聯歡會。此時，蔣經國正大力推展各項行政革新，他非常重視溝通，因此廣泛與各界會面，聽取意見，一旦制定了計劃，就全力推動，同時定期檢驗成效。社會呈現了朝氣蓬勃的氣息。

蔣經國總統與省主席林洋港參觀南投魚池鄉民俗觀光城

民國 68 年 4 月，蔣經國總統參觀南投縣魚池鄉民俗觀光城，由省主席林洋港陪同。林洋港先生是魚池鄉本地人，也當過南投縣長，替蔣經國總統做導覽工作，也算盡地主之誼，公私兼備。

林洋港，1927 年生，南投魚池鄉頭社村人。先祖來自福建漳州，至林洋港為八世。幼年生活清苦，挑水、砍柴、放牛都做，不過學校成績仍然十分優秀，表現傑出。台灣光復後，林洋港考上台灣大學政治系。由於日本時代限制台灣人學習政治學，林洋港代表了光復後第一批學習政治科學的台灣青年，具有時代轉折的意義。

此後，林洋港通過高考，擔任多年公務員，後來從政，出任中國國民黨雲林縣黨部主委、南投縣黨部主委。民國 57 年，當選南投縣長。民國 65，被提拔派任為台北市長。民國 67 年，轉任台灣省主席。此時，前省主席謝東閔已出任副總統，林洋港接任省主席職務，隱然有繼承的順位之勢。就個人特色而言，農家子弟的林洋港喜養牛，被鄉親們暱稱為「水牛伯」，或「阿港伯」，聲如洪鐘，親和力強，風頭健，頗具政治魅力，其發言內容也常成為報紙斗大的標題。

此外，這張照片還有另一層台灣國民旅遊的意義。光復初期，由於一般人生活清貧，到外縣市旅遊是一件奢侈的事，只有較富裕的人家才承擔得起。所以，各縣市的旅遊區依然是日本時代延續下來的景點。比如，屏東的墾丁、鵝鑾鼻、山地門，高雄的萬壽山、西子灣、旗津，台南的安平古堡、赤崁樓、台南公園、烏山頭水庫、水火同源，台中的台中公園等。這些都是「旅遊基本款」。阿里山、日月潭也算是老的景區。至於光復後開闢的橫貫公路，其實一般人也沒有經濟能力上山旅遊。

民國 60 年代後期，隨著 20 多年的經濟累積，以及十大建設陸續完工，國民生活水準大幅提高，出外消費旅遊也成為新的生活時尚。南投新開闢的溪頭、杉林溪，以及之後的九族文化村都成為新的熱門景點，加上救國團在各地興建的青年活動中心等，均為國民旅遊的熱點。所以，這張照片也代表了台灣國民旅遊的新起點。

李登輝被提名為副總統候選人後向謝東閔致意

民國73年2月，國民黨中二全會提名李登輝同志為中華民國第七任副總統候選人，並獲與會代表舉手一致通過。會後李登輝立刻起身向副總統謝東閔致意。由於蔣經國總統身體狀況不穩定，很可能做不完下一任，這次提名實際上代表選擇下一任總統。李登輝出線代表二個意義。一是下一任中華民國總統將由台籍人士出任。二是在幾位台籍菁英中，蔣經國最後挑選了李登輝擔任後蔣時代領導中華民國的工作。

蔣經國與謝東閔促膝閒談

民國65年12月，行政院長蔣經國前往中興新村拜會省主席謝東閔，兩人促膝閒談，呈現輕鬆的氛圍。

此時，蔣中正總統已經過世一年多，原副總統嚴家淦先生依憲法程序接任總統職位，不過，蔣經國總統走向大位之勢已定，台灣內外挑戰依然嚴厲。儘管如此，蔣經國的政治特色正在於能夠以樸實平易的方式安定人心，迎接挑戰，克服難關。這張溫馨悠閒的照片實際上預示著下一個10年台灣的政治格局。此外，這也是台灣大建設、大發展，社會朝氣蓬勃的年代。此時期成長茁壯一代的台灣人，對這樣的畫面，均懷著深刻的個人與時代的情感。

謝東閔，彰化人，中學時期因不滿日本殖民統治，決定赴中國大陸求學。1925年，赴廣東，1931年廣州中山大學畢業，擔任日文助教，兼以寫稿為生，勤苦奮鬥。民國32年，謝東閔成為新成立的中國國民黨台灣省黨部的執行委員，在閩南地區從事抗戰活動，並參與規劃台灣光復後的接收工作。台灣光復後，謝東閔返台，歷任要職。至民國61年，由蔣中正總統任命為台灣省主席。

此外，謝東閔創辦實踐家專，作育英才，廣植桃李，貢獻於教育事業。由於自號「求生」，晚年被尊稱為「求公」，彰化二水鄉親暱稱為「東閔仙」。

蔣經國總統與抱孩子的母親

民國67年7月，蔣經國總統走訪南投縣國姓鄉北山村，碰到一位抱著孩子的母親。他跟母子閒話幾句。母親看到總統來了，高興不已。此時蔣經國離就任總統不到兩個月。

蔣經國總統花很多時間走訪民間，而且隨興的，包括在小吃店用餐，市場上買條魚，抱起可愛的孩子，詢問居民們有關生活的問題，小至市場物價的起落，或者與臨時碰到的一群大學生談話合影。用這種方式來了解基層民情，也因此認識了不少民間友人。

由於行程隨機，安全人員事前無法佈署。蔣經國也排斥安全人員擋在他和基層民眾之間，畢竟他的目的是要貼近民眾。以這張照片為例，中間拍照的並非新聞記者，而是當地居民，如此近距離不見隨扈，足見當時的總統與民眾之間的強大信賴感和凝聚力。不可諱言，蔣經國自己也喜歡貼近民眾的生活。由於報紙經常出現蔣經國走訪民間的圖文，也常被暱稱為「蔣經國遊台灣」。

此外，儘管蔣經國花很多時間走訪基層民眾，他畢竟還是要處理繁重的外交內政國務，因此，趕回台北後，仍然到總統府批示公文，工作到很晚。基本上，行政部門提出大的建設方案，由他做最後的裁示，並放權交給各部門執行。

這便是蔣經國的施政風格，至於以簡樸的身影與基層民眾同甘共苦，不僅是親民宣傳，實際上也對各行級首長形成示範的壓力。去除官場的浮誇，使得官員們必須從底層民眾的角度來看待各種生活的需求，從而創造清明的政治風氣。

中正紀念堂落成典禮

民國69年，中正紀念堂落成使用典禮，由蔣經國總統率領政府首長和各界代表，登上石梯參觀紀念堂內部陳設。民國64年，蔣中正總統過世後，中華民國政府即規劃設立大型紀念堂，永遠紀念蔣中正總統一生的功績，並展現中華民國光榮的歷史。最後選址在陸軍總司令部與周邊營區，經過幾年的拆除改建，在此處建立大型的中正紀念堂，旁邊興建了國家戲劇院和國家音樂廳，成了台北重要的文化表演和休息廣場。

港星成龍、洪金寶等人排隊悼念經國先生

民國 77 年初，港星成龍、洪金寶等人排隊進入桃園頭寮陵寢，向故總統蔣經國先生表達悼念之意。過去，蔣經國擔任各級首長時，經常與返國參加中華民國國慶活動的港九藝人聚會。由於蔣經國平易近人，很能以幽默方式帶動談話氣氛，很受歡迎。此外，中華民國以中華文化正統繼承者自許，發揚傳統道德，以身為中國人自豪，以對照中共反傳統文化的逆流。在中國人的旗幟下，海外華人大部分都認同中華民國。香港影業也視金馬獎為華語電影獎項的龍頭，知名港星每年都會跑台灣，雙方都當彼此傳統為同胞。

港星張學友、周潤發夫婦、鍾楚紅等人悼念經國先生

1988 年，港星張學友、周潤發夫婦、鍾楚紅等人身著素服，共同前往桃園頭寮陵寢，悼念故總統蔣經國先生。蔣經國總統主政的最後幾年，也就是 1980 年代，台港兩地的經濟騰飛，影視與大眾流行文化事業蓬勃發展，人才輩出。台灣的中影創造新電影浪潮，氣象一新；香港新藝城則突破原來邵氏和嘉禾的風格，開拓了港式的城市喜劇，賣座上屢創佳績。台灣和香港影視業的密切合作達到新的高峰，共同成為華語電影的領航地，也在世界影壇占有一席之地。

蔣經國總統執政的末期也是台港電影發展的黃金時期，所以著名香港藝人對於蔣經國總統都有一份很深的感念。

李光耀總理率新加坡主要閣員出席經國先生喪禮 　（372 頁）

民國 77 年 1 月 29 日，新加坡內閣總理李光耀率主要閣員出席故總統蔣經國先生的喪禮。右為李光耀總理夫人柯玉芝，左為中華民國外交部長丁懋時，李總理左後方為新加坡第二副總理王鼎昌。

蔣經國總統主政時期，中華民國與新加坡的關係達到最高峰，雙方不僅存在軍事合作，李光耀總理與蔣經國總統兩人亦私交甚篤。兩國關係密切有著歷史背景、國際形勢，以及領導人個人因素。戰前，新馬屬於大英帝國海峽殖民地，華人主要是中國閩粵兩省的移民，身份是居住在英國海外殖民地的中國僑民。歷史上，他們支持孫中山和國民革命，隨後更大力支援中國抗日事業，日後太平洋戰爭中並因此遭到日軍殘酷的殺戮報復。因此，新加坡華人與一般中國人的歷史感情並無二致，與中華民國更是親近。

1965 年，新加坡和馬來西亞因華人與馬來人潛在的種族衝突而宣告分家。獨立後的新加坡面臨共產主義和種族主義兩大威脅。前者隨著國際形勢與世界思潮改變可以控制住，後者卻是永遠的結構。簡單說，新加坡生存的基本挑戰就是一個華人為主的國家如何在周邊龐大馬來人口的國家生存和發展？這是一個當地沒有人會公開討論卻又人人都知道的大課題。因此，一方面新加坡必須與周邊的馬來人國家維持和平友好的關係，另一方面也要在最短的時間內建立具有戰鬥力的武裝部隊，以槍桿子捍衛自身的安全。新加坡並沒有本身的軍事傳統，沒有足夠的軍事人才，包括戰鬥訓練、武器裝備的購買和維修，以及整體國防方案的規劃。這些都需要借助有經驗的國際友人幫忙。問題就在這裡，要找誰幫忙呢？

基於冷戰的結構，新加坡不可能找共產中國和蘇聯幫忙，唯一有能力的大國只有美國。可是，李光耀總理卻對美國有一定的戒心。雖然他跟美國購買武器以及武器使用的訓練，可是他並不願意美國參與新加坡國防事務的規劃。李光耀總理曾經公開說，美國 CIA 曾經試圖收買人民行動黨和他個人，用這種手段控制新加坡的國家事務。因此，李光耀總理並不樂見美國過度深入新加坡的國防體系，以免遭到美國全盤的控制而喪失了自主性，被迫淪為美國的傀儡。在這種情況之下，李光耀總理將眼光轉向中華民國，而且向蔣經國總統個人求助，雙方幾乎一拍即合，很快就建立了合作的共識。

新加坡地方太小，無法進行野戰部隊的長途行軍和作戰訓練，台灣南部成為新加坡武裝部隊與訓練的理想基地。此外，新加坡現代空軍也是由中華民國空軍協助建立的。具有與共機實戰經驗的中華民國空軍少將劉景泉曾任新加坡空軍參謀長、新加坡空軍代理司令等，其他幾位中華民國空軍幹才均曾經應聘到新加坡服務，並協助規劃新加坡空軍發展事務。新加坡國防部長吳慶瑞經常到台灣與國防部高層密切商討雙方進一步合作的事宜。

包括李光耀總理本人也是台灣的常客，事實上，他有很多時間和蔣經國總統相處，共遊台灣山林鄉間，兩人建立了深厚的情誼。可以想見，在兩國元首之下，雙方的各級首長每年密集互訪，幾乎到了無分彼此的程度。不言而喻，這種密切關係的基礎是雙方在中國歷史上的銜接與重疊，加上華人血濃於水的自然情感。

因此，蔣經國總統過世，李光耀總理率新加坡主要閣員來台出席喪禮，表達哀傷與不捨，是與中華民國無邦交國中唯一出席的具有國際聲望的最高行政首長，同時印證了蔣、李兩人的私人交情，以及中華民國的一段外交傳奇。

蔣經國時尚風之合成照片：可模仿的穿著打扮與不可複製的人物歷史

民國 77 年初蔣經國過世後，蔣的繼承者或反對者，均有意無意地模仿他的政治風格，最直接的就是蔣經國簡樸的穿著打扮。一件簡單的夾克外套，加上一頂棒球帽，以及四處走訪，與基層民眾親切攀談的身影。

儘管如此，穿著畢竟只是表面的，一個政治人物穿「蔣經國裝」，露露臉，拍拍照，一轉身可能就前往高爾夫球場，或者出席高級餐宴。後者也不必然有錯，畢竟模仿並不自然，最終還是會做自己。然而，真正最重要的是，造就蔣經國的個人和時代條件已經不存在，所以不會再有一個蔣經國。

蔣經國在 15 歲時到蘇聯，當時蘇聯驅逐國際干預勢力才三年，成為世界社會主義革命的明燈，反帝國主義和殖民主義的火炬。蔣經國在莫斯科中山大學學習，目睹了蘇聯革命成功初期社會洋溢的建設熱情。

隨後，蔣經國在列寧格勒國立大學的「蘇聯軍事情報局特種學校」就讀，並且在蘇聯紅軍第一師擔任學生兵兩年後，再轉往列寧格勒托爾馬喬夫軍政學院進修，並且在此學習軍事戰術、行政管理、交通運輸、地形學、火炮原理、軍隊政治工作、軍事戰略、戰爭史以及游擊戰術等正規軍事教育。該校規定須研習三學年課程。學習軍事的目的很清楚，中國正遭受帝國主義的侵略和欺凌，而打敗侵略者必須依賴軍事手段。

後來，蔣經國被派到農場工作，又被送到西伯利亞當搬運工，在阿爾礦做工，冰天雪地中忍受飢寒交迫。最後，進入烏拉重型機械製造廠，背鐵條、修馬路、抬機器，後來由技工升技師。工作一年後，蔣經國升為工廠助理廠長，同時是地區《重工業日報》總編輯。此一時期，難得安定工作和生活，蔣經國與本地女子法伊娜・瓦赫列娃戀愛結婚（後取中文名方良）。

從青少年到青年 12 年光陰，蘇聯的學習和磨練深深影響了蔣經國的思想、人格和作風。他不僅在思想、軍事、政治和群眾關係上受過訓練，也著實吃過苦頭，了解社會底層生活的實況，知道基層民眾的想法，也習慣跟他們打成一片。作為蔣中正的兒子，蔣經國終其一生都沒有官宦子弟常見的虛驕氣息。從蘇聯的經歷，不難理解他後半生在台灣的表現。

1936 年底，西安事變後國共二次合作，中蘇重建友好關係，共同對抗日本的擴張。史達林終於同意蔣經國返國，蔣經國帶來妻子回到奉化故里，泣見母親毛氏，重辦傳統中式婚禮，後又與父親盡棄前嫌。蔣中正唯恐兒子少不更事，受馬列思想影響過深，囑其溫習孫文學說和中國古籍。

年逾 30 歲的蔣經國返國後的第一件正式工作是軍職，到江西訓練新兵。他把紅軍的訓練概念帶進來，重視思想教育、紀律，以及與群眾的密切互動關係。接著，在治理贛南的幾年內，蔣經國的政治才幹更顯露無遺。中國的危機不僅在於外面帝國主義的侵略，更在於受困於本身的落後、貧窮、文盲、髒亂、愚昧、煙毒、妓院、惡霸等等。因此，振興中國不僅要建立強大的新式軍隊，對抗帝國主義，更要掃除內部落後的因素。為此，蔣經國在贛南組織熱血青年，興辦教育，打擊社會惡勢力，扶弱濟貧，培養現代的生活習慣。在雷厲風行之下，贛南社會風氣清新，成為模範的治理區。事實上，除了沒有殘酷的階級鬥爭外，整套的社會改造模式無疑是左翼的社會主義運動。蔣經國主持的三民主義青年團和青年軍，甚至讓擅於發動群眾的中國共產黨感到威脅，他們從未預見國民黨會出現一位既熟悉又怪異的競爭對手。

然而，蔣經國畢竟只是一位年輕人，即使有特別的靠山，也不可能隻身改變國民黨龐大複雜的派系內鬥。抗戰勝利不久，國共內戰爆發，中共以強大意識形態為中心，嚴密的黨組織以及黨政軍民四位一體，發展成強大的戰爭機器。相反地，國民黨依照原本孫中山規劃，要在一個落後、貧窮，以及大部分人是文盲的國家，建立現代的代議民主，美國也鼓勵國民黨往這個方向發展。結果是，一個鬆散、貧窮、落後、成天毫無拘束內鬥的中華民國，面對了權力資源集中、組織嚴密，有著意識形態宗教熱情的中共武裝革命機器。不過短短三年多，中共在大陸就獲得了全面的軍事勝利。

退到台灣的中華民國政府並沒有因此獲得的安全的保障，那一道海峽並無法阻止勢如中天的中共軍隊。直到韓戰爆發，遠東盟軍司令麥克阿瑟將軍特別主動跑來台灣，見了蔣中正總統，雙方確定軍事合作，美國軍艦駛往台灣，武器和軍事人員送往台灣，中華民國才獲得新的戰略機遇。

儘管如此，台灣內部紅色革命的危險依然存在，中共在山區的地下武裝組織，以及滲透在各行各業的地下黨人員依然十分活躍，而且歷史主流思潮對他們相當有利，年輕一代很容易受到社會主義理想革命的吸引，許多菁英學生加入了中共外圍組織的讀書會，作為中共擴張思想和社會影響力，同時挑選未來骨幹的基本形式。大陸失敗的慘痛教訓使得退至台灣的國民黨人徹底清醒，他們面對的中國共產黨並不是普通的政黨，而是一支組織嚴密形同軍隊的政黨。

面對這樣的對手，國民黨得到了兩項教訓。其一，對抗中共只能思想對思想、組織對組織、軍隊對軍隊。其二，美國人不可信賴。關係好的時候什麼好話都可以說。一旦碰到巨大危險，尤其你自己不行時，美國人所有承諾都不算數，甚至落井下石，把失敗的責任全推到你身上。因此，跟美國的關係不能夠太一廂情願，要有自己的判斷，自己的堅持，自立自強，絕不動搖。美國人最終以自我的利益為考慮，所以美國人的作法絕不能全盤接受。無論實質上或心理上依賴美國的最終結果，就是弱化自我，做出錯誤的判斷，從而被對方背叛拋棄。在此，美國的承諾不僅不可靠，而且還有嚴重誤導的危險。

到了台灣的蔣經國才 40 歲出頭，英年正茂。國民黨複雜的派系鬥爭在內戰是被自然淘汰，蔣經國有了更大的發揮空間。從民國 39 年到 49 年 10 年間，是中華民國在台灣站穩腳步的關鍵期，實際上是國共內戰延長的戰爭年代，也是東西方熱戰的一部分，有大的國際背景。更激烈的戰爭發生在朝鮮半島和中南半島，在台海部份則是韓國反共義士來台，中美共同防禦條約簽署、一江山戰役和大陳島撤退，越南國軍來台，滇緬國軍來台、以及諸多的激烈的海空戰士不斷爆發，直到大規模的金門炮戰，一波又一波，台灣島上實際上處於隨時的戰備狀態。這也決定了島內的經濟、社會和文教生活的基本型態。相對於島外的軍事作戰，島內則是處於政治作戰的狀態。由於共產革命的本質是土地所有權的革命，最關鍵的是全方面的土地改革，讓貧窮了幾百年的佃農首次有自己的土地。這項改革雖然犧牲了少數地主的權益，但卻從根本上去除了台灣本土共產革命最重要的社會基礎，也使得台灣地主們避免了如同大陸地主們遭受共產黨鬥爭致死的悲慘命運，並促成了社會發展機會均等，這是日後台灣全面進展的基本條件。這一段時期，蔣經國擔任的主要職務就是國防部政戰部主任，以及國軍官兵除役官兵輔導委員會主委，掌管軍中政治作戰以及軍人退伍後的出路安排。同時，也成立了中國青年反共救國團推動青年思想和組織工作。過去大陸的失敗總結起來就在於軍隊的穩定性以及青年世代思想傾向共產黨。因此，軍隊和青年是工作的重點，在每一場重大的台海空戰中，幾乎都可以看到蔣經國站在第一線的身影。儘管擔任的是軍職，但實際上也是處理軍隊和群眾之間的關係，有著很強的人民軍隊的特點。

至於國際關係，中華民國成為冷戰時期美國防共體系的一部分，大量美國的軍事和經濟援助湧入台灣，包括飛機、大炮、美國軍事顧問、官兵，以及大筆的建設貸款；儘管如此，蔣中正總統記取大陸失敗的教訓，與美國密切合作的裡面也有抗拒美國過干預台灣內政的另一面。在劉自然事件中，各種跡象顯示蔣經國在幕後主導的群眾暴動，砸毀了美國大使館。在美國反共盟邦中此乃極為罕見的情況，其目的也是在警告美國，凡事不要太過分，要尊重中華民國的主權。儘管美國政府出現微詞，但最終反而更加緊拉攏台灣。在軍事情報合作案中，美國中央情報局台北站站長雷·克萊恩對蔣經國讚不絕口。

民國 50 年代，蔣經國擔任國防部長，繼續掌握軍隊的各方面，政治和社會上也用嚴密的控制手段保證內外環境的穩定性。在東南亞和日本左翼青年運動發

展到最高峰的時候，左派份子經常暴動，攻擊警方、罷工罷課、放火燒東西等等，台灣內部如平靜的湖水，修生養息以累積經濟實力。

民國 60 年代，蔣經國出任行政院長，由軍職轉任文職行政首長。在台灣累積 20 多年的經濟基礎上，大力推動十大建設，社會朝氣蓬勃，同一時期，越南、高棉、寮國等印支三邦在十多年的流血作戰後，由共黨獲得最後勝利，高棉甚至淪為殘酷的殺戮戰場，美軍被迫撤除中南半島，局勢動盪。日本經濟雖然起飛，但全共鬥也呈現恐怖的狀態，社會主義武裝革命在全球的範圍內仍然有相當的動力。也在面對外在環境嚴酷的挑戰的此時，中華民國克服的各種困難，團結一致，趁著中國大陸內部政治鬥爭反覆打打殺殺的十多年中，台灣人民的生活水準大幅超越了中共所統治的中國大陸。到了民國 70 年後，這種差距變得非常顯著。毫無疑問，在兩岸的制度所帶給人民的安全、和平和福祉的競爭中，中華民國贏得了勝利。

其間，中華民國發展的精神動力是強烈中華民族情懷，以繼承中華文化並加以發揚光大為己任，並以此號召海外華人和大陸人民。儘管如此，在險惡的現實國際環境中，1971 年聯合國雙重代表權投票失利（即中華人民共和國和中華民國同時為聯合國會員，如過去的兩德和今天的兩韓那般），蔣經國決定外交上採取低調，避免與中共出現驟然攤牌式的軍事衝突，爭取兩岸長期和平並存的狀態，以便集中力量全力推動台灣經濟建設。這項戰略選擇是台灣得以快速增長的關鍵因素，並得以在民國 70 年代生活水準大幅超越大陸。

這也是蔣經國的最後階段，中華民國的發展也進入新的階段，由於經濟高度發展，人民的教育水準提高，參政意識強烈，原來單線的決策和管理模式已經無法因應日益複雜的社會分工，必須合理分權，讓民眾自我管理，這是社會進步的必經之路，也是中華民國憲法揭櫫的最終目標。再者，長年權力高度集中的管理方式也產生了特殊的權貴階級和僵化龐大的官僚體系，由大陸來台的老邁民意代表與台灣社會的發展嚴重脫節，這些明顯的體制性問題已無力應付快速變化的外在挑戰，也製造了新的不平等，成為新時代進步的障礙，如此便需要更大的改變。

此外，中國大陸經過了文化大革命慘痛的教訓，無論中共黨員和一般人民均進入反思的階段。台灣人民比大陸人民的生活水準高出許多，這一點已不需要爭辯，反共教育已經不需要文字的敘述，甚至不需要刻意說出來，只要實地看過和比較就不辯自明了。另一方面，台灣跟大陸也不能永遠的對立下去，尤其大陸也實質上揚棄共產主義，跟著台灣的腳步踏上經濟發展之路。為了下一代長遠的和平發展，台灣跟大陸的接觸和交流不僅不可免，也是必要的。蔣經國讓台灣人擁有這般自信。因此，開放黨禁和開放台灣跟大陸的交流，成了蔣經國人生階段最後留下的政治遺產。必須說明的是，今天台灣經濟得以立足世界的半導體產業，製造、金融，乃至科技研發、教育、出版、美術、音樂等領域，均是在蔣經國時代打下厚實的基礎的，主要領航人物甚至乃是同一群體。

民國 77 年初，蔣經國過世，距今已約 35 年，今天 40 歲以下的台灣人對蔣經國時代已無親身的體驗，最重要的是，他們沒有台灣從貧窮轉為富裕關鍵時期的生活經驗。過去的事情逐漸淡化，甚至在新一代人的腦中，彷彿成了一片空白，可以隨著不同政治需要任意添加各種顏色。歷史往往會重演，原因正在於歷史會淡化、遺忘。然而對於走過蔣經國時代的人而言，一切卻歷歷在目，彷彿昨日。

我大一從高雄到台北上大學，搭火車普通車或者客運走省公路，要花八個小時。學期結束放寒假，趕回高雄過新年，我曾經在台北火車站售票口前排了一個夜晚，第二天清晨才搶先買到火車票。更早幾年，我大姐那一輩，我甚至看過春節前買火車票的人山人海，進月台後搶不對號座有如暴動一樣，有點可怕。這就是伴隨貧窮、資源缺乏的生活所常見的景觀。到了大三時南北高速公路開通，我們可以搭乘國光號灰狗巴士，班次多，速度也快，4 小時半就回到高雄了。第一次晚間駛上平坦暢通的高速公路，橙色的燈光在公路兩旁閃爍，內心油然升起身為中國人的自豪感。現在，我們也進步了，越來越不輸給外國人了。就業後，我們四處丟履歷表，等待面試通知，薪水不高但機會很多，尤其是台灣貿易蓬勃，出現了很多小型的貿易公司，從事聖誕禮品、各種零件、文具的出口，需要各種外語和業務人才。各種公司都在徵人，出國的機會也很多，而且跟過去不同的是，現在國外唸完書，很多人都會回來，也不一定要留在國外了。薪水快速增加，每隔幾年都會調整，當然物價房價也跟著漲。這就是大部分人所記得的蔣經國時代，從物質生活和心理上比外國人差一截，到覺得自己並沒有比對方差太多。這是累積了 30 年生聚教訓後的巨大成果，也是個人人生的重大轉折，自然是刻骨銘心，難以忘懷。

儘管如此，過去的終究是過去了。每一個時代條件不同，領導人的背景也不一樣，蔣經國的個人經歷特殊，他的穿著打扮很容易模仿，但他成長環境所形塑的人格特質和群眾魅力，卻不可能複製，而且也沒有複製的必要，畢竟時代不斷地向前走。

更由於歷史人物的評價需要經過後一時期的比較，以及涉及正反的當事人都不在了，不會涉及本身個人的恩怨，所以會更完整客觀的評價才會出現。總之，蔣經國施政最大的貢獻是和平與建設，再過 30 年的台灣回頭觀看、比較和評論，必然會看到更多的真相和價值。

經濟起飛與憲政民主

胡適在台灣留下自由主義的種子

民國 41 年，胡適博士訪問台灣，由陳誠副總統到機場迎接。胡適博士是享譽國際的知名學者，他主張實證主義，指所有的理論都應該經過現實的檢驗，反對先驗主義，提出「大膽的假設、小心的求證」，反對沒有經過檢驗的烏托邦思想，在現實中就是共產主義。中國共產黨把胡適視為思想的敵人，曾舉行針對胡適思想的批判會。民國 38 年，胡適從南京前往美國，中華民國政府遷台後，蔣中正屢次邀請胡適博士前來台灣，這張照片是胡適由美國來台時所攝，他幾次來台公開演講，均批判蘇聯和中共的擴張主義。民國 47 年，胡適應邀前來台灣出任中央研究院院長，主持台灣最高研究機構。此外，胡適也鼓吹自由主義思想，包括支持雷震先生所創辦的《自由中國》，胡適在台灣時間不長，但他溫和、務實以及崇尚自由的態度，不僅對台灣做出文化的貢獻，也留下了自由主義的種子。

東西橫貫公路通車 （383 頁）

民國 49 年，東西橫貫公路開通，長途公共汽車進行通車典禮。這條公路動用了退伍軍人的勞力進行修建，由於穿過中央山脈，山勢險惡、道路崎嶇，有兩百多人犧牲於工程中，因此它的完工代表台灣建設發展的新階段。照片顯示中橫剛通車時，路況仍然十分惡劣。

《自由中國》創辦人雷震出席軍法處法庭　（385 頁）

民國 49 年，《自由中國》雜誌創辦人雷震出席國防部軍法處法庭，以多項罪名被判處 10 年徒刑。由於《自由中國》主張言論自由和多黨政治，這項判決在台灣內外引起強烈的反響。

民國 49 年 10 月 8 日，民主人士雷震被控叛亂案，經國防部軍法處審判，處有期徒刑 10 年，連帶被告的劉子英、馬之驌則以「意圖以非法方法顛覆政府，而著手實行」罪名，分處有期徒刑 12 年和 5 年。

至於另一被告傅中梅（傅正）則被判交付感化 3 年。警備總司令部發表的判決主文指稱雷震所發行的《自由中國》半月刊宣揚「政府反攻大陸政策號召為自欺欺人，自誤誤人，散佈悲觀無望論調，意圖瓦解反攻鬥志。」「近更變本加厲，謬稱如執政者執迷不悟、自私自利，必欲霸占到底，則中國民主政治，目前已告絕望⋯⋯。」簡言之，雷震的罪名是包庇中共特務，以及散佈反政府的言論和情緒。

在台灣光復後政治發展歷程中，雷震案具有重大的時代意義。不同於中華民國政府遷台初期的政治案件，如孫立人與吳國楨案，摻雜了高層政爭的色彩，雷震案代表了由大陸來台的知識分子在思想領域上耕耘台灣，並與本土政治人士及知識分子進行融合，創造出新的論政基礎。雷震等人被台灣反對派人士尊為戰後台灣民主思想的啟蒙者，也是民主運動的先驅。

雷震，浙江長興人，民國 8 年考取公費留學日本，並於翌年加入國民黨。隨後雷震就讀於京都帝國大學法學院政治系，研究憲法學與政治學，接受現代民主政治理論的訓練。民國 30 年代，雷震深受國民黨總裁蔣中正的信任，從抗戰末期到行憲之初，雷震歷任參政會、政協及制憲國大的正副祕書長職務，負責各黨派的溝通協調，並參與制憲工作。

民國 38 年，中共在軍事上已取得決定性的勝利，許多軍政要人紛紛轉向，包括一些原本自由派的學者也將民主的期望放在即將崛起的中共身上，不過雷震仍堅定支持蔣中正總統。中共部隊南下時，他曾協助保衛上海，民國 39 年，國民黨準備進行黨的改造，以讓敗退到台灣的黨重現組織活力，雷震曾深入參與各項籌劃工作，並擔任蔣中正總統的特使到香港收攬人心。

儘管雷震是國民黨高層的核心幹部，但他與蔣中正最後仍出現分歧。根本原因是，雷震的反共更多是出於思想和理論層次，而非權力之爭。他衷心相信，多黨制、代議制度、反對黨監督等民主政治的基本因素是國家社會長治久安的基石，也是對付共產黨極權勢力最有效的方法。然而，蔣中正總統與國民黨的右派人士卻認為這一套體制不僅無法因應共產黨的挑戰，反而提供共黨分子進行分化滲透、混淆人心、遂行顛覆陰謀的空間。國民黨黨政軍各層均曾受共產黨員嚴重滲透，導致最終自大陸撤退的結局，更使得蔣中正對此深信不疑。事實上，擔任總政戰部主任的蔣經國此時正推動一套嚴密的社會組織計畫，其實質就是用共產黨的方法來因應共產黨的顛覆。雙方思想和見解差距巨大，彼此衝突也就難以避免。

民國 38 年 11 月，雷震邀請了胡適、王世杰、杭立武等自由派知識分子創辦了《自由中國》，宣揚自由與民主，對抗共產主義。一開始，蔣中正和陳誠均同意這種作法，甚至提供實質支援。這份刊物的內容初期以反共為主，並且旨在團結自由派和民青兩黨人士，猶如雷震過去在參政會和政協工作的延伸。不過隨著客觀環境的變遷，《自由中國》逐漸走上自由主義的政治反對路線。

民國 40 年，雷震在國民黨改造委員會會議中提出報告，主張廢除學校三民主義課程及軍隊黨部。後來雷震在日記中寫道：「3 月 29 日，上午至忠烈祠，到後不久，遇到蔣經國，彼即邀我去談話，彼即開口說：『你們有個提案，要撤消軍隊黨部是不是？』予答不錯，並云今日軍隊有政工人員，可必再來另一組織之黨部，彼云：『你們是受了共產黨的唆使，這是最反動的思想。』予正擬申辯間，彼又謂：『這是最反動的思想，你們這批人，本黨不知吃了多少虧，今日你們仍不覺悟，想來危害本黨⋯⋯。』」不久後，軍隊的改造委員在圓山宣誓就職，蔣中正在文武百官面前批評雷震「與匪黨及漢奸無異，為一種寡廉鮮恥之行為」。受到批評的雷震隨後在日記感嘆「予不辭勞苦，多方為之辯護，不料今日以同一方法來對付我，豈應以怨報德歟！」政治分歧的公開化，加上意識上的覺醒等，《自由中國》開始評論時政，而且吸引了一批自由派的知識分子，以國民黨政府為對象，要求實行全面的民主自由，言論犀利，理念清晰，逐漸成台灣自由主義的重鎮。其中較著名的有民國 45 年的祝壽專號、民國 46 年開始的十五篇「今日的問題」社論系列，民國 47 年的「美國的遠東政策」社論，民國 48 年到民國 49 年的總統連任問題、地方選舉問題，以及該年的成立反對黨的計畫。

《自由中國》屢以言論挑戰政府的禁忌，包括直接表明反對蔣中正總統二度連任，引起軍特系統的強烈不滿，發動旗下的刊物對雷震等人展開圍剿。但真正使得雷震與當局陷入攤牌的背景，在於雷震擬將其思想付諸政治行動，尤其是他想聯合本省的政治菁英組成反對黨，形成一個有時代代表性的新政黨，此舉形同觸動了政治地雷。民國 46 年，《自由中國》開始討論地方自治問題，儘管《本省反對菁英開始與雷震接近。民國 47 年 4 月舉行省議員與縣市長選舉，5 月本省反對派菁英召開地方選舉檢討會議，雷震應邀參加。這是雙方首度會面，會中通過組織新黨的決議。民國 48 年 8 月底定黨名為「中國民主黨」，

參加新黨籌組工作的本省人包括李萬居、郭雨新、高玉樹、楊金虎、許世賢等人，外省人則有雷震以及國民黨的齊世英、青年黨夏濤生及民社黨楊毓滋等人。胡適對新黨的成立抱持鼓勵的態度，但同時勸他們要保持審慎適當的政治姿態。

儘管如此，雷震的組黨行動已經超越當局容忍的極限，9月4日，蔣中正總統下令逮捕雷震等人。同時被捕的還有《自由中國》的工作人員劉子英、馬之驌和傅正。劉子英被控為中共特務，馬之驌和傅正則是意圖非法顛覆政府，散佈反政府言論。雷震則被控兩項罪名：一是「知匪不報」，二是「連續以文字為有利於叛徒的宣傳」。至於劉子英被指為中共特務，判決書指劉子英原為雷震之僚屬，政府由南京撤守時，擔任監察院南京留守辦公室主任。中共進入南京後，劉又被中共指定為保管員。民國 39 年，劉接受中共指派的任務，由香港轉來台灣為雷震工作，擔任《自由中國》的會計職務，隨後劉子英將中共所交付的任務密告雷震，並與之商議。雷震明知其為匪諜身份，而不予告密檢舉……。

從雷震等人被逮捕，劉子英寫出供詞，到軍法處作出判決總共只有短短的一個月，雷震家屬邀請梁肅戎擔任辯護律師，不過軍法處審判程序草率，庭上在聆聽供詞後迅速作出判決。此案由於關係台灣的政治人權與言論自由，海外輿論反應十分強烈，美國政府曾表達嚴重的關切，胡適亦在日記中記錄自己當時在海外竟羞愧地不敢出席國慶日酒會。

儘管雷震等人入獄，《自由中國》連帶被查封，但他們所散佈的自由主義的種子卻才開始在台灣萌芽，而且影響極為深遠。許多作者在一共發行二六〇期的《自由中國》中，留下數千萬言鏗鏘的議論，不僅奠定後來二十年政治改革的基調，也勾勒出台灣反對運動在這一階段的任務。這一時期新生代的政治菁英，無論是本省人還是外省人，均曾受到《自由中國》的啟迪和鼓舞。

民國 57 年，雷震服完刑返家，仍處於被嚴密監控的狀況，不過他繼續關心時政，並與黨外人士接觸，給予他們精神上的支持與鼓勵。民國 68 年 3 月 7 日，雷震病逝，安葬於南港的自由墓園。民國 75 年，民進黨成立，傅正成為創黨黨員之一，距離雷震初次籌組反對黨時已有 26 之久，整個政治環境出現了根本的改變。

雷震案到了民國 79 年仍出現餘波蕩漾。首先是軍事監獄證實已將雷震在獄中所寫的百萬字回憶錄燒毀，引起了各界軒然大波。接著雷震案中被指為中共特務的劉子英在回大陸探親前寫了一篇四千字的「辯誣」，指稱當年完全是被情治人員恐嚇才寫下供詞的。文中說：「如果再不投降，說不定就要昏死當場，看來只有與他們合作且保生命，並顧慮到雷先生的性情剛直，難忍侮辱，如和他們發生衝突，就太不值得，不如留有用之身，作來日辯冤之用。」

民國 80 年代，雷震案與其他政治案件均獲得全面的平反，而雷震案因在政治思想上的啟蒙作用更具獨特的時代意義。民國 85 年 7 月，殷海光學術基金會為紀念雷震先生百歲冥誕暨傅正先生逝世五周年，舉辦了跨世紀台灣民主發展問題的學術研討會。民進黨人權工作者陳菊撰文道：「台灣已徹底打破威權專制，朝向多元民主開放的社會，今日君權不再，民權起飛。我們紀念雷老百歲冥誕，務必感念他是台灣民主發展史上組黨的第一人，而《自由中國》更為言論自由寫下最燦爛的一頁。」

第一屆國中生搭車上學

民國 57 年，台北市第一屆國中生排隊等候學生專車上學的情形。這是實施九年國民義務教育的第一年，此後小學升中學不需要考試，而是直接升國中，成為完整的九年義務教育。為了實施這項政策，省政府開徵了許多了娛樂稅捐，增建國中學校教室，加聘國中師資。這項政策的目的在於減少國小升學的龐大壓力，提升國民基本的素質。

第一條高速公路麥帥公路通車

民國 53 年，台灣第一條高速公路麥克阿瑟公路通車，這條高速公路連接台北和基隆，同時以麥克阿瑟將軍命名。儘管以現在的高速公路標準來看，這條封閉式的道路比較接近快速道路，然而在民國 50 年代，這條公路象徵台灣建設大步向前，仍然極具象徵性。

南北高速公路一段試行通車

民國 67 年十大建設陸續完工，南北高速公路工程三重至中壢段竣工。此時，高速公路試行通車，路上車輛雖然十分稀少。南北高速公路通車改變了台灣生活的節奏和精神面貌。過去台北到高雄走省公路要 8 小時，現在高速公路只要一半的時間。此外，高速公路筆直的公路，美觀綠化的環境帶來現代化的建設風貌，使得台灣人不由自主地產生社會變得富裕進步的自豪感。

民國 67 年十大建設陸續完工，改善台灣基礎建設，開創經濟社會現代化。十大建設是行政院長蔣經國治理台灣的主要政績，其提出、執行與完成貫穿整個民國 60 年代，基本上延續了中華民國政府遷台前二十年的經濟累積，也為民國 70 年代經濟飛躍奠立了重要的基礎。

這十項重大建設包括:「南北高速公路」、「中正國際機場」、「鐵路電氣化」、「北迴鐵路工程」、「蘇澳港工程」、「台中港工程」、「大鋼鐵廠」、「大造船廠」、「石油化學工程」以及「核能發電廠」。其中交通運輸項目佔了六項，重工業三項，能源項目一項，目的在使台灣的基礎設施脫胎換骨，其成果不僅改善了台灣經濟的結構，也為台灣人民的生活帶來了新的面貌。

民國 62 年，行政院長蔣經國提出任內的施政計畫，預定在五年內大致完成，希望透過十項建設迅速將中華民國帶進工業化國家之林。由於建設所需經費龐大，需要同時向國內外舉債，因此黨政內部不乏存疑之聲，然而蔣經國獨排眾議，提出「今天不做，明天就後悔」的說法，決定大刀闊斧推動建設。

民國 38 年，中華民國政府遷台之初，局勢尚未穩定，因此施政以站穩腳步為首要考量。在美國的軍事和經濟的援助下，台灣得以建立穩固的政治、經濟和社會的發展架構。民國 40 年至民國 52 年，發展方向為內向型經濟和實行進口替代，以厚植經濟基礎，逐步提升人民生活為要旨，其方針為「以農業培養工業、以工業促進農業」。因此建設重點在農業水利設施的改善、農業機械的推廣、工業基礎設施的興建、能源的開發等。在這個階段中，成功的農業發展實現了初期的資本累積，以滿足國內需求為目的的輕工業亦隨之興起。民國 53 年至民國 61 年，台灣經濟進入出口擴張時期，建設的重點在於建立和完善投資環境，其中最突出的是有關加工出口區的設立。

民國 54 年，世界最早加工出口區之一在台灣的高雄設立，營建面積為六十九公頃，包括興建廠房、修建擴充碼頭、倉庫、電力、電訊設備、排水、供水、商場、住宅、學校、醫院、銀行、娛樂場所等，目的在於進口原料零件，利用充沛低廉的勞力，進行成品裝配，再將產品出口。此外，這一階段發展亦需歸功於整體國際資本主義的環境。美國產業結構的調整帶動了日本、西德的快速成長，美國和日本先後向台灣轉移了大量的資金以及技術層次較低的勞力密集工業，使得台灣輕紡工業迅速起飛，食品、塑膠、電子、電器等消費性產品亦發展迅速，壯大了整個加工出口體系，使得出口成長旺盛，市場一片榮景。

民國 60 年，台灣對外貿易首次出現 2.16 億美元的順差，扭轉過去長達十八年貿易赤字的情況，這一年意義重大。此後，除了民國 64 年由於石油危機帶來全球經濟的逆轉外，台灣年年順差，而且順差額不斷提高，政府和民間均累積了可觀的資金。民國 59 年以後，經濟建設的重點轉向發展重工業，以提高經濟應變的能力和加工出口的層次。這時，農業和輕工業已為重工業在資金、技術和銷售方面作了相當的準備；另一方面，石油危機也加速了發展重工業的迫切性，這也是以交通運輸、鋼鐵、造船、電力和石化為主的十大建設被提出來的時代背景。

民國 64 年，蔣中正總統逝世，蔣經國掌握實權，國政並未因政治權力的更替出現中斷或遲滯。同時值得一提的是，三十年經濟發展的成就除了建設方向正確外，政府體系內有一批大公無私的官員，如尹仲容、李國鼎、嚴家淦、孫運璿等人士貢獻心力，加上人民埋首苦幹、力爭上游，點點滴滴累積成果，共同將台灣的生活水準提升到過去歷史上前所未有的富足。

民國 66 年 10 月，台灣開放民眾自由出國觀光旅遊，境管局受理申請的第一天早上，民眾即大排長龍領取申請表，這一年就有三十一萬人次以觀光名義到海外旅遊。民國 67 年 10 月，南北高速公路全線通車，由美國進口的長途巴士「灰狗號」改裝而成的「國光號」通行於台北和高雄之間。民眾登上舒適的車廂，內心無不升起一股自豪感，終於告別了貧窮的歲月。

十大建設所代表的經濟成就不僅帶來了新的生活風貌，也牽動了政治和社會的演化。經濟發展使得人民的知識能力和經濟資源均大幅提升，原有的嚴密社會控制系統已不能應付成長的需求，政治發展亦面臨了分權的壓力，經濟發展與政治民主化、社會多元化往往相伴而生。民國 66 年底，中壢發生了群眾事件，要求更合理的民主程序與規範，開啟了未來十年台灣政治和社會的巨大轉型。此外，中華民國政府遷台時間日久，反攻復國政策迄未實現，連帶地使外省政治菁英統治的正當性受到質疑。民主化使得外省人與本省人在政治、經濟、文化、教育資源上的合理分配，成為必須面對的問題。

民國 60 年代末期，台灣已開始出現具有現代化意義的民主運動，並無可避免地產生了本土化運動，這個過程的開始在時間上恰好也是十大建設完成的時間。

桃園國際機場陸續完工

民國 67 年，桃園國際機場的各項工程正陸續完工。這是台灣第一個現代化機場，位於桃園，遠離台北市中區。將現代機場興建在首府之外，避免繁忙的空中交通影響城市生活，是現代國家建設的必然之舉。

大蘇澳港興建工程

民國67年，宜蘭大蘇澳港興建工程。這是台灣東北部港口的建設工程，規劃在高雄和基隆之外，再興建一處主要的港口，做為發展東部產業的基礎設施。

台中港興建工程

民國67年，台中港興建工程。台中港是十大建設中重要的規劃，目的是在台灣西海岸中部興建一處大港，以分散高雄港和基隆港貨運的壓力，其前提是台灣發展成世界營運中心的概念。

蔣經國總統視察高速公路興建的情形

民國 67 年，蔣經國總統視察高速公路興建的情形，對於台灣民眾而言，高速公路代表現代國家進步交通設施，因此蔣經國總統特別重視高速公路興建的進度。這條公路的完成，將為台灣的建設工作脫胎換骨，呈現嶄新的現代面貌。

台灣鐵路西部幹線電化工程全線通車

民國 67 年，台灣鐵路西部幹線電化工程全線通車。鐵路電氣化亦為十大工程重要的一項，從日本時代興建了南北縱貫鐵路，經歷了半世紀以上的柴油車車頭。鐵路電氣化工程將縱貫鐵路全部改採電力驅動，為此全線兩邊要樹立高壓電桿，並且增建柵欄，進行安全維護工作。鐵路電氣化也產生了新的列車，譬如莒光號和自強號，車速都比原來要快。

美麗島大審與台灣開放憲政民主的壓力

民國 69 年 4 月 5 日，美麗島事件，主要反對人物在民國 68 年 12 月，於高雄帶領群眾抗議，並導致暴動事件，隨後被逮捕後進行公開審判。第一排右至左為林弘宣、姚嘉文、黃信介。第二排左至右為張俊宏、陳菊、施明德、呂秀蓮。美麗島事件代表台灣政治的轉捩點，此時期，十大建設已經完工，人民生活大幅改善，教育文化水準提高，中華民國快步進入現代化國家之林。不同於過往的政治案件迅速遭到壓制，美麗島事件反而促成人民的參政意識，並要求合理的處理政治矛盾問題。儘管美麗島大審造成主要反對派人物入獄，可是台灣社會更興起了政治改革的風潮，黨外雜誌如雨後春筍，抗議活動增加，解除政治限制，開放憲政民主的呼聲和壓力與日俱增。

海外流亡人士闖關

民國 65 年 11 月，由於流亡海外的反對派人士採用闖關的方式，飛抵桃園機場，大批支持者前往機場迎接，警方事先部屬，關閉部分地區，並協助開通部分通道，讓欲出入境的旅客提著行李通過。經常性的示威活動造成社會處於政治緊張的狀態。

羅大佑的黑色旋風

民國 70 年代初，年輕歌手羅大佑以一襲黑衣的造型，唱出新時代的搖滾歌曲，帶著叛逆精神，成為新的時代象徵。他的歌曲既有吶喊，也有溫情，受到年輕歌迷的喜愛。由於經濟繁榮，大眾文化盛行，流行文化中的電影和歌曲創作蓬勃發展，台灣進入經濟和文化興盛時期。

民進黨抗議人士

民國 76 年 5 月，剛成立的民進黨舉行示威遊行，一位抗議人士爬上樹上，鎮暴警察請他下來。

民進黨要求實施民主政治

民國 76 年 5 月 19 日,衝破黨禁限制組成民進黨的人士,率大約五千群眾在國父紀念館舉行示威活動,要求解除戒嚴,實施民主政治。

蔣經國宣布開放黨禁

民國75年10月7日，蔣經國接見美國華盛頓郵報發行人葛蘭女士表示，中華民國將解除長達40年的戒嚴令，並開放自由組黨。這項訪談代表台灣將全面實施民主政治，居中擔任翻譯的馬英九先生日後表示，當他聽到蔣經國的話後，心中有如穿過一股電流。這項訪問立刻成為隔天所有報紙的頭條，代表劃時代的意義。蔣經國過世前的兩項重要措施，一為開放台灣人民到大陸探親，二為開放黨禁。這兩項政策被視為蔣經國最後的遺產。

陳水扁北京軍事博物館前留影

1991年，民進黨立委陳水扁訪問大陸，並在北京軍事博物館前留影，事後他很自豪地使用了訪問大陸所拍攝的照片，做了相關的出版品。

民進黨立委陳水扁在中共八一坦克前留影

1991年，民進黨立委陳水扁訪問大陸，並在北京軍事博物館內與中共八一坦克合影，此時正是「六四事件」後的兩年，中國大陸仍然面臨各國的制裁，但陳水扁委員無視制裁的做法，率先訪問北京。八一坦克是中共紀念八一建軍節所命名的主力坦克。民國16年8月1日，由於北伐途中發生國共分裂，由中國共產黨周恩來和賀榮所率領的國民革命軍一部，在江西南昌宣布起事。這項軍事行動雖然失敗，但卻使中共從此有了本身的武裝力量，並把8月1日做為中共的建軍節。

民進黨大老姚嘉文泉州祭祖 （左上）

1998 年，民進黨大老姚嘉文前往福建泉州祭祖，表達對祖先的無限崇敬。

郭平坦北京機場歡迎來訪的民進黨友人 （右上）

1993 年，大陸全國台灣同胞聯誼會副會長郭平坦先生在北京機場接待來訪的民進黨友人，左一為郭平坦、左二為姚嘉文、左三為謝長廷先生。

此照片拍攝於北京國際機場貴賓室，上方懸掛著中華人民共和國國旗，可是民進黨人士客隨主便，並不以為意。兩岸開放探親後，最早雙方政治人物公開交流，實際上是由民進黨帶頭，他們強烈批評國民黨僵化的反共政策。1989 年，六四事件後，中共遭到國際社會的譴責和抵制，然而民進黨卻反對抵制，由陳水扁立委首先帶團訪問大陸，並且在北京中國人民革命軍事博物館，欣然與中共八一坦克合影。接著則是由謝長廷姚嘉文率團來訪，與大陸官方接待單位交流愉快。

謝長廷等民進黨立委訪問廈大台研所 （左下）

民國 82 年，民進黨立委謝長廷等人率團訪問大陸，在廈門大學與台灣研究所的大陸學者座談，雙方相談甚歡，此照片為座談後雙方留影。謝長廷（前排左三）、姚嘉文（前排右一）、蔡同榮（二排右一）、柯建銘（二排右二）、卓榮泰（二排左二）、李慶雄（二排左一）。

民進黨呂秀蓮南靖祭祖 （右下）

民國 79 年 8 月，民進黨人士呂秀蓮返回福建原鄉，在南靖龍潭樓宗祠祭拜祖先，表達對呂氏祖先的無限崇敬。

瀏覽祖籍地的呂秀蓮

民國 79 年 8 月，民進黨人士呂秀蓮瀏覽祖籍地南靖，走在祖厝邊溪上的石頭上，神情愉悅。

呂秀蓮飲水思源

民國 79 年 8 月，呂秀蓮在南靖祖厝龍潭樓內的古井取一口原鄉的水品嘗，象徵飲水思源，笑容燦爛。

國家圖書館出版品預行編目 (CIP) 資料

彩色台灣歷史大觀 = Taiwan history in color/ 徐宗懋圖
文館主編 . -- 初版 . -- 臺北市 ： 新世語文化有限公司 ，
2022.05
　面 ；　公分
ISBN 978-986-06559-6-4(精裝)

1. 臺灣史　2. 照片集

　　　　733.21　　　　111007751

彩色台灣歷史大觀

出品人 ｜ 徐宗懋圖文館
主編 ｜ 徐宗懋圖文館
出版單位 ｜ 新世語文化有限公司
中文撰文 ｜ 徐宗懋
美術總監 ｜ 鄭捷云
封面設計 ｜ 徐丹寒
數位彩色復原 ｜ 鄭捷云、徐丹語、林胤彤、林芷萱、李旻頤
地址 ｜ 106 臺北市大安區羅斯福路三段 125 號 5 樓之 2
電話 ｜ (02)2368-4364
傳真 ｜ (02)2368-4207
電子信箱 ｜ shu4364@ms62.hinet.net
出版日期 ｜ 2022 年 5 月
初版 500 本
ISBN ｜ 978-986-06559-6-4 （ 精裝 ）
定價新臺幣 3,800 元整

印刷廠 ｜ 上海印刷廠股份有限公司
236 新北市土城區大暖路 71 號
電話 ｜ (02)2269-7921
傳真 ｜ (02)2269-7924

ISBN 978-986-06559-6-4(精裝)